OFFICIAL TOP PARTNERS
オフィシャルトップパートナー

石屋製菓

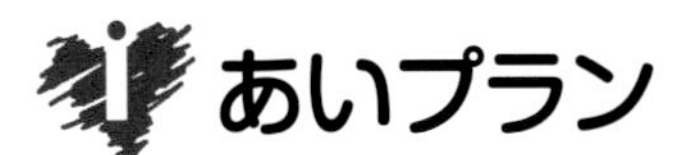
あいプラン

ダイアモンドヘッド

ミズノ

レオファン リミテッド

片桐企業グループ

SolutionPlus
ソリューションプラス

サッポロビール

北海道新聞社
北海道新聞社

日本航空

OFFICIAL PARTNERS
オフィシャルパートナー

BOAT RACE

ASIA PROMOTION PARTNERS
アジアプロモーションパートナー

J.LEAGUE TITLE PARTNER
Jリーグタイトルパートナー

明治安田

J.LEAGUE OFFICIAL BROADCASTING PARTNER
Jリーグオフィシャルブロードキャスティングパートナー

DAZN

J.LEAGUE TOP PARTNERS
Jリーグトップパートナー

ROUTE INN HOTELS

docomo

LEAGUE CUP PARTNER
ヤマザキビスケット

SUPER CUP PARTNER

J.LEAGUE OFFICIAL EQUIPMENT PARTNER

SPORTS PROMOTION PARTNER

J.LEAGUE OFFICIAL TICKETING PARTNER

J.LEAGUE OFFICIAL EC PLATFORM PARTNER

J.LEAGUE OFFICIAL TECHNOLOGY PARTNER

J.LEAGUE SUPPORTING COMPANIES

朝日新聞 / Sportsnavi / Deloitte. デロイト トーマツ / Data Stadium / IMAGICA GROUP / LINEヤフー / SUNTORY

CLUB PARTNERS
クラブパートナー

株式会社アセットプランニング　岩田地崎建設　KASHIYAMA　札幌国際大学　新さっぽろ Sunpiazza dUo　JR北海道

国消国産 JAグループ北海道　株式会社シズナイロゴス　清水建設　SP HOLDINGS　Demaecan　アフラック募集代理店 株式会社トーア

ほのか グループ　真嶋内装 welina　丸大食品　MITSUYA ミツヤ　明治安田生命 札幌支社・函館支社・釧路支社　北海道のおいしさを、まっすぐ。よつ葉

SUPPLY PARTNERS
サプライパートナー

リクルート 北海道じゃらん　札幌市交通局　REDEN BY J.SOLUTION　FINNAIR　Brace　北海道日産

FIT BODY LAB　a-sauna　SHOES SHOP Iwai　CellSource　インポート・プラス　Aqua Clara

ジェイ・アール北海道バス　SOMÈS　SIDAS　Health&Beauty KENBISO

MATSUYAMA HIKARU PROJECT PARTNERS
松山光プロジェクトパートナー

アルキタ　アルファビジネス　ウインドヒル　エグジスタンス　株式会社OGURI ドクターポット　栗林石油株式会社　コスモ通信システム
札幌地区サッカー協会　札幌メール・サービス　support dental office 新札幌いった歯科　しなねん商事　須田製版
住友生命保険相互会社 札幌支社　月島名物もんじゃ だるま　東邦交通　Trust　ベルックス　北杜土質
北海道焼肉プライム　マルケイ河原ボーリング　みついし昆布

OFFICIAL PARTNERS
北海道リラ・コンサドーレ　オフィシャルパートナー

石屋製菓　ポッカサッポロ北海道　アインホールディングス　三和シヤッター

OFFICIAL PARTNERS
バドミントンチーム　オフィシャルパートナー

アウル　ヨネックス　石屋製菓

OFFICIAL PARTNERS
カーリングチーム　オフィシャルパートナー

石屋製菓　あいプラン　永山運送　アクエスティ　シズナイロゴス　エクシオ

2024年3月1日現在

2024

HOKKAIDO Consadole SAPPORO

乾杯を
もっとおいしく。
SAPPORO
ONLY
北海道!
こんな幸せ、
北海道だけ。
北海道
限定
北海道限定
北海道 SINCE 1985
SAPPORO
ONLY HOKKAIDO
CLASSIC
サッポロ クラシック
BRISK AROMA AND ALL MALT FINISH.
THE GREAT TASTE OF SAPPORO CLASSIC IS
BREWED FOR HOKKAIDO.
生ビール 非熱処理

HOKKAIDO CONSADOLE SAPPORO OFFICIAL GUIDE BOOK 2024

CONTENTS

2024 SEASON TOP TEAM

2024 SEASON ACADEMY・コンサドーレ北海道スポーツクラブ

北海道コンサドーレ札幌　監督インタビュー

ミハイロ　ペトロヴィッチ

――2024シーズンの戦いが、始まりました。

今シーズンもまた、こうして北海道コンサドーレ札幌の監督としてチームを指揮し、戦えることを非常に光栄に思っています。昨シーズンまで以上に、より強い気持ちを持って仕事に取り組んでいくつもりです。今シーズンもまた、一緒に戦っていただければと思います。そして、コンサドーレに関わるすべての皆さまにとって、この2024年が素晴らしい年になることも心より願っております。

――オフの間はどう過ごされていたのでしょうか。

基本的には例年同様です。私の家族はセルビアに住んでいて、妻の家族はスロベニアにいる。そして、私の自宅はオーストリアのグラーツにありますから、昨年までと同じように、その三か所をまわりながら休暇をとっていました。

――何か恒例行事のようなものはあるのでしょうか。

特別、私自身が恒例にしているものはありません。ですが、例えば12月はクリスマスの時期ですから、外に出ればクリスマスマーケットがあり、飲食もできる。そうした場に行けば必ず旧知の人々と会うことができるので、そこで楽しい時間を過ごすというのは、ある意味で恒例になりますね。そこではお酒も入りますから、盛り上がりすぎないように気を付けなければなりませんが（笑）。

金子の移籍はチームとして痛手だった

――2024年の開幕の前に、あらためて昨年の戦いを振り返っていただけますか。

コンサドーレを強くできる監督 日々示し続けていく

サッカーという競技ではどのチームにも必ず、うまくいっている時期と、うまくいっていない時期というものがあります。世界的な強豪チームだとしても、それを避けることはできないでしょう。ただし、そのなかで昨年の我々は特にその波が大きくなってしまいました。リーグの前半戦に関しては獲得した勝点数を含め、比較的いい形で戦うことができていた。しかし、その後はなかなか勝ちきれない時期が長く続き、後半戦はしっかりと勝点を積み上げることができませんでした。終盤戦は内容的にも結果としてもいいゲームができていたとは思っていますが、振り返ると、いい時期とそうでない時期との波が多かったと言えるでしょう。そして、その要因はいくつかあるとは思いますが、強いていえば夏に金子拓郎（クロアチアのディナモ・ザグレブに期限付き移籍中）が移籍をしてしまったことは、チームとしては痛手でした。

――ただし、そのなかでチームとしての得点数はリーグ上位。そして、新加入の浅野雄也選手がシーズン12得点を挙げるなど、収穫も少なくなかったように思います。

そうですね。どの試合でも選手たちが最後まで力を尽くしてくれていましたし、積極的に相手ゴールに迫り続けてくれました。トレーニングの中で身に付けたプレーを試合の中で発揮してくれていたと思います。

そして、浅野の活躍ですが、彼にはランニングスピードという武器があり、前所属のサンフレッチェ広島も我々と同じように長年、攻撃的な戦いをしているチームです。そうした理由から、比較的早いタイミングでチームの戦術を理解し、フィットしてくれるだろうという予想は十分にしていましたが、正直に言えば私自身も彼があれだけの得点数を記録するとは思っていませんでした。

しかしながら、サッカーの世界では選手の活躍というものを1シーズンだけで評価をすることはできません。コンスタントに毎年毎年、実績を重ねて、はじめてそこで評価を得られるのです。もちろん、浅野は努力を重ねていますし、ポテンシャルのある選手です。しかし、まだ彼を評価するには早いでしょう。

基本的なコンセプトは変わらない

――そうして迎えるこの2024年は、監督にとってコンサドーレで指揮を執る7シーズン目となります。過去に率いた広島、浦和レッズでの6シーズンを上回ります。

オーストリアでもシュトルム・グラーツで比較的長く仕事をさせてもらったことはありますが、欧州から遠く日本の地で広島、浦和、そして、このコンサドーレでも監督として長く仕事をさせてもらっていることに非常に感謝していますし、幸せに思っています。

監督という仕事は、なかなか長いスパンで計画性をもって取り組める類の職業ではありません。国によっては少し連敗をすれば、すぐに解任されてしまうこともあります。そして、過去にどれだけ素晴らしい実績があったとしても、我々の仕事というのは常に目の前の試合で評価をされます。ですから、今年でコンサドーレの監督としての7シーズン目を迎えますが、私としてはこれまでと同じようにしっかりと仕事をして、私がコンサドーレを強くできる監督だということを仕事内容で日々、示し続けていかなければならないでしょう。

――戦術的な部分で、この2024シーズンは新たな取り組みというものを予定していますか。

新しいアイデアは常に私の頭の中にはあります。ただし、それを選手が消化できるのかどうかという問題も常に存在するわけです。いかに監督が素晴らしいアイデアを持っていたとしても、選手のレベルがそこに達していなければアイデアを採用することができません。新加入選手たちを含めたこの2024年のチームが、私の新たなアイデアを消化できるレベルにあるのかどうかをまずは見極めていく必要があるでしょう。昨シーズンの主軸となっていた選手が抜けた影響なども見ていく必要があります。

――まずは、その見極めがスタートになるということですね。

その通りです。まずはチームのレベルを見極めなければ、どういったトレーニングに着手をすべきかは不透明です。一方で、シーズンの開幕は待ってはくれません。限られた時間のなかで見極めもしながらトレーニングを推し進めていく必要がありますよね。

ただし、基本的なコンセプトは変わりません。より危険に相手ゴールに迫っていく。より危険なフリーランニングをしていく。相手に対して、より危険な攻撃を仕掛けていく。そうしたことを求めていくトレーニングメニューに取り組んでいきます。

Jリーグは世界的に見ても素晴らしいリーグ

――シーズン全体の目標は、どういったものになりますか。

理想としてはもちろん、より上を目指していくことになります。ですが、Jリーグは戦力の拮抗した難しいリーグです。そのなかでコンサドーレが10位以内に入ることができたならば、それは大きな成功と言えるでしょう。現実的にはそこが目標になります。

こうした話をしていくなかであらためて思うのは、Jリーグというのは世界的に見ても競争の激しい素晴らしいリーグだということです。ヨーロッパの各国リーグでは、優勝候補が常に限られています。中位のクラブや下位のクラブは、それぞれがファン、サポーターも含めて自分たちの立ち位置というものをよく理解しています。どの国のリーグも、ある程度は順位表内のポジションというものがあらかじめ見えています。しかしながら、このJリーグはそうではない。先ほども言ったように戦力は拮抗していますし、どのクラブにもチャンスがある一方で、気を緩めればどうなってしまうか分からない。観ている方々にとっては非常に面白いリーグだと言えるでしょう。

——監督にとって、日本での19シーズン目になります。日本サッカーの変化は何か感じますか。

私は2006年に来日し、広島で仕事を始めましたが、その当時と現在とでは日本サッカーには大きな違いがあるでしょう。チームの戦術や選手個々の技術、戦術理解度、さらにはインテンシティ（プレー強度）など、あらゆる面で日本サッカーは成長を遂げている。その証拠に現在では、多くの日本人選手が欧州のトップリーグで活躍をしています。Jリーグから海を渡った選手たちが何人もそうした活躍ができているというのは、Jリーグをはじめとする日本サッカー全体が大きなレベルアップを果たしたからだと言えるでしょう。

選手の成長のために多くのエネルギーや情熱を注ぐ

——昨季は金子選手がクロアチアリーグに移籍をしましたし、現在のチームにも今年開催のパリ五輪に出場する可能性がある選手がいます。

監督として自分のチームの選手が周囲からの評価を高めるというのは嬉しいし、誇らしくもあります。そして、それは私だけにとどまらずクラブ、サポーター、そして地域の人々にとっても誇りに思えることでしょう。特に、自分の街に住む選手が代表選手になり、国を代表してプレーをするというのは大きな喜びになるはずです。

私自身、選手の成長を嬉しく思いますし、選手の成長のために、より多くのエネルギーや情熱を注ぐタイプの監督だと思っています。ですから、選手が成長し活躍をしてくれるのは大きな喜びであり、幸せな気持ちになれる。その一方で、選手が活躍をすればするほど、ほかのチームからも評価を高めてしまい、私のもとを離れていってしまう。そうした寂しさも存在するのが私の仕事です。悩ましいですね。昨年の浅野なども、もう少し得点数を抑えめにしてくれればよかったかもしれない。というのは冗談ですが（笑）。いずれにせよ、そうした出来事に対して、強い気持ちで向き合う覚悟を持つこと。それがこのチームの監督を務めるうえで必要なことです。

——この2024シーズンも、タフな戦いになりそうですね。

そうですね。ただし、現在のコンサドーレは主軸各の選手が抜けても、昨季終盤戦の広島戦、浦和戦のように、上位チーム相手にもいい戦いができるだけの力があることは示せているはずです。タラレバですが、過去に移籍をしていった選手たちが残っていたならば…と想像すると非常にワクワクもしてしまいますが、それは現実的ではありません。現実を受け入れて戦っていく必要が、今季はよりいっそうあるでしょう。

私も長く日本で仕事をしていますから、過去のコンサドーレがどういったチームだったかということも、よく知っています。上位チームを相手に互角の戦いをすることが難しい時期も長くあったと思います。応援してくださっている皆さんも、よく覚えていることでしょう。ですが、現在ではそうしたチームではなくなっています。土台はしっかりと作れているのです。

ここから先、コンサドーレが上に向かっていくためにも、今シーズンもまた、より多くの皆さんにスタジアムに足を運んでいただき、より多くのご声援で我々の選手たちを後押ししていただければと思います。この2024シーズンも、よろしくお願いします。

WE LOVE CONSADOLE!

新千歳ー羽田線 好評運航中

AIRBUS A350

JALはこれからも安全・安心の翼で
北海道コンサドーレ札幌をサポートします

明日の空へ、日本の翼

菅野 孝憲

#1

Goalkeeper

SUGENO Takanori

史上6人目となるJリーグ通算600試合出場を記録した、歴史に名を残すGKだ。190センチ台が世界的な標準とされるGKの世界で、179センチという体躯のハンデを的確な飛び出しと読み、駆け引きで生き延びてきた。若手のころから定評があった足元の技術も、ミシャ監督の攻撃サッカーの中で、さらに成長を遂げている。昨季終盤には控えにまわる機会が増えたが、記録達成となった第33節のFC東京戦（味スタ）では再三のビッグセーブで、チームを勝利に導いた。今年5月には40歳となる。小野伸二が抜け、チーム最年長プレーヤーとなるが、気持ちはまだまだ若い。

赤黒戦士に質問

1. スパイクのメーカーとモデル名
2. サッカーをはじめた年齢
3. 好きなスタジアムと理由
4. 注目しているスポーツ選手（サッカー以外でも可）と理由
5. 自分のここを見てほしい（プレー面とプレー以外）

ANSWER

1. プーマ ウルトラ
2. 2歳
3. 札幌ドーム（理由）天気を気にせずプレーに集中できる
4. 北口榛花選手（理由）この競技での世界一は歴史、概念を変えた
5. （プレー面）観ている方に決めて欲しいです!
（プレー以外）チームに求められる事に対して全力で取り組む姿勢
6. 車
7. こども
8. 行った事ない所すべて
9. ベンティー
10. 今

生年月日：1984年5月3日
身長／体重：179cm/75kg
出身地：埼玉県
前所属：きたはらSC－ヴェルディユースS－ヴェルディJrユース－東京ヴェルディ1969ユース－横浜FC－柏レイソル－京都サンガF.C.
代表歴：日本代表
Jリーグ通算出場(J1/J2/J3)：341/259/0
Jリーグ通算得点(J1/J2/J3)：0/1/0
Jリーグ初出場：2003年6月18日 J2第18節横浜FC（vs湘南@平塚）
Jリーグ初得点：2004年7月10日 J2第22節横浜FC（vs鳥栖@三ツ沢）

出場記録

年度	所属チーム	リーグ戦	カップ戦	天皇杯
2003	横浜FC(J2)	24試合(0得点)	–	2試合(0得点)
2004	横浜FC(J2)	43試合(1得点)	–	3試合(0得点)
2005	横浜FC(J2)	37試合(0得点)	–	1試合(0得点)
2006	横浜FC(J2)	48試合(0得点)	–	0試合(0得点)
2007	横浜FC(J1)	34試合(0得点)	5試合(0得点)	2試合(0得点)
2008	柏(J1)	24試合(0得点)	5試合(0得点)	4試合(0得点)
2009	柏(J1)	34試合(0得点)	3試合(0得点)	2試合(0得点)
2010	柏(J2)	35試合(0得点)	–	3試合(0得点)
2011	柏(J1)	26試合(0得点)	2試合(0得点)	3試合(0得点)
2012	柏(J1)	30試合(0得点)	4試合(0得点)	6試合(0得点)
2013	柏(J1)	33試合(0得点)	5試合(0得点)	2試合(0得点)
2014	柏(J1)	24試合(0得点)	8試合(0得点)	2試合(0得点)
2015	柏(J1)	30試合(0得点)	1試合(0得点)	3試合(0得点)
2016	京都(J2)	40試合(0得点)	–	0試合(0得点)
2017	京都(J2)	32試合(0得点)	–	0試合(0得点)
2018	札幌(J1)	0試合(0得点)	6試合(0得点)	1試合(0得点)
2019	札幌(J1)	1試合(0得点)	12試合(0得点)	1試合(0得点)
2020	札幌(J1)	28試合(0得点)	1試合(0得点)	–
2021	札幌(J1)	36試合(0得点)	5試合(0得点)	0試合(0得点)
2022	札幌(J1)	27試合(0得点)	1試合(0得点)	0試合(0得点)
2023	札幌(J1)	14試合(0得点)	1試合(0得点)	0試合(0得点)

X

Instagram

髙尾瑠

#2
Defender
TAKAO Ryu

田中駿汰が抜けた3バックの右を任せられる即戦力として、G大阪から完全移籍で加入した。今まで4バックの右サイドバックでプレーする機会が多かったが、ビルドアップ時に、右センターバックが幅をとる札幌の戦術にはマッチした選手だ。試合展開によっては右ウイングバックでもプレーでき、タイミングのよいオーバーラップも持ち味。名古屋のアカデミーから関西学院大に進み、1年時からレギュラーを獲得、全日本大学選抜にも選出された。自身初の移籍となるが、すでにJ1で116試合の出場経験があり、1年目からチームに安定感をもたらしてくれるだろう。

赤黒戦士に質問
6 今まで買ってよかったもの
7 スマホの待ち受け画面
8 海外旅行で行きたい国
9 自分自身にキャッチコピーをつけてください
10 新シーズンに向けて、漢字一字で表すなら？（外国籍選手は母国語1単語で）

ANSWER
1 アシックス
2 6歳
3 パナソニックスタジアム、札幌ドーム（理由）雰囲気がいいから
4 大谷翔平選手（理由）凄すぎるから
5 （プレー面）前への攻撃参加
（プレー以外）雰囲気
6 携帯
7 家族
8 ヨーロッパ
9 なし
10 自

生年月日：1996年11月9日
身長／体重：181cm/67kg
出身地：愛知県
前所属：A.F.C.Agui－名古屋グランパスU15－名古屋グランパスU18－関西学院大－ガンバ大阪
Jリーグ通算出場(J1/J2/J3)：116/0/8
Jリーグ通算得点(J1/J2/J3)：1/0/0
Jリーグ初出場：2019年3月10日 J3第1節G大阪U23(vs八戸@パナスタ)
Jリーグ初得点：2020年11月22日 J1第28節G大阪(vs浦和@埼玉)

出場記録

年度	所属チーム	リーグ戦	カップ戦	天皇杯
2019	G大阪(J1)	18試合(0得点)	5試合(0得点)	1試合(0得点)
	G大阪U-23(J3)	8試合(0得点)	–	–
2020	G大阪(J1)	32試合(1得点)	1試合(0得点)	2試合(0得点)
2021	G大阪(J1)	19試合(0得点)	1試合(0得点)	3試合(0得点)
2022	G大阪(J1)	26試合(0得点)	1試合(0得点)	2試合(0得点)
2023	G大阪(J1)	16試合(0得点)	5試合(0得点)	1試合(0得点)

Instagram

どのポジションでも出場できるように準備をしていく

2024 KeyPlayer Interview

DF 2 髙尾 瑠

—今季から北海道コンサドーレ札幌に加入しました。現在の心境を聞かせてください。

新たなチームのユニフォームに袖を通したという清々しい気持ちと、これから始まる日々がとても楽しみだな、という思いが非常に強まっています。移籍は初めての経験なので、緊張もしていますが。ただ、その緊張感というのは新しいチームでサッカーをすることに対しての緊張というよりも、なんて言うのかな…、新しい環境で新しい人たちと接していくことに対しての緊張です。なので、皆さんと同じような、普通の生活のなかでもよくある一般的な意味での緊張があるということですね(笑)。チームメートと初めて顔合わせをしたときも、どういう感じで自分を出していこうか迷いましたし。

—その意味では、同じガンバ大阪から鈴木武蔵選手が一緒に移籍をしてきたのは心強いのでは?

それは間違いないですね。とても心強いです。緊張も、だいぶ緩和されます(笑)。武蔵くんは親しい選手も多いので、それに乗っかって僕も一緒に溶け込んでいければいいなと思っています。ただし、逆の意味でいえば、ガンバでの僕を知っている選手がいるということで、新たなキャラでイメージチェンジをすることはできないわけですが(笑)。

—あらためて、コンサドーレから獲得オファーを受けた際の率直な心境はどういうものだったのか、教えてください。

まずは素直に嬉しかったですし、とても光栄なものだと感じました。実は前年にもオファーをもらっていて、そのときは受けることができなかったのですが、今回こうして、また続けてオファーをもらえたことについては、驚きもありました。2年続けてオファーをもらえることというのは、おそらくあまりないことだと思いますし、そのくらい僕のことを見てくれていたということでしょうから、やはりすごく光栄なことですよね。サッカー選手としては、すごく嬉しいことです。

—コンサドーレには、どういったイメージを持っていましたか?

漠然とした「こういうチームだな」というものよりも、どちらかというと実際に対戦をした際に感じた、マンツーマンディフェンスでハードに守備を仕掛けてくるとか、攻撃のバリエーションも多く、手強いチームだなという具体的なイメージのほうが僕の中では強かったです。プロ選手になってからはガンバでしかプレーをしたことがありませんでしたから、ほかのチームがどういった体制、雰囲気なのかというのは、あまり気にしたことがありませんでした。どのチームについても、やはり対戦したときのピッチ上のイメージが強いです。そうしたなかでも、アグレッシブで個性的な

面白そうなチームだというポジティブなイメージを持っていました。

僕は愛知県出身なので、やはり名古屋グランパスに興味が向き、実際に名古屋のアカデミーでプレーもしましたし、近隣のチームのことは目に入ってくることはあるにしても、遠方のチームの情報は、なかなかなくて。ただ、僕の祖母が札幌に住んでいるので、縁はあったのかな？　とは思います。祖母も札幌ドームにほど近いところに住んでいるので、応援に来てくれると思いますし。

――それは縁がありますね。そうした新天地で、どういったプレーを披露していきたいですか？

僕のストロングポイントはドリブルだったり、後方からの攻撃参加だったりという、前への推進力を生かしたプレーだと自分では思っています。そして、その部分というのはコンサドーレのサッカーにフィットするだろうとも思っていますので、そこを積極的に発揮していきたいです。もちろん得点も積極的に狙っていきますよ。

そして、ミシャ監督とサッカーをするのも、とても楽しみです。映像などで見ていると、毎試合のように過去に指導をしていた相手チームの選手がキックオフ前にミシャ監督のところに何人も挨拶に行っているじゃないですか？　すごく慕われている監督なのだろうなと思いますし、やっているサッカーも面白い。どういった指導を受けられるのか、本当に楽しみです。

――髙尾選手は複数ポジションをこなすユーティリティープレーヤーですが、ポジションは、どのエリアを想定していますか？

チームからは右のセンターバックを主にやって欲しいという話をされていますので、まずはそこをしっかりこなしていきたいと考えています。ただし、シーズンのなかでは、いろんな状況が訪れるでしょうから、どのポジションでも出場できるように準備はしていきたいと考えています。

――ポジション遍歴は、どういった流れだったのでしょうか。

名古屋U―18ではFWやトップ下といった攻撃的なポジションばかりやっていました。そして、大学に進んでからはじめて右サイドバックのポジションをやるようになり、それが自分にすごく適していた感じがありました。相手の攻撃を封じながらも攻撃に参加した際には、もともとやっていた攻撃的なポジションのときの感覚を発揮するといった形で、やるにつれて面白さが増していきましたね。そして、プロになった最初の年に3バックの右センターバックもやるようになって、「あ、自分はこのポジションでもやれるんだ」という手応えを掴み、だいたいどこでもこなせる自信がついていったという流れです。コンサドーレのサッカーでは、センターバックの選手にも攻撃的な位置取りが求められますから、自分にすごく合っているスタイルだと思います。

――北海道の地でサッカーをすることについては、どのように感じていますか？

本当に不思議な気持ちがあります。人生のなかで自分が北海道で生活をすることになるとは、なかなか想像もできませんでした。ただ、過去に来た経験などから、いい場所だとは確信していますし、過去の対戦でもコンサドーレのサポーターがとても熱心だということも、ある程度は把握しているつもりですので、これからはじまる日々がすごく楽しみです。

と同時に、気も引き締まっているところです。開幕戦からサポーターの皆さんの信頼を得られるように、しっかりキャンプや練習からアピールしていくつもりですし、できれば得点も取って僕の存在を示していきたいと考えているので、すべての力をこのチームのために注ぎ、努力をしていきたいと思います。

菅 大輝

#4
Forward
SUGA
Daiki

赤黒戦士に質問
1 スパイクのメーカーとモデル名
2 サッカーをはじめた年齢
3 好きなスタジアムと理由
4 注目しているスポーツ選手（サッカー以外でも可）と理由
5 自分のここを見てほしい（プレー面とプレー以外）

昨季、J1通算200試合出場を記録。24歳9カ月という史上最年少記録を更新した。「いろんな課題に目をつぶってもらいながら1年目から使ってもらった」と謙虚に振り返る。だが、7年のプロキャリアの中で、豊富な運動量、小柄だが1対1で競り負けない強靭なフィジカル、連戦を苦にしないタフネスさ、なにより「スガキャノン」と称される中長距離からの弾丸シュートは、他チームからも脅威として国内のサッカーファンに広く知られる存在になった。25歳にして、すでに3児の父で子煩悩な父親の一面も。家族を支える自覚がプロサッカー選手としてもよい影響を与えている。

1 ミズノ NEO4
2 3歳
3 札幌ドーム（理由）サポーターの声援、響く
4 大谷翔平選手（理由）日本の至宝
5 （プレー面） 左足パンチ力、ロングスプリント
（プレー以外） 特になし
6 買ったもの全部
7 子供
8 イタリア
9 なし
10 挑

生年月日：1998年9月10日
身長／体重：171cm/78kg
出身地：小樽市
前所属：コンサドーレ札幌U-12（小樽高島小）ーコンサドーレ札幌U-15（小樽末広中）ー北海道コンサドーレ札幌U-18（飛鳥未来高）
代表歴：U-16/U-17/U-18/U-19/U-20/U-21/U-22/U-23各日本代表、日本代表
Jリーグ通算出場（J1/J2/J3）：216/5/0
Jリーグ通算得点（J1/J2/J3）：12/0/0
Jリーグ初出場：2016年4月3日 J2第6節札幌（vs町田@町田）
Jリーグ初得点：2017年8月5日 J1第20節札幌（vsC大阪@金鳥スタ）

出場記録 ＊は２種登録

年度	所属チーム	リーグ戦	カップ戦	天皇杯
*2016	札幌(J2)	5試合(0得点)	–	2試合(0得点)
2017	札幌(J1)	23試合(1得点)	6試合(0得点)	1試合(0得点)
2018	札幌(J1)	33試合(1得点)	1試合(0得点)	2試合(0得点)
2019	札幌(J1)	31試合(0得点)	7試合(1得点)	1試合(0得点)
2020	札幌(J1)	29試合(2得点)	3試合(0得点)	–
2021	札幌(J1)	36試合(1得点)	9試合(1得点)	2試合(0得点)
2022	札幌(J1)	31試合(4得点)	7試合(0得点)	1試合(0得点)
2023	札幌(J1)	33試合(3得点)	6試合(1得点)	3試合(0得点)

X

Instagram

中村桐耶

#6
Defender
NAKAMURA
Toya

アカデミーの先輩である高嶺朋樹（現・柏）の背番号6を引き継ぎ、リーグ戦31試合、カップ戦で10試合に出場。昨季はまさに飛躍のシーズンとなった。札幌U－18時代に2種登録でトップチーム出場を果たすなど、早くから頭角を現した。ただ、プロ入り後のキャリアは順調ではなかった。2シーズンをJFLのHonda FCで過ごし、自分のプロとしての姿勢を見つめ直した。札幌復帰後も、すぐには試合に出ることはできなかったが、リスクを恐れず、1対1で相手をはがし、前に進む推進力が攻撃志向のミシャ監督の目に留まった。日本代表の森保一監督も注目するなど、チームの将来を象徴する存在だ。

赤黒戦士に質問
6 今まで買ってよかったもの
7 スマホの待ち受け画面
8 海外旅行で行きたい国
9 自分自身にキャッチコピーをつけてください
10 新シーズンに向けて、漢字一字で表すなら？（外国籍選手は母国語1単語で）

Answer
1 ミズノ モレリア ネオ Ⅳ β
2 6歳
3 札幌ドーム（理由）ホーム感
4 福田心之助選手（理由）ユース同期として負けられない
5 （プレー面）推進力
（プレー以外）髪色
6 車
7 いい景色の写真
8 イギリス
9 札幌の狂犬
10 高

生年月日：2000年7月23日
身長／体重：186cm/78kg
出身地：むかわ町
前所属：鵡川Jr.FC－コンサドーレ札幌U-12－ASC北海道U-15（むかわ町立鵡川中）－北海道コンサドーレ札幌U-18（札幌西陵高）－北海道コンサドーレ札幌－Honda FC
代表歴：U-18日本代表
Jリーグ通算出場（J1/J2/J3）：43/0/0
Jリーグ通算得点（J1/J2/J3）：1/0/0
Jリーグ初出場：2022年5月7日 J1第12節札幌（vs京都@札幌ド）
Jリーグ初得点：2023年6月10日 J1第17節札幌（vs鳥栖@駅スタ）

出場記録
＊は２種登録

年度	所属チーム	リーグ戦	カップ戦	天皇杯
*2018	札幌（J1）	0試合（0得点）	3試合（0得点）	0試合（0得点）
2019	札幌（J1）	0試合（0得点）	3試合（0得点）	1試合（1得点）
	Honda（JFL）	9試合（0得点）	–	–
2020	Honda（JFL）	9試合（0得点）	–	2試合（0得点）
2021	札幌（J1）	0試合（0得点）	3試合（0得点）	2試合（0得点）
2022	札幌（J1）	12試合（0得点）	6試合（1得点）	2試合（0得点）
2023	札幌（J1）	31試合（1得点）	7試合（0得点）	3試合（0得点）

X

Instagram

鈴木武蔵

#7
Forward
SUZUKI
Musashi

赤黒戦士に質問

1 スパイクのメーカーとモデル名
2 サッカーをはじめた年齢
3 好きなスタジアムと理由
4 注目しているスポーツ選手（サッカー以外でも可）と理由
5 自分のここを見てほしい（プレー面とプレー以外）
6 今まで買ってよかったもの
7 スマホの待ち受け画面
8 海外旅行で行きたい国
9 自分自身にキャッチコピーをつけてください
10 新シーズンに向けて、漢字一字で表すなら？（外国籍選手は母国語1単語で）

2020シーズン途中に、札幌からベルギー1部リーグのベールスホットに移籍。10番を背負うなど奮闘したが、移籍2年目にチームが2部に降格し、日本への復帰を決めた。復帰先に選んだG大阪でも苦しんだ。2年間で記録したゴールは2点。かつての彼を知る者からすると物足りない数字だ。再生、完全復活の舞台に、自分が最も輝いていた札幌を選んだ。当時の札幌とは戦術も異なるが、順応するのに海外での経験が生きてくるはずだ。チームメートにも、かつての武蔵を知る選手も多数残っている。サポートを受けながらゴールを量産してほしい。

ANSWER

1 ミズノ、アシックス（モレリア）
2 7歳
3 埼玉スタジアム2002（理由）小さい頃によく応援に行ってて、雰囲気が好きだったから
4 いない
5 （プレー面）背後へのランニング、力強さ
（プレー以外）私服
6 ヴィンテージの家具
7 嫁と手繋いでる写真
8 フィリピン
9 赤黒のヒョウ
10 成

生年月日：1994年2月11日
身長／体重：185cm/75kg
出身地：ジャマイカ
前所属：太田市立韮川西小サッカースポーツ少年団ーFCおおたJrユースー桐生第一高ーアルビレックス新潟ー水戸ホーリーホックーアルビレックス新潟ー松本山雅FCーV·ファーレン長崎ー北海道コンサドーレ札幌ーKベールスホットVAーガンバ大阪
代表歴：U-16/U-17/U-18/U-19/U-20/U-21/U-22/U-23各日本代表、日本代表
Jリーグ通算出場(J1/J2/J3)：192/15/3
Jリーグ通算得点(J1/J2/J3)：38/2/0
Jリーグ初出場：2012年5月19日　J1第12節新潟（vs磐田@東北電ス）
Jリーグ初得点：2013年5月25日　J1第13節新潟（vs川崎F@等々力）

出場記録

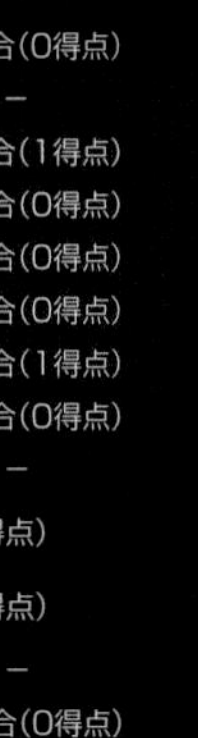

年度	所属チーム	リーグ戦	カップ戦	天皇杯
2012	新潟(J1)	9試合(0得点)	4試合(1得点)	0試合(0得点)
2013	新潟(J1)	15試合(2得点)	2試合(0得点)	1試合(0得点)
2014	新潟(J1)	29試合(3得点)	6試合(3得点)	2試合(3得点)
2014	J-22(J3)	1試合(0得点)	–	–
2015	新潟(J1)	13試合(1得点)	2試合(0得点)	0試合(0得点)
2015	J-22(J3)	2試合(0得点)	–	–
2015	水戸(J2)	6試合(2得点)	–	3試合(1得点)
2016	新潟(J1)	14試合(0得点)	1試合(1得点)	3試合(0得点)
2017	新潟(J1)	17試合(1得点)	5試合(0得点)	2試合(0得点)
2017	松本(J2)	9試合(0得点)	–	0試合(0得点)
2018	長崎(J1)	29試合(11得点)	0試合(0得点)	2試合(1得点)
2019	札幌(J1)	33試合(13得点)	6試合(7得点)	0試合(0得点)
2020	札幌(J1)	4試合(5得点)	1試合(1得点)	–
2020-21	ベールスホット(ベルギー)	26試合(6得点)	ベルギー杯 1試合(0得点)	
2021-22	ベールスホット(ベルギー)	25試合(1得点)	ベルギー杯 1試合(0得点)	
2022	G大阪(J1)	9試合(1得点)	0試合(0得点)	–
2023	G大阪(J1)	20試合(1得点)	4試合(0得点)	0試合(0得点)

X

Instagram

2024 KeyPlayer Interview

鈴木武蔵

FW 7

ミシャ監督から「また一緒にやろう」

―4シーズンぶりにコンサドーレ復帰を果たしました。いまの率直な心境を。

数年ぶりに復帰しましたが、前回在籍時から仲良くしているチームメートもたくさんいますし、コンサドーレのウェアにも、まったく違和感はないです。おかげさまで加入会見やキックオフパーティでも皆さんから温かく迎えていただけたこともあって、期限付き移籍という形ではありますが、以前と同じように、しっかりとチームの一員になることができています。

―あらためて復帰の経緯を教えてください。

昨年末にコンサドーレからオファーをいただき、そこでミシャさんから直接、電話をもらいました。ビックリでした。ちょうど友人と食事をしているときに電話が鳴って、ミシャさんから「また一緒にやろう」と言ってもらえて、すごく嬉しかったですね。電話を切った直後は涙腺が緩みましたから。コンサドーレを離れて3年くらい経過しましたが、それでも変わらずにミシャさんが僕のことを思ってくれていたことに感謝しましたし、感激しました。

―ベルギーリーグから復帰したガンバ大阪では、難しい時期を過ごしているように見えました。

そうですね。個人としてもチームとしても難しい時期が長く続いてしまい、なかなか思うような結果を出すことができませんでした。でも、そうしたなかでも僕個人としては、もがき苦しみながらも、そこを打破することができたならば、きっといいことが待っていると信じ続けていたのです。ですから、難しい状況でしたが、サッカーに対する熱は変わりませんでしたし、毎日変わらず全力で取り組んでいた自信もありましたので、成長などが止まっていると感じたことは、まったくありませんでした。もちろん結果が出ず、メンタル的にはキツかったですし、サポーターの皆さんにも悔しい思いをさせてしまい申し訳なく思ってはいました。

誰しも、どんなチームにも苦しい時期というのは絶対にあると思うんです。それこそ僕が前回、コンサドーレに移籍をしてきた以前にも同じような苦しい時期はありましたし。でも、そうした状況のなかで日々、いろんな物事に対して感謝もしながら、いかに我慢をして取り組めるかが、この世界では大事だと思っています。今回こうしてコンサドーレに復帰をしましたが、きっと難しい時期というのは多かれ少なかれあると思います。そのなかでも変わらずに力を尽くしていきます。

―コンサドーレのサポーターには、どういったプレーを披露していきますか?

僕の特徴である相手の背後を突いていく飛び出しはもちろん、ベルギーリーグで身に付けた、体を張ってのボールキープなどは前回在籍時にはあまりなかったものだと思うので、そうしたプレーは、ぜひ発揮していきたいと考えています。2020年途中にコンサドーレを離れてヨーロッパに移籍をさせてもらいましたが、そこで得たものなどは、しっかりとサポーターの皆さんに見てもらえるようにしていきたいですね。

―具体的な目標設定などがあれば教えてください。

やはり、まずはタイトル獲得です。僕のキャリアのなかでは、まだ成し遂げたことのないものですし、2019年のルヴァンカップでは準優勝に終わってしまいましたから、なんとかコンサドーレのサポーターの皆さんと今度は一緒に大きな喜びを得たいという気持ちが強いです。そして、個人的なところでは二桁得点を目標にしたい。ミシャさんの指導のもと、ひとつでも多くのゴールを奪ってスタジアムを沸かせられるように頑張ります。

―北海道での生活も再開しますね。

そちらも楽しみです。1月に加入会見のために足を運んだときは、久しぶりに雪景色を見て、ものすごくテンションが高まりました。前回在籍時もそうでしたが、雪を見るとワクワクするんです。そして今回は、息子がもう小学校に入っていることもあって、単身赴任も考えたのですが、息子が「一緒に行きたい！」と言ってくれたので、また家族みんなで北海道にお世話になることにしました。色々な意味で楽しみな1年になりそうです。

深井一希

#8
Midfielder
FUKAI
Kazuki

赤黒戦士に質問
1 スパイクのメーカーとモデル名
2 サッカーをはじめた年齢
3 好きなスタジアムと理由
4 注目しているスポーツ選手（サッカー以外でも可）と理由
5 自分のここを見てほしい（プレー面とプレー以外）

右膝前十字靱帯の断裂から昨年5月に復帰し、ルヴァン杯、天皇杯では得点も決め、元気なプレーを見せていたが、11月に右膝の前十字靱帯、内側半月板、軟骨の損傷と診断され、手術を受けた。2018年から5シーズン連続で20試合以上のリーグ戦出場を果たしていたが、不本意な突然のシーズン終了。だが、本人は早い時期での復帰を目指し前向きだ。離脱公表直後の第32節広島戦（札幌ドーム）では、選手全員が、試合前練習時に胸に「大丈夫　俺たちも信じてる」、背中に「8　FUKAI」と書かれたTシャツを着用。サポーターとともに深井にエールを送った。札幌の「不死鳥」の復帰を焦らずに待とう。

ANSWER
1 ミズノ モレリア
2 7歳
3 厚別競技場（理由）力が出る
4 大谷翔平選手（理由）移籍してどんな結果を残すか
5 （プレー面）ボール奪取
（プレー以外）膝
6 特に
7 愛犬
8 イタリア
9 特に
10 耐

生年月日：1995年3月11日
身長／体重：179cm/80kg
出身地：札幌市
前所属：コンサドーレ札幌ユースU-12（札幌苗穂小）－コンサドーレ札幌ユースU-15（札幌明園中）－コンサドーレ札幌U-18（札幌拓北高）
代表歴：U-16/U-17/U-18各日本代表
Jリーグ通算出場（J1/J2/J3）：138/62/0
Jリーグ通算得点（J1/J2/J3）：8/0/0
Jリーグ初出場：2013年3月20日 J2第4節札幌（vs松本@札幌ド）
Jリーグ初得点：2018年3月2日 J1第2節札幌（vsC大阪@金鳥スタ）

出場記録

年度	所属チーム	リーグ戦	カップ戦	天皇杯
2013	札幌(J2)	19試合(0得点)	–	0試合(0得点)
2014	札幌(J2)	3試合(0得点)	–	1試合(0得点)
2015	札幌(J2)	15試合(0得点)	–	1試合(0得点)
2016	札幌(J2)	25試合(0得点)	–	0試合(0得点)
2017	札幌(J1)	5試合(0得点)	0試合(0得点)	0試合(0得点)
2018	札幌(J1)	28試合(2得点)	0試合(0得点)	0試合(0得点)
2019	札幌(J1)	33試合(2得点)	5試合(1得点)	0試合(0得点)
2020	札幌(J1)	20試合(0得点)	1試合(0得点)	–
2021	札幌(J1)	21試合(2得点)	4試合(1得点)	0試合(0得点)
2022	札幌(J1)	23試合(2得点)	4試合(1得点)	1試合(0得点)
2023	札幌(J1)	8試合(0得点)	4試合(1得点)	1試合(1得点)

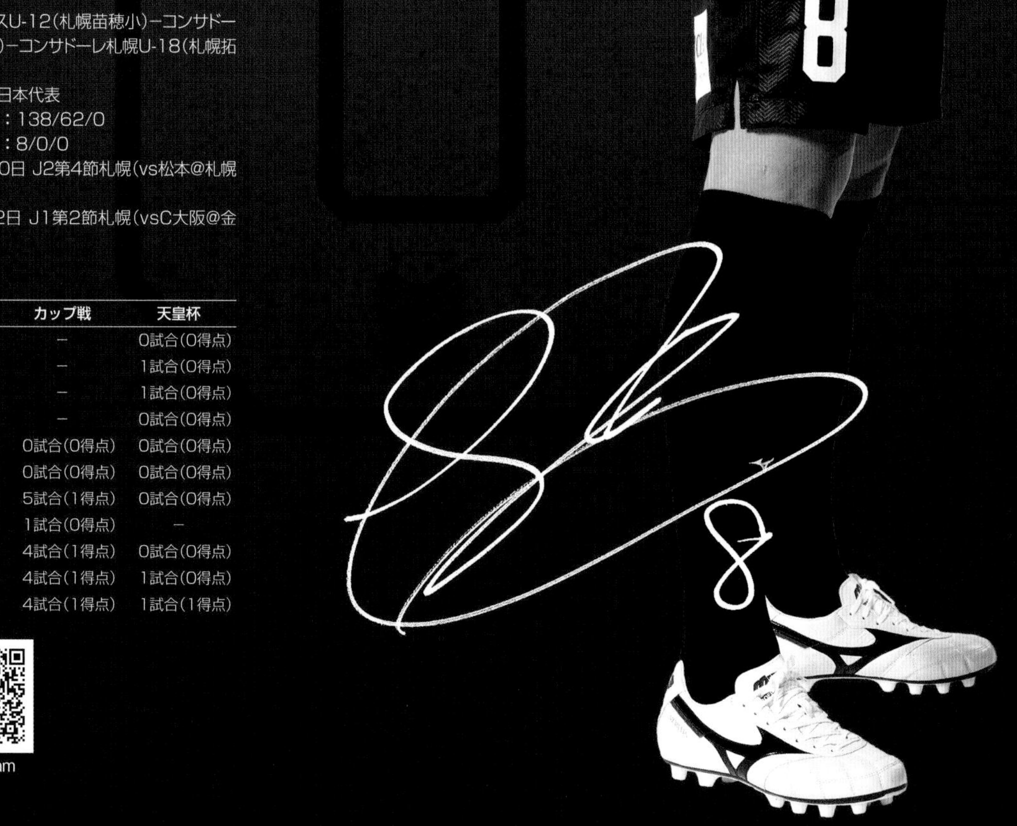

X

Instagram

宮澤 裕樹

#10
Midfielder
MIYAZAWA
Hiroki

赤黒戦士に質問
6 今まで買ってよかったもの
7 スマホの待ち受け画面
8 海外旅行で行きたい国
9 自分自身にキャッチコピーをつけてください
10 新シーズンに向けて、漢字一字で表すなら？（外国籍選手は母国語1単語で）

札幌ひと筋17年目、気が付けばＪ１での出場数が230、今季中にＪ２の出場記録（249）を上回ることも視野に入ってきた。近年は3バックの中央が定位置だったが、岡村大八の台頭もあり、昨季はボランチでの出場が増えた。今年6月で35歳、ベテランの年齢に入る。だが、読みのよさと周囲を俯瞰する戦術眼は健在。自身のパスカットからカウンターの起点となるプレーは、まさに「いぶし銀」の領域だ。昨年、福岡のバンディエラ城後寿が37歳で、クラブ初のタイトルを獲得。その姿に宮澤が優勝カップを掲げる姿を想像したサポーターも多いはず。歓喜の中心に彼がいる光景を早く見たい。

ANSWER

1 ニューバランス
2 7歳
3 札幌ドーム
4 なし
5 （プレー面）適応能力
（プレー以外）なし
6 なし
7 子供
8 韓国
9 なし
10 なし

生年月日：1989年6月28日
身長／体重：182cm/76kg
出身地：伊達市
前所属：大沢サッカー少年団ー室蘭大沢FC(室蘭大沢小)ー室蘭鶴ヶ崎中ー室蘭大谷高
代表歴：U-17/U-18/U-19/U-20各日本代表
Jリーグ通算出場(J1/J2/J3)：230/249/0
Jリーグ通算得点(J1/J2/J3)：9/20/0
Jリーグ初出場：2008年5月3日 J1第10節札幌(vs京都@西京極)
Jリーグ初得点：2008年5月17日 J1第13節札幌(vs名古屋@札幌ド)

出場記録

年度	所属チーム	リーグ戦	カップ戦	天皇杯
2008	札幌(J1)	6試合(1得点)	2試合(0得点)	0試合(0得点)
2009	札幌(J2)	43試合(5得点)	−	2試合(0得点)
2010	札幌(J2)	28試合(2得点)	−	2試合(0得点)
2011	札幌(J2)	34試合(4得点)	−	0試合(0得点)
2012	札幌(J1)	23試合(0得点)	3試合(0得点)	1試合(0得点)
2013	札幌(J2)	33試合(2得点)	−	1試合(0得点)
2014	札幌(J2)	41試合(1得点)	−	0試合(0得点)
2015	札幌(J2)	39試合(5得点)	−	1試合(0得点)
2016	札幌(J2)	31試合(1得点)	−	1試合(0得点)
2017	札幌(J1)	30試合(2得点)	3試合(0得点)	0試合(0得点)
2018	札幌(J1)	28試合(1得点)	0試合(0得点)	2試合(0得点)
2019	札幌(J1)	30試合(1得点)	7試合(0得点)	1試合(0得点)
2020	札幌(J1)	32試合(1得点)	2試合(0得点)	−
2021	札幌(J1)	29試合(0得点)	5試合(0得点)	0試合(0得点)
2022	札幌(J1)	25試合(3得点)	3試合(0得点)	1試合(0得点)
2023	札幌(J1)	27試合(0得点)	3試合(0得点)	2試合(0得点)

青木亮太

#11
Midfielder
AOKI
Ryota

赤黒戦士に質問
1 スパイクのメーカーとモデル名
2 サッカーをはじめた年齢
3 好きなスタジアムと理由
4 注目しているスポーツ選手(サッカー以外でも可)と理由
5 自分のここを見てほしい(プレー面とプレー以外)

ボールが吸い付くような独特のドリブルテクニックを持ち、そのキープ力で攻撃のアクセントを付けることができる貴重な選手だ。昨季は自身初の2桁得点を視野に意気込んでいたが、第3節新潟戦（デンカS）で左太ももを肉離れ。復帰後も不運なハンドで、浅野雄也のスーパーゴールを取り消してしまう（第9節福岡戦、札幌ドーム）など、今ひとつ乗り切れないシーズンになってしまった。札幌に加入して4シーズン目。素顔は天然ないじられキャラだが、今年3月に28歳となり、ベテランと若手をつなぐ存在感も増している。今季は周囲を魅了する青木らしいゴラッソを量産してくれるはずだ。

1 ナイキ ファントムヴェノム
2 5歳
3 札幌ドーム(理由)他のスタジアムではない雰囲気がある
4 大谷翔平選手(理由)最強
5 (プレー面) 技術
(プレー以外) 特になし
6 特になし
7 初期設定
8 色々行ってみたい
9 特になし
10 進

生年月日：1996年3月6日
身長／体重：174cm/72kg
出身地：東京都
前所属：鶴川FC－東京ヴェルディジュニア－東京ヴェルディJrユース－流通経済大付属柏高－名古屋グランパス－大宮アルディージャ－名古屋グランパス
代表歴：U-15/U-16/U-19各日本代表
Jリーグ通算出場(J1/J2/J3)：104/36/7
Jリーグ通算得点(J1/J2/J3)：13/11/0
Jリーグ初出場：2014年3月23日 J3第3節J-22(vs盛岡@盛岡南)
Jリーグ初得点：2017年6月25日 J2第20節名古屋(vs長崎@パロ瑞穂)

出場記録

年度	所属チーム	リーグ戦	カップ戦	天皇杯
2014	名古屋(J1)	4試合(0得点)	1試合(0得点)	0試合(0得点)
	J-22(J3)	7試合(0得点)	–	–
2015	名古屋(J1)	0試合(0得点)	0試合(0得点)	0試合(0得点)
	J-22(J3)	0試合(0得点)	–	–
2016	名古屋(J1)	1試合(0得点)	0試合(0得点)	0試合(0得点)
2017	名古屋(J2)	26試合(11得点)	–	2試合(0得点)
2018	名古屋(J1)	18試合(0得点)	2試合(1得点)	0試合(0得点)
2019	名古屋(J1)	0試合(0得点)	0試合(0得点)	0試合(0得点)
2020	名古屋(J1)	1試合(0得点)	2試合(0得点)	–
	大宮(J2)	10試合(0得点)	–	–
2021	札幌(J1)	31試合(4得点)	7試合(2得点)	1試合(1得点)
2022	札幌(J1)	31試合(8得点)	8試合(1得点)	1試合(1得点)
2023	札幌(J1)	18試合(1得点)	3試合(1得点)	1試合(0得点)

X

Instagram

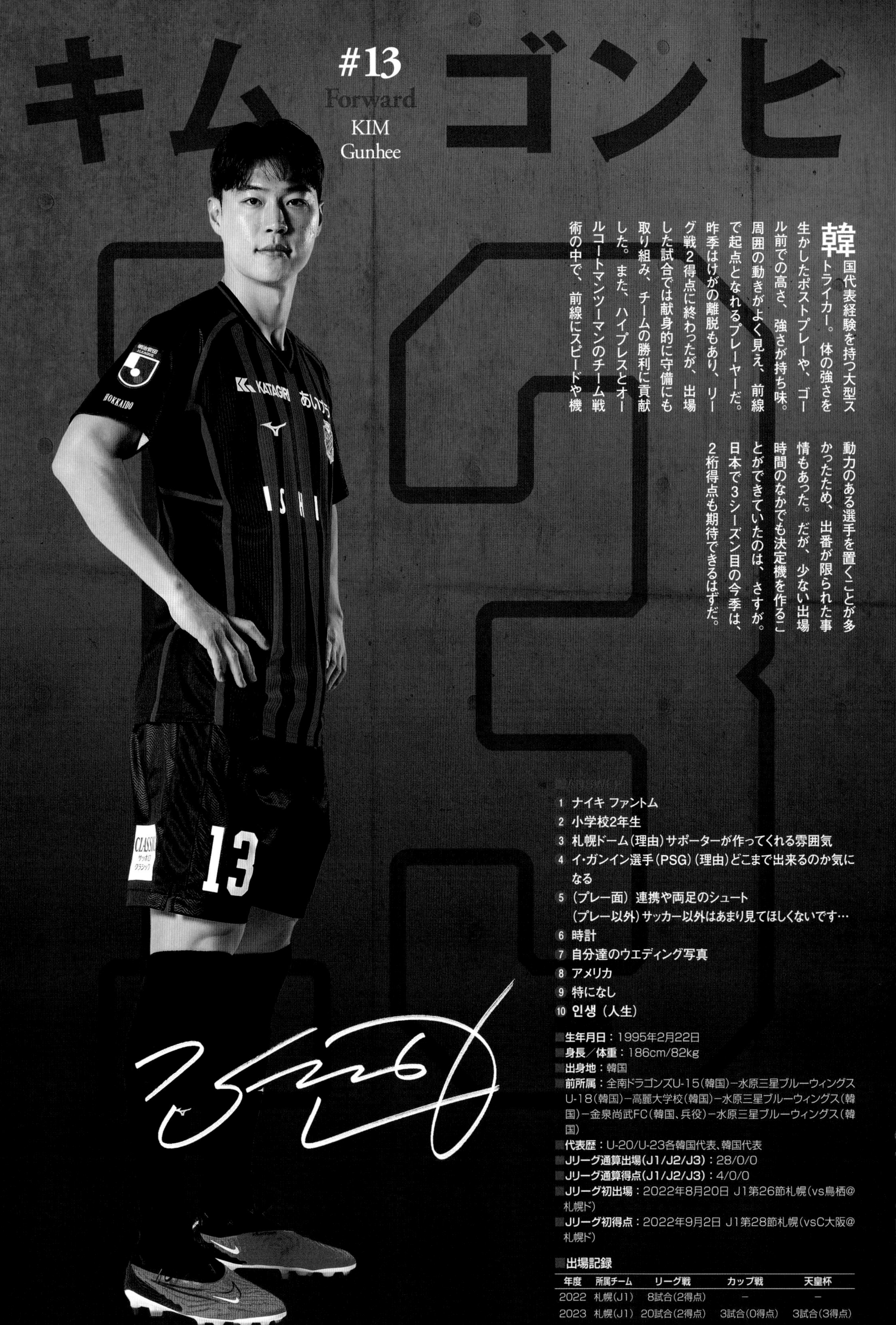

キム ゴンヒ

#13
Forward
KIM
Gunhee

韓国代表経験を持つ大型ストライカー。体の強さを生かしたポストプレーや、ゴール前での高さ、強さが持ち味。周囲の動きがよく見え、前線で起点となれるプレーヤーだ。昨季はけがの離脱もあり、リーグ戦2得点に終わったが、出場した試合では献身的に守備にも取り組み、チームの勝利に貢献した。また、ハイプレスとオールコートマンツーマンのチーム戦術の中で、前線にスピードや機動力のある選手を置くことが多かったため、出番が限られた事情もあった。だが、少ない出場時間のなかでも決定機を作ることができていたのは、さすが。日本で3シーズン目の今季は、2桁得点も期待できるはずだ。

赤黒戦士に質問

6 今まで買ってよかったもの
7 スマホの待ち受け画面
8 海外旅行で行きたい国
9 自分自身にキャッチコピーをつけてください
10 新シーズンに向けて、漢字一字で表すなら？（外国籍選手は母国語1単語で）

ANSWER

1 ナイキ ファントム
2 小学校2年生
3 札幌ドーム（理由）サポーターが作ってくれる雰囲気
4 イ・ガンイン選手（PSG）（理由）どこまで出来るのか気になる
5 （プレー面）連携や両足のシュート
（プレー以外）サッカー以外はあまり見てほしくないです…
6 時計
7 自分達のウエディング写真
8 アメリカ
9 特になし
10 인생（人生）

生年月日：1995年2月22日
身長／体重：186cm/82kg
出身地：韓国
前所属：全南ドラゴンズU-15（韓国）―水原三星ブルーウィングスU-18（韓国）―高麗大学校（韓国）―水原三星ブルーウィングス（韓国）―金泉尚武FC（韓国、兵役）―水原三星ブルーウィングス（韓国）
代表歴：U-20/U-23各韓国代表、韓国代表
Jリーグ通算出場（J1/J2/J3）：28/0/0
Jリーグ通算得点（J1/J2/J3）：4/0/0
Jリーグ初出場：2022年8月20日 J1第26節札幌（vs鳥栖@札幌ド）
Jリーグ初得点：2022年9月2日 J1第28節札幌（vsC大阪@札幌ド）

出場記録

年度	所属チーム	リーグ戦	カップ戦	天皇杯
2022	札幌（J1）	8試合（2得点）	－	－
2023	札幌（J1）	20試合（2得点）	3試合（0得点）	3試合（3得点）

駒井善成

#14
Midfielder
KOMAI
Yoshiaki

赤黒戦士に質問
1 スパイクのメーカーとモデル名
2 サッカーをはじめた年齢
3 好きなスタジアムと理由
4 注目しているスポーツ選手（サッカー以外でも可）と理由
5 自分のここを見てほしい（プレー面とプレー以外）

ミシャサッカーに欠かせないキーマン。プロデビューしたころはドリブラーとして名を馳せ、「古都のメッシ」と称された。その後、浦和に移籍し、ミシャ監督と出会い、サッカーの奥深さを学んだ。現在のプレースタイルは、まさに「フォア・ザ・チーム」の塊。前線から最終ラインまでチームのために走り回り、パスの受け手、攻撃の起点として躍動するその陰には、小さな体のハンデを克服すべく取り組んできた筋トレや食事など、地道な努力がある。私生活では3人の子供を持つ良きパパ。昨季、J1通算200試合出場を達成も通過点。家族とチームのタイトル獲得のために、まだまだ貪欲に進化を続ける。

ANSWER
1 アシックス DSライトpro
2 6歳
3 札幌ドーム、埼スタ、亀岡スタジアム（理由）所属したチームだから
4 大谷翔平選手（理由）移籍してどこまでできるかみてみたい
5 （プレー面）キープ、ターン
（プレー以外）インスタでの子供たち
6 体のケア用品、時計
7 家族写真
8 イタリア
9 筋肉関西人
10 進

生年月日：1992年6月6日
身長／体重：168cm/67kg
出身地：京都府
前所属：京都パープルサンガジュニア―京都サンガF.C.U-15―京都サンガF.C.U-18―京都サンガF.C.―浦和レッズ
代表歴：U-15/U-16各日本代表
Jリーグ通算出場(J1/J2/J3)：206/171/0
Jリーグ通算得点(J1/J2/J3)：13/15/0
Jリーグ初出場：2011年4月30日 J2第9節京都(vs栃木@栃木グ)
Jリーグ初得点：2011年7月18日 J2第21節京都(vs愛媛@ニンスタ)

出場記録
*は2種登録

年度	所属チーム	リーグ戦	カップ戦	天皇杯
*2010	京都(J1)	0試合(0得点)	–	–
2011	京都(J2)	25試合(1得点)	–	3試合(1得点)
2012	京都(J2)	32試合(6得点)	–	2試合(1得点)
2013	京都(J2)	39試合(4得点)	–	2試合(0得点)
2014	京都(J2)	40試合(1得点)	–	2試合(0得点)
2015	京都(J2)	35試合(3得点)	–	3試合(1得点)
2016	浦和(J1)	23試合(0得点)	4試合(0得点)	1試合(0得点)
2017	浦和(J1)	24試合(0得点)	1試合(0得点)	3試合(0得点)
2018	札幌(J1)	29試合(0得点)	1試合(0得点)	2試合(0得点)
2019	札幌(J1)	3試合(0得点)	0試合(0得点)	1試合(0得点)
2020	札幌(J1)	33試合(4得点)	2試合(1得点)	–
2021	札幌(J1)	37試合(2得点)	7試合(0得点)	0試合(0得点)
2022	札幌(J1)	31試合(3得点)	5試合(0得点)	0試合(0得点)
2023	札幌(J1)	26試合(4得点)	4試合(0得点)	1試合(0得点)

X

Instagram

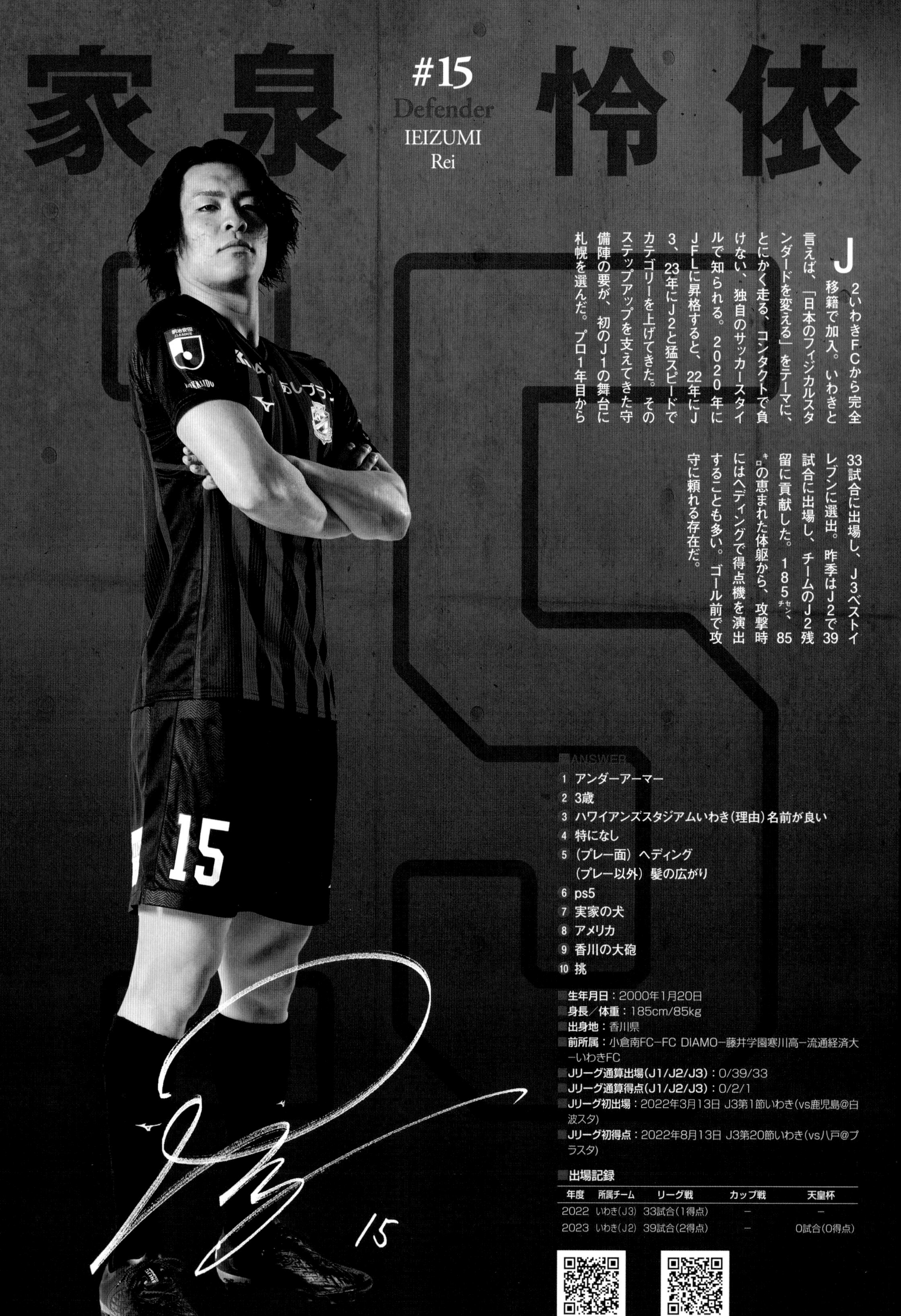

家泉 怜依

#15
Defender
IEIZUMI
Rei

J2いわきFCから完全移籍で加入。いわきと言えば、「日本のフィジカルスタンダードを変える」をテーマに、とにかく走る、コンタクトで負けない、独自のサッカースタイルで知られる。2020年にJFLに昇格すると、22年にJ3、23年にJ2と猛スピードでカテゴリーを上げてきた。そのステップアップを支えてきた守備陣の要が、初のJ1の舞台に札幌を選んだ。プロ1年目から33試合に出場し、J3ベストイレブンに選出。昨季はJ2で39試合に出場し、チームのJ2残留に貢献した。185センチ、85キロの恵まれた体躯から、攻撃時にはヘディングで得点機を演出することも多い。ゴール前で攻守に頼れる存在だ。

赤黒戦士に質問
6 今まで買ってよかったもの
7 スマホの待ち受け画面
8 海外旅行で行きたい国
9 自分自身にキャッチコピーをつけてください
10 新シーズンに向けて、漢字一字で表すなら？（外国籍選手は母国語1単語で）

ANSWER
1 アンダーアーマー
2 3歳
3 ハワイアンズスタジアムいわき（理由）名前が良い
4 特になし
5 （プレー面）ヘディング
（プレー以外）髪の広がり
6 ps5
7 実家の犬
8 アメリカ
9 香川の大砲
10 挑

生年月日：2000年1月20日
身長／体重：185cm/85kg
出身地：香川県
前所属：小倉南FC−FC DIAMO−藤井学園寒川高−流通経済大−いわきFC
Jリーグ通算出場（J1/J2/J3）：0/39/33
Jリーグ通算得点（J1/J2/J3）：0/2/1
Jリーグ初出場：2022年3月13日 J3第1節いわき（vs鹿児島@白波スタ）
Jリーグ初得点：2022年8月13日 J3第20節いわき（vs八戸@プラスタ）

出場記録

年度	所属チーム	リーグ戦	カップ戦	天皇杯
2022	いわき（J3）	33試合（1得点）	−	−
2023	いわき（J2）	39試合（2得点）	−	0試合（0得点）

X

Instagram

札幌のサッカーにフィットしたら自分はもっとすごくなる

2024 KeyPlayer Interview

家泉怜依 DF 15

——コンサドーレからのオファーを受けて、いかがでしたか？

昨年はJ2でチームとしての結果は良くなかったですが、ずっと試合に出させてもらっていたので、より成長できるチームに移籍したいなっていう気持ちが生まれてきたタイミングで、シーズンが終わったときにコンサドーレさんから話をいただきました。サッカーも魅力的ですし、守備であっても求められるのは攻撃の部分だったりすると思うので、自分があまり得意ではないビルドアップの部分をもっと落とし込んでもらえれば、もっと上にいけると思ったので、あんまり悩みとかはなかったですね。でも、もう1チームからもオファーをもらっていたし、そこは試合に絡めるかもみたいな感じもあったので、すぐに返事はできませんでしたが、もう、すぐ返事してもいいぐらいの気持ちでした。

——フィジカルを生かした屈強なセンターバックという評判ですが、ご自身ではどう思っていますか？

そこに自信はあります。当たり負けしないっていうのは（J3から）J2に上がっても感じました。

——フィジカルは、いわきFCで鍛えられたものでしょうか？

そうですね。大学の頃から当たり負けはしなかったですけど、筋肉というよりかは脂肪で、切れがなかったり、相手についていけなかったりという部分がありましたけど、そこはいわきで鍛えられましたね。

——空中戦でも無類の強さを発揮するとか？

自分の一番の武器は、やっぱり空中戦。そこだけは絶対負けないと思ってJ1に来たので、ほかは不慣れな部分はあると思いますけど、ヘディングだけは絶対負けないという気持ちでやろうかなと思います。

——ほかに「こんなところを見てもらいたい」というのはありますか？

攻撃の部分では、あんまりビルドアップは得意じゃないですけど、フォワードへの縦パスとかは結構好きで、J2のときは何本も通してチャンスをつくっていたので、自分ではそこも武器になるのかなと思います。

——札幌といえばミシャサッカーですが、どのように見てましたか？

やっぱり攻撃の部分では、ワンタッチとかでフリックするときも次の人が絶対にポジションを取っているし、だからといって下で回すわけでもない。回しているだけでなく、裏一発が出るんだろうなというタイミングで一発が出る。すごい攻撃に特化したサッカーなので、自分もそこの部分を磨かないといけないと思っていたので、ここでフィットさえすれば、自分はもっとすごくなるという印象です。

――選手にとっては理解するのが難しいサッカーだとも聞きます。

やっぱり決まりごとは守らなきゃいけないと思いますけど、試合の中でやるのは結局自分たちなので、その決まりごとをまずは早く吸収して、そこにプラス、自分が考えたプレーができればスタメンも獲得できるのかなと思っているので、難しいとは聞いていますけど、毎日毎日考えて、みんなにも聞いて、それで結果を残せたらいいと思っています。

――ずっとセンターバックの真ん中でプレーしてきました。札幌では右を任せられることもあると思いますが？

自分が勝負したいのは真ん中ですけど、右をやることで自分のプレーの幅が広がりますし、自分には運んだり、つくったりすることに苦手意識がどこかにあると思うので、右をプレーすることで、もっと自分を磨けると思うので、全然ネガティブな印象はないですし、逆にやらせていただけるなら、どんどんやりたいなっていう感じです。

――J2からJ1、どんな選手と戦ってみたいですか？

どのチームにも、やっぱりすごいフォワードがいて、強い選手がいて、なんでもできるフォワードがいるので、そういう選手とマッチアップして勝ちたいというのもありますけど、大学の同期が何人もいるので、サンフレッチェの満田（誠）選手は代表に入ったりしているので、やっぱり負けたくないなっていう感覚はあります。

――話を聞くと強い向上心を感じます。やはり目標は日本代表ですか？

日本代表は絶対になりたいと思っています。自分はJ2だったので、天皇杯などでJ2とJ1の試合があったりすると、J2のすごいフォワードでもJ1のセンターバックには普通に抑え込まれていたので、自分の目指す場所は、まずはそこだなと。（代表という）上を見るためには絶対（J2で）負けたら駄目だと思ってやってきました。

――札幌のまちの印象はいかがですか？

いわきFCでしたので、茨城から船で来たんですけど、降りたときに雪がすごくてやばいなと思いましたね（笑）。札幌というか、北海道は観光地がいっぱいあるので、やっぱりいろんなところに行きたいなと思います。ジンギスカンを食べましたが、食べることがめちゃくちゃモチベーションなので、いろんな食べ物を食べたいですね。

――サポーターには、どう呼んでほしいですか？

自分は何でもいいですけど、いわきFCのときは「家さん」とか「家さま」とか。「家さま」はちょっと恥ずかしいですけど、読みやすい名前で言ってくれたら、なんでもいいです。

――今シーズンの具体的な目標をお願いします。

自分としては札幌のサッカーを、まず学ぶことからスタートだと思いますし、周りはもうできている状態からのスタートなので、自分はみんなより考えて、より貪欲にプレーしないと開幕というのは絶対間に合わないと思いますから、まずは札幌のサッカーを吸収して、半分以上はスタメンでというか、とにかく試合に出たいです。

長谷川 竜也

#16
Midfielder
HASEGAWA Tatsuya

数多くのテクニシャンを輩出した静岡学園高出身のサイドアタッカー。左サイドが主戦場で、ドリブル突破が得意だが、高い戦術眼を持ち、サイドバックとしてもプレーできる。２０１６年から6年間、川崎に在籍し、数多くのタイトル獲得に貢献。22年に在籍した横浜ＦＣでは、38試合に出場し、主将としてチームのＪ１昇格をけん引した。昨季途中からは東京Ｖに期限付き移籍し、2年連続でチームをＪ１昇格に導いた。札幌の攻撃的サッカーに大きな魅力を感じての完全移籍。再びのＪ１でのプレーに心を躍らせている。黄金期の川崎で得た「勝者のメンタリティー」を札幌に植え付けてくれるはずだ。

赤黒戦士に質問

1 スパイクのメーカーとモデル名
2 サッカーをはじめた年齢
3 好きなスタジアムと理由
4 注目しているスポーツ選手(サッカー以外でも可)と理由
5 自分のここを見てほしい(プレー面とプレー以外)

ANSWER

1 ミズノ モレリア2
2 6歳
3 等々力、三ツ沢(理由)思い入れがある
4 井上尚弥選手(理由)どこまで伝説を作るのか注目している
5 (プレー面) 動き出し、ボールを持った時のプレー
(プレー以外) 特になし
6 車
7 家族の写真
8 イタリア
9 すみません。誰かつけてください。
10 成

生年月日：1994年3月7日
身長／体重：164cm/60kg
出身地：静岡県
前所属：門池SSS－静岡学園中－静岡学園高－順天堂大 －川崎フロンターレ－横浜FC－東京ヴェルディ－横浜FC
代表歴：ユニバーシアードサッカー日本代表
Jリーグ通算出場(J1/J2/J3)：106/46/0
Jリーグ通算得点(J1/J2/J3)：15/5/0
Jリーグ初出場：2016年8月13日 J1第8節川崎(vs鳥栖@ベアスタ)
Jリーグ初得点：2016年11月3日 J1第17節川崎(vsG大阪@等々力)

出場記録　＊は特別指定

年度	所属チーム	リーグ戦	カップ戦	天皇杯
*2015	川崎(J1)	0試合(0得点)	0試合(0得点)	－
2016	川崎(J1)	2試合(1得点)	4試合(0得点)	2試合(0得点)
2017	川崎(J1)	24試合(5得点)	4試合(1得点)	3試合(1得点)
2018	川崎(J1)	12試合(1得点)	2試合(0得点)	4試合(1得点)
2019	川崎(J1)	25試合(5得点)	5試合(0得点)	1試合(0得点)
2020	川崎(J1)	12試合(3得点)	1試合(2得点)	2試合(0得点)
2021	川崎(J1)	21試合(0得点)	1試合(0得点)	3試合(0得点)
2022	横浜FC(J2)	38試合(4得点)	－	0試合(0得点)
2023	横浜FC(J1)	10試合(0得点)	2試合(0得点)	1試合(0得点)
	東京V(J2)	8試合(1得点)	－	－

X

Instagram

浅野雄也

#18
Midfielder
ASANO
Yuya

リーグ戦全試合出場で12得点。移籍1年目でミシャサッカーに順応し、まさに「大化け」の活躍を見せた。陽気な性格で、チームになじむのも早かった。移籍当初は、サイドから持ち前のスピードと俊敏性で相手DFを振り切るチャンスメーカーとしての期待が高かった。だが、シーズン途中から2列目で起用されるようになると、ゴール前の冷静さやシュートパターンの多彩さなど、ストライカーとして覚醒した感がある。今季はゴールに近い2列目か、それとも手薄になった右サイドが主戦場となるのか注目される。どちらで起用されても、連携が熟成した今季は、さらなる得点アップは確実だろう。

赤黒戦士に質問
6 今まで買ってよかったもの
7 スマホの待ち受け画面
8 海外旅行で行きたい国
9 自分自身にキャッチコピーをつけてください
10 新シーズンに向けて、漢字一字で表すなら？（外国籍選手は母国語1単語で）

1 アディダスX
2 6歳
3 札幌ドーム（理由）雰囲気
4 菅大輝選手（理由）スガキャノン
5 （プレー面）ゴール
（プレー以外）スパイク
6 伸二さんの本
7 ひみとぅ
8 ない
9 邪魔はさせない、あなたの白血球。浅野です。
10 臭

生年月日：1997年2月17日
身長／体重：173cm/72kg
出身地：三重県
前所属：ベルナSC－八風中-四日市四郷高－大阪体育大－水戸ホーリーホック－サンフレッチェ広島－水戸ホーリーホック－サンフレッチェ広島
代表歴：U-23日本代表
Jリーグ通算出場（J1/J2/J3）：115/34/0
Jリーグ通算得点（J1/J2/J3）：23/4/0
Jリーグ初出場：2019年2月24日 J2第1節水戸（vs岡山@Cスタ）
Jリーグ初得点：2019年5月5日 J2第12節水戸（vs町田@町田）

出場記録

年度	所属チーム	リーグ戦	カップ戦	天皇杯
2019	水戸（J2）	34試合（4得点）	–	2試合（0得点）
2020	広島（J1）	32試合（5得点）	2試合（1得点）	–
2021	広島（J1）	37試合（6得点）	3試合（0得点）	1試合（0得点）
2022	広島（J1）	12試合（0得点）	3試合（0得点）	0試合（0得点）
2023	札幌（J1）	34試合（12得点）	7試合（0得点）	1試合（0得点）

X

Instagram

スパチョーク

#19 Midfielder SUPACHOK

ボールを簡単に奪われない技術と、周囲を生かすパスや、戦術眼に長けたチャンスメーカー。チャンスを作るだけでなく、Jリーグ2年目の昨季は7ゴールを記録。ついに本領を発揮しはじめたタイ代表のエースだ。来日当初は、どこか周囲に遠慮するようなプレーもあったが、札幌で信頼を勝ち取るにつれ、自身がゴールに向かうプレーも増えていった。今季はタイ人Jリーガーの先駆者である先輩チャナティップが、2018年に記録した8ゴールを超えるのは確実だろう。中心選手としてAFCアジアカップでも躍動し、よいコンディションでキャンプ入り。開幕から貪欲にゴールを狙いチームを高みに導く。

赤黒戦士に質問

1 スパイクのメーカーとモデル名
2 サッカーをはじめた年齢
3 好きなスタジアムと理由
4 注目しているスポーツ選手（サッカー以外でも可）と理由
5 自分のここを見てほしい（プレー面とプレー以外）

ANSWER

1 ナイキ Phantom
2 13歳
3 札幌ドーム（理由）札幌らしくできているスタジアム
4 なし
5 （プレー面）ドリブルと得点力
（プレー以外）サッカー以外の生活をしている時
6 布団
7 自分のプレイ
8 アメリカ
9 大人しいタイプに見えますが、点取れるよ
10 พัฒนาเพื่ออนาคต パッタナープーアアナコット
（成長すれば、成功できる）

生年月日：1998年5月22日
身長／体重：169cm/66kg
出身地：タイ
前所属：ブリーラム・ユナイテッドFC（タイ）－スリン・シティFC（タイ）－ブリーラム・ユナイテッドFC（タイ）
代表歴：U-19/U-23各タイ代表、タイ代表
Jリーグ通算出場（J1/J2/J3）：31/0/0
Jリーグ通算得点（J1/J2/J3）：7/0/0
Jリーグ初出場：2022年8月7日 J1第24節札幌（vs湘南@レモンS）
Jリーグ初得点：2023年5月13日 J1第13節札幌（vs湘南@レモンS）

出場記録

年度	所属チーム	リーグ戦	カップ戦	天皇杯
2022	札幌（J1）	7試合（0得点）	－	－
2023	札幌（J1）	24試合（7得点）	4試合（2得点）	2試合（0得点）

Instagram

阿波加 俊太

#21
Goalkeeper
AWAKA Shunta

赤黒戦士に質問
6 今まで買ってよかったもの
7 スマホの待ち受け画面
8 海外旅行で行きたい国
9 自分自身にキャッチコピーをつけてください
10 新シーズンに向けて、漢字一字で表すなら？（外国籍選手は母国語1単語で）

アカデミー出身のGKで、自身4度目の札幌への復帰となった。プロ2年目で、当時J3の相模原へ移籍したのをはじめ、JFLのHonda、J2の愛媛と、移籍と札幌への復帰を繰り返した。2022年からはJFLの鈴鹿でプレー。左膝前十字靭帯断裂の大けがから復帰した昨季は、1シーズンで自己最多の17試合に出場した。札幌在籍時の出場はリーグ戦1試合、天皇杯の4試合のみ。菅野孝憲、高木駿らがいるGK陣の壁は厚い。だが、29歳は、まだGKとして伸びしろが十分ある年齢でもある。初のJ1での出場機会は意外と早く巡ってくるかもしれない。

ANSWER
1 アディダス プレデター
2 9歳
3 札幌ドーム（理由）室内でサポーターの皆さんの声援などが響いて熱量がすごく感じられる
4 大谷翔平選手（理由）どこまで記録など伸ばすのか気になるから
5 （プレー面）シュートストップ
（プレー以外）特になし
6 ちょっといいマットレス
7 初期のまま
8 特になし
9 特になし
10 挑

生年月日：1995年2月7日
身長／体重：188cm/77kg
出身地：岩見沢市
前所属：空知FC（岩見沢市立東小）−コンサドーレ札幌ユース・U-15（札幌栄南中）−コンサドーレ札幌U-18（札幌東陵高）−コンサドーレ札幌−SC相模原−コンサドーレ札幌−Honda FC−北海道コンサドーレ札幌−愛媛FC−北海道コンサドーレ札幌−鈴鹿ポイントゲッターズ
代表歴：U-16/U-17/U-18各日本代表
Jリーグ通算出場（J1/J2/J3）：0/1/5
Jリーグ初出場：2014年6月1日 J3第14節相模原（vs琉球@ギオンス）

出場記録

*は２種登録

年度	所属チーム	リーグ戦	カップ戦	天皇杯
*2011	札幌（J2）	0試合（0得点）	–	0試合（0得点）
2013	札幌（J2）	0試合（0得点）	–	1試合（0得点）
2014	相模原（J3）	1試合（0得点）	–	–
	札幌（J2）	0試合（0得点）	–	1試合（0得点）
	J-22（J3）	4試合（0得点）	–	–
2015	札幌（J2）	0試合（0得点）	–	0試合（0得点）
	Honda（JFL）	15試合（0得点）	–	3試合（0得点）
2016	札幌（J2）	1試合（0得点）	–	2試合（0得点）
2017	札幌（J1）	0試合（0得点）	0試合（0得点）	0試合（0得点）
	愛媛（J2）	0試合（0得点）	0試合（0得点）	0試合（0得点）
2018	札幌（J1）	0試合（0得点）	0試合（0得点）	0試合（0得点）
2019	札幌（J1）	0試合（0得点）	0試合（0得点）	0試合（0得点）
2020	札幌（J1）	0試合（0得点）	0試合（0得点）	–
2021	札幌（J1）	0試合（0得点）	0試合（0得点）	0試合（0得点）
2022	札幌（J1）	0試合（0得点）	0試合（0得点）	0試合（0得点）
	鈴鹿（JFL）	1試合（0得点）	–	–
2023	鈴鹿（JFL）	17試合（0得点）	–	–

大森 真吾

#23
Forward
OMORI
Shingo

赤黒戦士に質問
1 スパイクのメーカーとモデル名
2 サッカーをはじめた年齢
3 好きなスタジアムと理由
4 注目しているスポーツ選手（サッカー以外でも可）と理由
5 自分のここを見てほしい（プレー面とプレー以外）

プロ1年目の昨季は、悔しさで始まり喜びで終わった。開幕を前に右足の痛みを感じ、練習から離脱。診断の結果は脛骨の疲労骨折で、3月に手術を受けた。だが、手術後は気持ちを切り替えリハビリに励み、8月2日の天皇杯3回戦柏戦（三協F柏）でベンチ入り、同26日の第25節川崎戦（等々力）で途中出場した。復帰当初はゲームの流れに入りきれないこともあったが、出場経験を積むにつれ、ボールも集まるように。そして第33節FC東京戦（味スタ）では、約40メートルの長距離ロングシュートでプロ初得点を決めた。足でも頭でも得点でき、周りも生かせるオールラウンダーFWの覚醒は近い。

ANSWER
1 アディダス X
2 5歳
3 札幌ドーム（理由）雰囲気がいいから
4 大谷翔平選手（理由）すごすぎるため
5 （プレー面） ポストプレー
（プレー以外） いつ髪を染めるか
6 枕
7 初期設定
8 アイスランド
9 なし
10 楽

生年月日：2001年2月9日
身長／体重：181cm/77kg
出身地：福岡県
前所属：小倉南FCJrユース－東福岡高－順天堂大
代表歴：U-18日本代表
Jリーグ通算出場(J1/J2/J3)：4/0/0
Jリーグ通算得点(J1/J2/J3)：1/0/0
Jリーグ初出場：2023年8月26日 J1第25節札幌(vs川崎@等々力)
Jリーグ初得点：2023年11月25日 J1第33節札幌(vsFC東京@味スタ)

出場記録

年度	所属チーム	リーグ戦	カップ戦	天皇杯
2023	札幌(J1)	4試合(1得点)	1試合(0得点)	0試合(0得点)

X

6 今まで買ってよかったもの
7 スマホの待ち受け画面
8 海外旅行で行きたい国
9 自分自身にキャッチコピーをつけてください
10 新シーズンに向けて、漢字一字で表すなら？（外国籍選手は母国語1単語で）

荒野拓馬

#27
Midfielder
ARANO
Takuma

CAPTAIN

豊富な運動量とファウルも辞さない激しいコンタクトで、中盤を支えるダイナモ。昨季記録した警告は10枚でチーム最多だが、異議や遅延など、不必要な反則はしない冷静さも合わせ持つ。相手PK時には動揺を誘おうとキッカーに声かけすることもたびたび。対戦相手から見ると、汚れ役を辞さない嫌な相手だろう。ただ、ピッチを離れると人当たりのよい好人物で、他チームにも友人が多い。札幌U―18在籍中に高2でJリーグ初出場、気が付けばアカデミー出身の最年長選手になった。同期の奈良竜樹や、後輩の前寛之が福岡でタイトルを獲得したのも刺激になった。今季は主将に就任し、名実ともにチームをけん引する。

ANSWER

1 アディダス
2 8歳
3 札幌ドーム（理由）雰囲気が好き
4 井岡一翔選手（理由）年末の試合で感動したから
5 （プレー面）チームのために戦える
（プレー以外）特にないです
6 家族に買ったもの
7 アジア大会の選手村で撮った1枚
8 アフリカ
9 サポーターの皆さんなにか考えてください！
10 戦

生年月日：1993年4月20日
身長／体重：180cm/76kg
出身地：札幌市
前所属：札幌FC（札幌市立東川下小）ーコンサドーレ札幌ユースU-15（札幌市立北都中）ーコンサドーレ札幌U-18（ウィザス高）
代表歴：U-18/U-19/U-21/U-22各日本代表
Jリーグ通算出場（J1/J2/J3）：200/107/0
Jリーグ通算得点（J1/J2/J3）：10/11/0
Jリーグ初出場：2010年10月24日 J2第31節札幌（vs富山@富山）
Jリーグ初得点：2013年7月7日 J2第23節札幌（vs福岡@札幌厚別）

出場記録 ＊は2種登録

年度	所属チーム	リーグ戦	カップ戦	天皇杯
*2010	札幌(J2)	2試合(0得点)	–	0試合(0得点)
*2011	札幌(J2)	2試合(0得点)	–	1試合(0得点)
2012	札幌(J1)	3試合(0得点)	4試合(0得点)	0試合(0得点)
2013	札幌(J2)	30試合(4得点)	–	1試合(0得点)
2014	札幌(J2)	24試合(3得点)	–	1試合(0得点)
2015	札幌(J2)	31試合(2得点)	–	1試合(0得点)
2016	札幌(J2)	18試合(2得点)	–	0試合(0得点)
2017	札幌(J1)	27試合(0得点)	6試合(0得点)	0試合(0得点)
2018	札幌(J1)	26試合(0得点)	6試合(0得点)	2試合(0得点)
2019	札幌(J1)	30試合(1得点)	7試合(0得点)	0試合(0得点)
2020	札幌(J1)	28試合(5得点)	2試合(0得点)	–
2021	札幌(J1)	28試合(0得点)	8試合(1得点)	2試合(0得点)
2022	札幌(J1)	29試合(1得点)	5試合(0得点)	0試合(0得点)
2023	札幌(J1)	29試合(3得点)	5試合(0得点)	2試合(0得点)

X

Instagram

岡田大和

#28
Defender
OKADA
Yamato

特別指定選手として、昨季すでにルヴァン杯で3試合に出場、プロのFW相手に対人守備の強さを見せていた。ただ、それは岡田の魅力の一端に過ぎない。今季からプロとして正式加入となるが、札幌の強化部は高校時代から岡田の才能に注目していた。左足から小さなキックモーションで速く正確なロングボールを蹴ることができ、DFながらシュート意識も高い。福岡大に進学後は体もひと回り大きくなり、コンタクトの強さに磨きをかけた。加えてロングスローという、今までの札幌に無かった武器も持つ。3バックの左が主戦場となるだろうが、左ワイドでのプレーも可能。その潜在能力に注目だ。

赤黒戦士に質問

1 スパイクのメーカーとモデル名
2 サッカーをはじめた年齢
3 好きなスタジアムと理由
4 注目しているスポーツ選手（サッカー以外でも可）と理由
5 自分のここを見てほしい（プレー面とプレー以外）

ANSWER

1 ミズノ
2 7歳か8歳
3 ニッパツ三ツ沢競技場（理由）ピッチとスタンドが近いから
4 大谷翔平選手（理由）プレーに魅了されたから
5 （プレー面）左足、フィジカル
（プレー以外）イメージと違うところを見つけてほしい
6 財布
7 デフォルト
8 アメリカ
9 レフティモンスター、フィジカルモンスター
10 躍

生年月日：2001年6月17日
身長／体重：180cm/78kg
出身地：島根県
前所属：サンフレッチェくにびきー米子北高ー福岡大

出場記録 ＊は特別指定

年度	所属チーム	リーグ戦	カップ戦	天皇杯
＊2023	札幌（J1）	0試合（0得点）	3試合（0得点）	0試合（0得点）

X

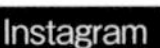
Instagram

田中宏武

#30
Midfielder
TANAKA
Hiromu

プロとして3年目のシーズンを迎え、勝負の年となるはずだ。過去2シーズンで、リーグ戦での出場は1試合25分だけ。昨季はカップ戦では出場機会を得て、主戦場のサイドで、得意のドリブルやクロスでチャンスメークする場面もあったが、リーグ戦での出場はなく、ベンチ入りも1試合のみ。出場機会を求め、7月からJ2の藤枝MYFCに期限付き移籍。ゲーム勘を積むことで、自身のプレーの強みも再確認した。

金子拓郎、ルーカス フェルナンデスといった攻撃的なサイドプレーヤーが移籍し、今季のレギュラー争いは混とんとしている。キャンプで成長をアピールし、チャンスを必ずものにしたい。

赤黒戦士に質問
6 今まで買ってよかったもの
7 スマホの待ち受け画面
8 海外旅行で行きたい国
9 自分自身にキャッチコピーをつけてください
10 新シーズンに向けて、漢字一字で表すなら？（外国籍選手は母国語1単語で）

ANSWER

1 ミズノ モレリアネオ3
2 9歳
3 札幌ドーム（理由）日本にないようなスタジアムだから
4 大谷翔平選手（理由）どんな活躍をしてくれるか楽しみだから
5 （プレー面）ドリブル
（プレー以外）特になし
6 バッグ
7 友達との写真
8 スペイン
9 決められないです
10 戦

生年月日：1999年4月15日
身長／体重：174cm/68kg
出身地：群馬県
前所属：FC尾島ジュニアー前橋SCー桐生第一高ー立正大ー北海道コンサドーレ札幌ー藤枝MYFC
Jリーグ通算出場（J1/J2/J3）：1/8/0
Jリーグ初出場：2022年5月25日 J1第15節札幌（vs柏@札幌ド）

出場記録 ＊は特別指定

年度	所属チーム	リーグ戦	カップ戦	天皇杯
＊2021	札幌（J1）	0試合（0得点）	3試合（0得点）	0試合（0得点）
2022	札幌（J1）	1試合（0得点）	7試合（0得点）	2試合（0得点）
2023	札幌（J1）	0試合（0得点）	4試合（0得点）	2試合（0得点）
	藤枝（J2）	8試合（0得点）	–	–

X

Instagram

近藤友喜

#33
Midfielder
KONDO Tomoki

名古屋のアカデミーでサッカーを学び、金子拓郎と同じく前橋育英高から日大に進んだ。高校2年時には全国選手権を制し、大学3年時から2年続けて特別指定選手として横浜FCでプレー。プロ1年目の昨季は30試合に出場し2得点と、残留争いに苦しむチームで気を吐いた。昨年10月にはU―22日本代表に初選出。一気にパリ五輪も視界に入ってきた。初速のスピードで、相手DFを抜き去るプレーは必見。札幌にとって、最も重要視していた補強ポイントにはまった人材と言える。昨季第10節（ニッパツ）では札幌相手に、プロ初ゴールを決めた縁も。開幕からスタメンで出てきても驚けない逸材だ。

赤黒戦士に質問

1 スパイクのメーカーとモデル名
2 サッカーをはじめた年齢
3 好きなスタジアムと理由
4 注目しているスポーツ選手（サッカー以外でも可）と理由
5 自分のここを見てほしい（プレー面とプレー以外）
6 今まで買ってよかったもの
7 スマホの待ち受け画面
8 海外旅行で行きたい国
9 自分自身にキャッチコピーをつけてください
10 新シーズンに向けて、漢字一字で表すなら？（外国籍選手は母国語1単語で）

1 ミズノ アルファ
2 5歳
3 大きいスタジアム（理由）人がたくさんいてモチベーションが上がる
4 特にいない
5 （プレー面）ドリブル
（プレー以外）プレー以外は注目されたくないです
6 車
7 「僕のヒーローアカデミア」の爆豪勝己（ばくごう・かつき）
8 ヨーロッパ
9 つまんない人間
10 挑

生年月日：2001年3月21日
身長／体重：172cm/64kg
出身地：愛知県
前所属：名古屋グランパスU-12ー名古屋グランパスU-15ー前橋育英高ー日本大ー横浜FC
代表歴：U-22日本代表
Jリーグ通算出場(J1/J2/J3)：2／9／0
Jリーグ通算得点(J1/J2/J3)：2／0／0
Jリーグ初出場：2021年6月23日 J1第19節横浜FC(vs神戸@ノエスタ)
Jリーグ初得点：2023年4月29日 J1第10節横浜FC(vs札幌@ニッパツ)

出場記録

*は特別指定

年度	所属チーム	リーグ戦	カップ戦	天皇杯
*2021	横浜FC(J1)	2試合(0得点)	0試合(0得点)	–
*2022	横浜FC(J2)	9試合(0得点)	–	0試合(0得点)
2023	横浜FC(J1)	30試合(2得点)	2試合(0得点)	1試合(0得点)

X

Instagram

僕は僕のスタイルで貢献していきます 近藤という選手として見てほしいですね

2024 KeyPlayer Interview

近藤友喜 MF 33

——近藤選手は昨シーズン、第10節横浜FC戦で開始1分、札幌からゴールをあげました。これがJ1初ゴールでしたね。

そうです。そのチームに入ることになって縁があるなと（笑）

——札幌からオファーをもらったタイミングと、そのときの思いを聞かせてください。

夏のウィンドウが閉じた頃から秋ぐらいにかけて、札幌が興味を示してくれているということをずっと言ってもらっていました。そして12月に入って、正式なオファーをもらいました。札幌は攻撃的なチームで、魅力あるチームだなと思っていたので、オファーをもらったときは、すごく嬉しかったです。

——返事はすぐに？

いえ、横浜FCは降格しましたから、二つ返事ということはないです。レギュラー1年目だったですし、クラブから期待されていたことは感じていましたから。試合に出られるようになって1年しかたっていないのに、という部分と、J1でやりたいという部分で、自分の中では結構長い時間悩んで決めました。

——昨シーズンは2度、札幌と対戦しています。どんな印象でしたか？

結構やられたので、本当にうまいなと。組織としてうまい。一対一で負けているっていうよりも、うまく剥がされたり、ずらされたりというところですね。

——サッカーをはじめたきっかけを教えてもらえますか？

はっきりとは覚えていませんが、お姉ちゃんの友達がやっていて、そこに影響されてはじめたのがきっかけだったと思います。

——どういうポジションを経験してきましたか？

ポジション的には、ずっと右サイドです。サイドバックだったり、右サイドハーフだったりしましたけど、ずっと右サイドをやってきました。

——札幌の右サイドといえば、昨季移籍した金子拓郎選手が不動でした。近藤選手は大学で後輩でしたね。

僕が大学1年生の時に（金子選手は）4年生だったんですけど、ライバルとは呼べないほど自分と差はあったので、大学生のときは憧れの方が大きかったですね。

——あらためて、ご自身のストロングポイントを教えてください。

スピードを生かしたドリブルだったり、動き出しだったり、一対一の部分だったり、そういうところが自分の武器かなと思います。

——昨年1年間J1で戦って、J1でも通用すると実感はされましたか。

そうですね。シーズンの後半は途中出場が多かったので、相手が疲

労しているという部分もあったので、100％通用するか、自信を持てたか、というと、まだ分からない部分はありますが、試合に出ている中では通用しているなという感覚はありました。

——近藤選手はパリ五輪への出場も期待されています。

パリ五輪というところも移籍の決め手になっています。日の丸を背負って戦えるということは、そうそうできることではないですし、オリンピックは4年に1回しかチャンスがありませんから、やはりそこを目指したいなという気持ちは強いです。

——札幌では馬場（晴也）選手も代表候補の1人に挙がっています。

馬場選手とは代表で一緒になったことがないです。1月の自主トレで初めて会った感じです。札幌には面識のある選手は一人もいないですけど、岡村（大八）選手は高校の先輩です。一緒に入った髙尾（瑠）選手が名古屋のアカデミーにいたときの先輩で、長谷川（竜也）選手とは横浜FCで一緒にやっていました。

——札幌はとてもファミリー意識の強いチームと言われています。札幌に来ての第一印象はいかがですか？

そうですね。どちらかというと自分からどんどん入っていくのは得意な方じゃないですが、見ているとすぐにも溶け込めそうな安心感はありました。

——そうした雰囲気をつくっているのもミシャ監督の人柄が大きいですが、監督がミシャさんであることも移籍の理由になっていたのでしょうか？

たしかにミシャサッカーは攻撃的で魅力的なサッカーですが、三上（大勝）さんともお話させてもらった中で、監督基準で決めるのではなく、やはりクラブを見て決めてほしいと言われたので、僕としては監督ではなくコンサドーレというチームを見て決めました。

——ファン・サポーターの期待としては、近藤選手には金子選手が抜けたところを埋めてほしいという期待は大きいと思います。

皆さんがそう期待することも伝わってはきていますけど、僕は金子選手じゃない。僕は僕のスタイルで貢献していきます。もちろんプレッシャーはありますけど、そこは楽しみつつ、やれればいいかなと思います。あくまでも近藤という選手として見てほしいですね。

——今季の目標、数字的な目標などありますか？

戦術の部分、まずそこを理解する。頭で理解するというところと、体の部分も追い込んでいければいいかなと思います。そして、やるからには開幕のスタメンを目指してやっていきたいです。

数字は掲げないようにしています。本当に1点でも多く取る、1つでも多くアシストする、というところが記録として残ればいいなと思っています。

——サポーターからはどういう呼ばれ方をしてもらいたいですか？

下の名前のトモキがいいです。上の名前で呼ばれるのは、あまり好きじゃないので。

——キャンプが明けると札幌での暮らしが始まりますが、楽しみにしていることはありますか？

僕はあまり外に出ないです。家でゆっくり過ごせればいいです。

——サポーターへのメッセージをお願いします。

試合を見ているサポーターの方々をワクワクさせるプレーでチームの勝利に貢献できるように頑張りたいと思います。よろしくお願いします。

中野 小次郎

#34 Goalkeeper
NAKANO Kojiro

赤黒戦士に質問
1 スパイクのメーカーとモデル名
2 サッカーをはじめた年齢
3 好きなスタジアムと理由
4 注目しているスポーツ選手（サッカー以外でも可）と理由
5 自分のここを見てほしい（プレー面とプレー以外）
6 今まで買ってよかったもの
7 スマホの待ち受け画面
8 海外旅行で行きたい国
9 自分自身にキャッチコピーをつけてください
10 新シーズンに向けて、漢字一字で表すなら？（外国籍選手は母国語1単語で）

身長2メートルの大型GKが、1年ぶりに帰還した。ハイボールへの強さと、ビルドアップ能力の高さが持ち味。大学4年時には特別指定でJ1デビュー。将来の正守護神へと周囲の期待は高まった。だが、正GKへの道は、そんなに甘くはなかった。プロ1年目からリーグ戦でも先発の機会を得たが、チームを勝利に導けず。失点はGKだけの責任ではないが、リスクをかけてDFも攻撃参加する札幌のスタイルのなかで、大量失点を喫することもあり、プレーから思い切りのよさが消えていった。昨季はJ2金沢へ期限付き移籍。1年間お世話になった石川県の被災地のサポーターにも、J1で躍動する姿を届けたい。

ANSWER
1 アディダス プレデター
2 7歳
3 札幌ドーム（理由）唯一無二の素晴らしい雰囲気
4 佐々木朗希選手（理由）似てると言われるから
5 （プレー面）左足のフィード、ハイボール処理
（プレー以外）身長
6 車
7 初期設定から変えてない
8 フランス
9 北のクルトワ
10 躍

■生年月日：1999年3月5日
■身長／体重：200cm/90kg
■出身地：徳島県
■前所属：USFC−徳島ヴォルティスJrユース−徳島ヴォルティスユース−法政大−北海道コンサドーレ札幌−ツエーゲン金沢
■代表歴：U-18/U-19各日本代表
■Jリーグ通算出場（J1/J2/J3）：13/3/0
■Jリーグ初出場：2020年9月26日 J1第19節札幌（vs神戸@ノエスタ）

■出場記録 ＊は特別指定

年度	所属チーム	リーグ戦	カップ戦	天皇杯
*2020	札幌(J1)	5試合(0得点)	0試合(0得点)	−
2021	札幌(J1)	2試合(0得点)	1試合(0得点)	2試合(0得点)
2022	札幌(J1)	6試合(0得点)	5試合(0得点)	0試合(0得点)
2023	金沢(J2)	3試合(0得点)	−	0試合(0得点)

X

Instagram

原 康介

#35
Midfielder
HARA
Kosuke

冬の全国高校サッカー選手権で背番号10を背負い、初出場の名古屋高をベスト8に導いた攻撃的MF。選手権では道代表の北海を破り、自身もゴールを決めてみせた。当初は大学でサッカーを続ける予定だったが、選手権の活躍が札幌強化部の目に留まり、キャンプへ参加を打診された。スピードとクイックネスに優れ、相手DFを切り裂くプレースタイルは、かつて札幌に在籍したチャナティップを彷彿させる。プレーを見たミシャ監督が獲得を希望、異例の卒業間際でのプロ契約を勝ち取った。プロで通用するフィジカル強化など、取り組むべきことは多いが、まずは早くプロデビューを勝ち取りたい。

赤黒戦士に質問
1 スパイクのメーカーとモデル名
2 サッカーをはじめた年齢
3 好きなスタジアムと理由
4 注目しているスポーツ選手（サッカー以外でも可）と理由
5 自分のここを見てほしい（プレー面とプレー以外）

ANSWER
1 アディダス エックス
2 5歳
3 豊田スタジアム（理由）初めてサッカー観戦した場所だから
4 大谷翔平選手（理由）WBCで活躍してたから
5 （プレー面） スピードとドリブル
（プレー以外） 笑顔
6 なし
7 優里さん
8 スペイン
9 なし
10 努

生年月日：2005年8月3日
身長／体重：170cm/65kg
出身地：愛知県
前所属：NAGOYA VIDA FC－名東クラブ－名古屋高

Instagram

田中克幸

#37
Midfielder
TANAKA
Katsuyuki

昨年12月の大学選手権で優勝した明治大から加入。帝京長岡高時代は高校選手権でベスト4に進出し、アンダー世代の日本代表に選出された。大学では主にボランチとしてプレー。昨年1月には札幌の沖縄キャンプに参加し、高評価を受け、5月に仮契約を結んだ。持ち味は左足から繰り出される精度の高い多彩なパス。そのセンスと技術で、高校卒業時にもプロから誘いがあったが、大学トップレベルで周囲を生かす戦術眼に磨きをかけた。高精度のフリーキックも魅力。そのプレースタイルは、元イタリア代表ピルロを彷彿とさせる。近い将来、攻撃陣の指揮者になれる逸材だ。

赤黒戦士に質問

6 今まで買ってよかったもの
7 スマホの待ち受け画面
8 海外旅行で行きたい国
9 自分自身にキャッチコピーをつけてください
10 新シーズンに向けて、漢字一字で表すなら？（外国籍選手は母国語1単語で）

ANSWER

1 アディダス X
2 5歳
3 カシマスタジアム（理由）思い出のゴールを決めたから
4 井上尚弥選手（理由）強いから
5 （プレー面）左足のキック
（プレー以外）いいところ見つけて教えてください！
6 サングラス
7 外の天気
8 スペイン、ハワイ
9 なし
10 挑

生年月日：2002年3月15日
身長／体重：175cm/70kg
出身地：岡山県
前所属：FC Viparte－帝京長岡高－明治大
代表歴：U－17／U－18各日本代表

X

Instagram

出間思努

#40
Forward
IZUMA
Shido

アカデミー育ちの点取り屋。U—12から札幌の下部組織に所属し、昨季は2種登録でルヴァン杯に2試合出場。7月の天皇杯3回戦V大分戦（レゾド）は途中出場で、2得点の活躍を見せた。FWらしい得点感覚、ペナルティーエリア内での反応の早さ、キック力の強さが持ち味だ。また、プロの舞台でオーバーヘッドキックでのシュートを試みるなど、物おじしない強心臓と思い切りのよさも魅力。ハードワークで前線からの守備にも貢献する。前線からのアグレッシブな守備を要求される札幌のスタイルから、早い時期でのリーグ戦デビューもありそうだ。

赤黒戦士に質問
1 スパイクのメーカーとモデル名
2 サッカーをはじめた年齢
3 好きなスタジアムと理由
4 注目しているスポーツ選手（サッカー以外でも可）と理由
5 自分のここを見てほしい（プレー面とプレー以外）

ANSWER
1 ミズノ モレリア
2 5歳
3 札幌ドーム（理由）お世話になっている
4 工藤浩平選手、松本遥奈選手（理由）仲がいいから
5 （プレー面）左足のシュート
（プレー以外）運動神経
6 AirPods
7 友達
8 アメリカ
9 楽しませるプレーをする
10 芯

生年月日：2005年6月15日
身長／体重：175cm/68kg
出身地：札幌市
前所属：北海道コンサドーレ札幌U-12(札幌藤野南小)—北海道コンサドーレ札幌U-15(札幌藤野中)—北海道コンサドーレ札幌U-18(札幌新陽高)

出場記録

＊は２種登録

年度	所属チーム	リーグ戦	カップ戦	天皇杯
*2023	札幌(J1)	0試合(0得点)	2試合(0得点)	1試合(2得点)

Instagram

西野 奨太

#47
Defender
NISHINO
Shota

U―12から札幌のアカデミーで育ち、クラブ最年少でのプロ契約、J1リーグ出場を記録。クラブの未来像を具現化する存在として、期待は大きい。プロ3年目で、今年5月で20歳に。物おじしない性格で、先輩たちに可愛がられるチームのムードメーカーでもある。本人も「経験ある先輩から助言を聞けるのはありがたい」と話すように、自身の成長の糧にすべく、貪欲な姿勢でトレーニングに励んでいた。昨季終盤にはリーグ戦のベンチ入り機会が増え、2試合に出場。はつらつとしたプレーで勝利に貢献し、周囲に成長を感じさせた。今季は3バックの一角でのスタメン出場を虎視眈々と狙っている。

赤黒戦士に質問
6 今まで買ってよかったもの
7 スマホの待ち受け画面
8 海外旅行で行きたい国
9 自分自身にキャッチコピーをつけてください
10 新シーズンに向けて、漢字一字で表すなら？（外国籍選手は母国語1単語で）

ANSWER
1 ミズノ モレリアネオ
2 5歳
3 アンフィールド（理由）憧れです
4 大谷翔平選手（理由）神様
5 （プレー面）一対一の守備
（プレー以外）チーム盛り上げます!
6 車
7 ワンチャン
8 アメリカ
9 元気(^_^)
10 成

生年月日：2004年5月28日
身長／体重：181cm/79kg
出身地：札幌市
前所属：北海道コンサドーレ札幌U-12（札幌市立中沼小）―北海道コンサドーレ札幌U-15（札幌市立丘珠中）―北海道コンサドーレ札幌U-18（飛鳥未来高）
代表歴：U-17日本代表
Jリーグ通算出場(J1/J2/J3)：3/0/0
Jリーグ初出場：2021年11月27日 J1第37節札幌（vs柏@札幌ド）

出場記録 ＊はシーズン開始から9月まで2種登録

年度	所属チーム	リーグ戦	カップ戦	天皇杯
*2021	札幌(J1)	1試合(0得点)	0試合(0得点)	1試合(0得点)
2022	札幌(J1)	0試合(0得点)	1試合(0得点)	1試合(0得点)
2023	札幌(J1)	2試合(0得点)	5試合(0得点)	1試合(0得点)

X

Instagram

岡村大八

#50
Defender
OKAMURA
Daihachi

札幌加入4年目のシーズンを迎え、すっかりチームになくてはならない存在になった。前線に人数をかける攻撃的サッカーは、裏返せば常に失点のリスクと一体。対峙する相手FWと1対1になる機会も多い。速さ、強さ、高さを兼ね備えた岡村は、まさに砦として、最も頼りになる存在に成長した。3バックのセンターとして、他チームの屈強なFWを決して自由にさせない。また、課題だった攻撃のビルドアップ能力も大きく成長した。今季は3バックの両翼でコンビを組んでいた田中駿汰と福森晃斗が移籍し、新しい選手と守備陣を構成する。岡村にかかる負担は大きいが、力強く守備陣をけん引してくれるはずだ。

赤黒戦士に質問

1 スパイクのメーカーとモデル名
2 サッカーをはじめた年齢
3 好きなスタジアムと理由
4 注目しているスポーツ選手（サッカー以外でも可）と理由
5 自分のここを見てほしい（プレー面とプレー以外）

1 ミズノ モレリア ネオ
2 2歳
3 豊田スタジアム（理由）臨場感がすごい
4 小林陵侑選手、中谷潤人選手、阿部一二三選手（理由）友達だから
5 （プレー面）対人、ヘディング
（プレー以外）普段の振る舞い
6 ドラム式洗濯機
7 風景画
8 カナダ、アメリカ
9 北の番人
10 躍

生年月日：1997年2月15日
身長／体重：183cm/85kg
出身地：東京都
前所属：バディFC世田谷―キンダー善光SC―FC HORTENCIA―前橋育英高―立正大―ザスパクサツ群馬―テゲバジャーロ宮崎―ザスパクサツ群馬
Jリーグ通算出場（J1/J2/J3）：78/42/3
Jリーグ通算得点（J1/J2/J3）：3/2/0
Jリーグ初出場：2019年4月6日 J3第5節群馬（vsY.S.C.C.横浜@三ツ沢）
Jリーグ初得点：2020年8月22日 J2第14節群馬（vs岡山@Cスタ）

出場記録

年度	所属チーム	リーグ戦	カップ戦	天皇杯
2019	群馬（J3）	3試合（0得点）	–	2試合（0得点）
	宮崎（JFL）	9試合（0得点）	–	–
2020	群馬（J2）	42試合（2得点）	–	–
2021	札幌（J1）	21試合（1得点）	7試合（0得点）	2試合（0得点）
2022	札幌（J1）	26試合（1得点）	7試合（1得点）	2試合（1得点）
2023	札幌（J1）	31試合（1得点）	5試合（1得点）	2試合（0得点）

X

Instagram

高木 駿

#51

Goalkeeper

TAKAGI Shun

積極的に攻撃に関わることをプレーの信条とする現代的なGKだ。単純なロングボールを蹴ることは、まずない。ショートパスでつなぎ、フィールドプレーヤーからのリターンのパスを受けることをいとわない、足元の技術が持ち味だ。昨年8月に6年半在籍したJ２大分から完全移籍で加入。直後の第25節川崎戦（等々力）で、早速出場した。連携ミスで失点を喫したが、連敗中のチームの流れを変える攻撃的なプレースタイルは、サポーターに期待を抱かせた。そして、高木加入の変化は、翌第26節G大阪戦（札幌ドーム）での快勝につながった。34歳とベテランの域だが、まだまだ進化を続ける。

赤黒戦士に質問

6 今まで買ってよかったもの
7 スマホの待ち受け画面
8 海外旅行で行きたい国
9 自分自身にキャッチコピーをつけてください
10 新シーズンに向けて、漢字一字で表すなら？（外国籍選手は母国語1単語で）

ANSWER

1 今プーマ。ミズノになるかも
2 3歳
3 札幌ドーム（理由）無風
4 大森真吾選手（理由）垢抜けられるか
5 （プレー面）パス捌きと守備範囲の広さ
（プレー以外）ベテランの風格
6 リクライニングできるソファ
7 家族の写真
8 フランス
9 華麗なる脚技GK
10 新

生年月日：1989年5月22日
身長／体重：181cm/76kg
出身地：神奈川県
前所属：本町SC−ヴェルディジュニア−ヴェルディジュニアユース−東京ヴェルディ1969ユース−明治大−川崎フロンターレ−ジェフユナイテッド千葉−川崎フロンターレ−大分トリニータ
代表歴：U−16日本代表、ユニバーシアード日本代表
Jリーグ通算出場（J1/J2/J3）：86/121/0
Jリーグ初出場：2014年9月28日 J2第34節千葉（vs東京V@フクアリ）

出場記録

＊は特別指定

年度	所属チーム	リーグ戦	カップ戦	天皇杯
2012	川崎（J1）	0試合（0得点）	0試合（0得点）	0試合（0得点）
2013	川崎（J1）	0試合（0得点）	0試合（0得点）	0試合（0得点）
2014	千葉（J2）	9試合（0得点）	−	4試合（0得点）
2015	千葉（J2）	31試合（0得点）	−	0試合（0得点）
2016	川崎（J1）	2試合（0得点）	0試合（0得点）	0試合（0得点）
2017	大分（J2）	4試合（0得点）	−	0試合（0得点）
2018	大分（J2）	42試合（0得点）	−	0試合（0得点）
2019	大分（J1）	34試合（0得点）	0試合（0得点）	2試合（0得点）
2020	大分（J1）	17試合（0得点）	2試合（0得点）	−
2021	大分（J1）	24試合（0得点）	2試合（0得点）	4試合（0得点）
2022	大分（J2）	31試合（0得点）	−	0試合（0得点）
2023	大分（J2）	4試合（0得点）	−	0試合（0得点）
	札幌（J1）	9試合（0得点）	1試合（0得点）	−

X

Instagram

馬場晴也

#88
Defender
BABA
Seiya

初めてのJ1での戦いに、課題と手応えを感じた1年だった。シーズンを通じて、先発での90分フル出場は7試合、リーグ序盤はゲーム終盤での守備の強度を強めるサブとして投入された。持ち前の球際の強さと運動量で、チームの守備強度を上げ、先発組を大いに助けた。9月には中国・杭州で開催されたアジア大会にU―21日本代表に召集され、大学生主体のメンバーの中で、主将としてチームを準優勝に導いた。そこから先発出場の機会が増えた。課題は攻撃面、特にビルドアップ時のパスとシュートの精度は改善の余地も。新背番号88を背に心機一転、飛躍の年としたい。

赤黒戦士に質問

1 スパイクのメーカーとモデル名
2 サッカーをはじめた年齢
3 好きなスタジアムと理由
4 注目しているスポーツ選手（サッカー以外でも可）と理由
5 自分のここを見てほしい（プレー面とプレー以外）

1 ミズノ モレリア
2 幼稚園
3 札幌ドーム（理由）気候に左右されない
4 ジョナサン・クミンガ選手（NBA）（理由）身体能力えぐい
5 （プレー面）潰し
（プレー以外）ヘアスタイル
6 車
7 秘密
8 イタリア
9 秘密
10 挑

生年月日：2001年10月24日
身長／体重：181cm/76kg
出身地：千葉県
前所属：ReFino－東京ヴェルディJrユース－東京ヴェルディユース－東京ヴェルディ
代表歴：U-16/U-17/U-18/U-19/U-20/U-21/U-22各日本代表
Jリーグ通算出場（J1/J2/J3）：21/47/0
Jリーグ初出場：2020年12月13日 J2第40節東京V(vs長崎@味スタ)

出場記録　　*は2種登録

年度	所属チーム	リーグ戦	カップ戦	天皇杯
*2019	東京V(J2)	0試合(0得点)	–	–
2020	東京V(J2)	3試合(0得点)	–	–
2021	東京V(J2)	13試合(0得点)	–	–
2022	東京V(J2)	31試合(0得点)	–	2試合(0得点)
2023	札幌(J1)	21試合(0得点)	7試合(0得点)	2試合(0得点)

赤黒戦士に質問

6 今まで買ってよかったもの

7 スマホの待ち受け画面

8 海外旅行で行きたい国

9 自分自身にキャッチコピーをつけてください

10 新シーズンに向けて、漢字一字で表すなら？（外国籍選手は母国語1単語で）

小林祐希

#99

Midfielder

KOBAYASHI Yuki

若いころから国内外のクラブを渡り歩き、勝利のためには、時に監督やチームメートに苦言も辞さない、世界基準のプロフェッショナルフットボーラー。言っただけのリスクを背負い、プレーで周囲を納得させてきた自負がある。「札幌は居心地がよい。だけど強いチームになるには仲がよいだけではダメ」と、本気でタイトルを目指すために、チームに必要なことを指摘する。前線で起用されれば、タメを作ることもでき、シュートも正確。本職の中盤では、周囲を生かすパスや、スペースを作るために労を惜しまない。2年目の"コバ兄"の一挙手一投足に、サポーターは目が離せない。

ANSWER

1 ミズノ モレリア
2 4歳
3 札幌ドーム（理由）年中同じ条件のところは少ない
4 特になし
5 （プレー面）ゴールに向かうプレー
（プレー以外）楽しくプレーしてるところ
6 なし
7 買ってそのまま
8 メキシコ
9 なし
10 優

生年月日：1992年4月24日
身長／体重：182cm/72kg
出身地：東京都
前所属：JACPA東京FC－東京ヴェルディ1969ジュニアユース－東京ヴェルディユース－東京ヴェルディ－ジュビロ磐田－SCヘーレンフェーン（オランダ）－ワースラント＝ベフェレン（ベルギー）－アル・ホールSC（カタール）－ソウルイーランドFC（韓国）－江原FC（韓国）－ヴィッセル神戸
代表歴：U-15/U-16/U-17/U-19/U-23各日本代表、日本代表
Jリーグ通算出場（J1/J2/J3）：66/138/0
Jリーグ通算得点（J1/J2/J3）：11/14/0
Jリーグ初出場：2010年3月21日 J2第3節東京V（vs北九州@北九州）
Jリーグ初得点：2011年8月27日 J2第26節東京V（vs熊本@国立）

出場記録

＊は２種登録

年度	所属チーム	リーグ戦	カップ戦	天皇杯
*2010	東京V(J2)	4試合(0得点)	－	1試合(0得点)
2011	東京V(J2)	34試合(2得点)	－	2試合(1得点)
2012	東京V(J2)	24試合(4得点)	－	0試合(0得点)
	磐田(J1)	11試合(0得点)	－	3試合(1得点)
2013	磐田(J1)	1試合(0得点)	1試合(0得点)	0試合(0得点)
2014	磐田(J2)	36試合(2得点)	－	3試合(0得点)
2015	磐田(J2)	40試合(6得点)	－	1試合(0得点)
2016	磐田(J1)	24試合(5得点)	1試合(0得点)	0試合(0得点)
2016-17	ヘーレンフェーン(エールディヴィジ)	31試合(1得点)	KNVBカップ 4試合(0得点)	
2017-18	ヘーレンフェーン(エールディヴィジ)	32試合(2得点)	KNVBカップ 2試合(0得点)	
2018-19	ヘーレンフェーン(エールディヴィジ)	29試合(0得点)	KNVBカップ 3試合(0得点)	
2019-20	ベフェレン(ジュピラー)	20試合(2得点)	ベルギー杯 1試合(0得点)	
2020-21	ベフェレン(ジュピラー)	1試合(0得点)	ベルギー杯 0試合(0得点)	
	アル・ホール(スターズ)	16試合(0得点)	オープン杯 4試合(2得点)	
2021	ソウルイーランド(K2)	8試合(0得点)	－	－
2022	江原(K1)	12試合(0得点)	FA杯 1試合(0得点)	
	神戸(J1)	9試合(3得点)	2試合(0得点)	1試合(0得点)
2023	札幌(J1)	21試合(3得点)	3試合(0得点)	2試合(0得点)

X

Instagram

CS

DOLE
Kun

ドーレくん

シマフクロウがモチーフのクラブマスコット。チーム発足の翌年1997年5月4日、JFL第3節・NTT関東戦（室蘭）に初登場した。好きなものは温泉、ジンギスカン。特技はダンス、側転、自転車と多彩で、それらを生かしてコンサドールズと一緒にホームゲームを盛り上げる。大きな翼を武器にゴールキーパーとしても、かなりの実力だとか。Jリーグ鳥の会では総務部部鳥を務めている。

LINE スタンプ

■デビュー日：1997年5月4日
■身長／体重：190cm/80kg
■出身地：北海道の森の中
■初登場：1997年5月4日JFL第3節 札幌（vsNTT関東@室蘭）

■生年月日：1996年4月21日
■出身地：北海道を中心とした日本全土・世界各地
■Jリーグ通算出場（J1/J2/J3）：404/597/0

#12

Supporter

サポーター

チームを勝利に導く背番号12。1996年のチーム結成からこの年、休むことなくチーム、選手をサポートし続けている。スタンドをクラブカラーの赤黒に染め上げ、チャントと熱い声援で選手を後押しし、アウェイの地にも駆けつける12番目の選手だ。

#77

Forward

Cicci

チッチ

苫小牧市の観光牧場「ノーザンホースパーク」で育ったポニーで、2015シーズンに加入した。同牧場のハッピーポニーショーで華麗なドリブルからシュートを放つ姿にコンサドーレが注目し、得点力向上の切り札として獲得。コンサドーレ前会長の野々村芳和Jリーグチェアマンの現役時代の背番号7と"ラッキーセブン"にちなんだ77の背番号が贈られた。

■身長／体重：92cm/125kg
■出身地：苫小牧市（ノーザンホースパーク）

同級生早見表

年齢／生まれ年	1984年4月～1985年3月

40歳

GK 菅野孝憲

1989年4月～1990年3月

35歳

MF 宮澤裕樹　GK 高木 駿

1992年4月～1993年3月

32歳

MF 駒井善成　MF 小林祐希

1993年4月～1994年3月

31歳

MF 荒野拓馬　FW 鈴木武蔵　MF 長谷川竜也

1994年4月～1995年3月

30歳

MF 深井一希　FW キム ゴンヒ　GK 阿波加俊太

1995年4月～1996年3月

29歳

MF 青木亮太

1996年4月～1997年3月

28歳

DF 岡村大八　MF 浅野雄也　DF 髙尾 瑠

年齢／生まれ年	1998年4月～1999年3月

26歳

MF スパチョーク　FW 菅 大輝　GK 中野小次郎

1999年4月～2000年3月

25歳

MF 田中宏武　DF 家泉怜依

2000年4月～2001年3月

24歳

DF 中村桐耶　FW 大森真吾　MF 近藤友喜

2001年4月～2002年3月

23歳

DF 馬場晴也　MF 田中克幸　DF 岡田大和

2004年4月～2005年3月

20歳

DF 西野奨太

2005年4月～2006年3月

19歳

FW 出間思努　MF 原 康介

※2024年（早生まれは翌年）に誕生日を迎えたときの年齢です

HOKKAIDO CONSADOLE SAPPORO TOP TEAM STAFFS 2024

監督

ミハイロ ペトロヴィッチ
MIHAILO　Petrovic

[生年月日]1957年10月18日
[国籍]オーストリア
[出身地]ロズニツァ(旧ユーゴスラビア 現セルビア)
[選手歴]FKラド・ベオグラード(ユーゴスラビア)―レッドスター・ベオグラード(ユーゴスラビア)―ローター・シュテルム・ベオグラード(ユーゴスラビア)―オリンピア・ライバッハ(ユーゴスラビア)―ディナモ・サグレブ(ユーゴスラビア)―SKシュトルム・グラーツ(オーストリア)
[指導歴]
[1993年～1994年]SVペラウ(オーストリア)
[1994年～1998年]シュトルム・グラーツ　アマチュア(オーストリア)
[1998年～1999年]NK プリモアージェ(スロベニア)
[1999年～2000年]NK ドモザーレ(スロベニア)
[2000年～2001年]NK プリモアージェ(スロベニア)
[2001年～2002年]オリンピア・ライバッハ(スロベニア)
[2002年～2003年]NK ムラ(スロベニア)
[2003年9月～2006年5月]シュトルム・グラーツ(オーストリア)
[2006年6月～2011年]サンフレッチェ広島監督
[2012年～2017年7月]浦和レッズ監督
[2018年～]北海道コンサドーレ札幌監督

コーチ

杉浦 大輔
SUGIURA Daisuke

[生年月日]1974年5月11日
[出身地]埼玉県
[経歴]伊奈学園総合高―東洋大―ケルン体育大
[指導歴]
[1999年～2006年]ケルン体育大学(ドイツ)コーチ
[2006年～2008年]サンフレッチェ広島　通訳
[2009年～2011年]サンフレッチェ広島　コーチ
[2012年～2017年7月]浦和レッズ コーチ
[2018年～]北海道コンサドーレ札幌コーチ兼通訳

沖田 優
OKITA Masaru

[生年月日]1978年5月2日
[出身地]千葉県
[経歴]成田高―筑波大―筑波大大学院
[指導歴]
[2002年～2003年]筑波大学蹴球部 コーチ
[2004年]大宮アルディージャ 普及部 コーチ
[2005年～2007年]大宮アルディージャ コーチ
[2008年～2012年]コンサドーレ札幌 コーチ
[2013年～2014年]ベガルタ仙台 コーチ
[2015年～]コンサドーレ札幌(現 北海道コンサドーレ札幌)コーチ

綿引 大夢
WATAHIKI Hiromu

[生年月日]1987年8月7日
[出身地]茨城県
[経歴]水戸短期大学附属高(現水戸啓明高)ー順天堂大―Sc Ober-Rosbach(ドイツ)―Rot-Weiss Oberhausen(ドイツ)―SV Meppen(ドイツ)―1.FC.Lokomotive Leipzig(ドイツ)―ZFC Meuselwitz(ドイツ)
[指導歴]
[2018年～2019年]ZFC Meuselwitz U15 コーチ
[2019年～2021年]順天堂大学女子蹴球部学生コーチ
[2021年]私立東邦大学付属東邦高等学校サッカー部コーチ
[2022年～]北海道コンサドーレ札幌コーチ

砂川 誠
SUNAKAWA Makoto

[生年月日]1977年8月10日
[出身地]千葉県
[経歴]読売クラブユースS-1―習志野第四中―市立船橋高―柏レイソル―コンサドーレ札幌―FC岐阜
[指導歴]
[2016年～2017年]札幌大学サッカー部コーチ
[2018年]北海道コンサドーレ札幌アカデミーグループコーチ(U-18、17担当)
[2019年]北海道コンサドーレ札幌アカデミーグループコーチ(札幌U-14担当)
[2020年～2021年]北海道コンサドーレ札幌アカデミーグループコーチ(札幌U-15担当)
[2022年]北海道コンサドーレ札幌アカデミーグループコーチ(U-18担当)※トランジションコーチ兼任
[2023年～]北海道コンサドーレ札幌コーチ

HOKKAIDO CONSADOLE SAPPORO

北海道コンサドーレ札幌 トップチーム スタッフ 2024

GKコーチ（トップ兼アカデミー）

高木 貴弘
TAKAGI Takahiro

[生年月日]1982年7月1日
[出身地]石川県
[経歴]ジェフ市原ユース—ジェフ市原—ザスパ草津—大宮アルディージャ—ザスパ草津—コンサドーレ札幌—大宮アルディージャ—アルビレックス新潟—コンサドーレ札幌—FC岐阜—SC相模原
[指導歴]
[2016年]北海道コンサドーレ旭川U-15 コーチ兼GKコーチ
[2017年]北海道コンサドーレ札幌アカデミーGKコーチ
[2018年～2021年]北海道コンサドーレ札幌アカデミーグループGKコーチ（U-18,17,16担当）
[2022年～]北海道コンサドーレ札幌GKコーチ（アカデミー兼任）

GKコーチ

赤池 保幸
AKAIKE Yasuyuki

[生年月日]1974年5月18日
[出身地]静岡県
[経歴]清水東高—法政大—コンサドーレ札幌
[指導歴]
[1999年～2002年]コンサドーレ札幌U-15・U-18GKコーチ
[2003年～2006年]コンサドーレ札幌 育成普及部GKコーチ
[2007年～]コンサドーレ札幌（現 北海道コンサドーレ札幌）GK コーチ

フィジカルコーチ

大塚 俊介
OTSUKA Shunsuke

[生年月日]1982年5月7日
[出身地]北広島市
[経歴]市立船橋高—国際武道大—国際武道大大学院
[指導歴]
[2005年2月～2005年9月]国際武道大学サッカー部フィジカルコーチ
[2005年10月～2007年]市立船橋高校サッカー部フィジカルコーチ
[2008年～2011年]ロアッソ熊本フィジカルコーチ
[2012年～2014年]ジェフユナイテッド千葉フィジカルコーチ
[2015年～]コンサドーレ札幌（現 北海道コンサドーレ札幌）フィジカルコーチ

トレーナー

盛永 拓真
MORINAGA Takuma
[生年月日]
1992年10月5日

佐川 和寛
SAGAWA Kazuhiro
[生年月日]
1976年10月7日

フィジオセラピスト

セウソ ヒカルド
CELSO Ricardo
[生年月日]
1979年3月19日

通訳

ティワーポン
TIVAPOL
[生年月日]
1983年6月7日

李 成樹
LEE Seongu
[生年月日]
1979年11月1日

アスレティックトレーナー

岩佐 誠一
IWASA Seiichi
[生年月日]
1984年11月28日

エキップ

佐藤 蓮
SATO Ren
[生年月日]
1999年9月13日

相川 裕太
AIKAWA Yuta
[生年月日]
1987年3月12日

マネージャー

渡部 哲郎
WATABE Tetsuro
[生年月日]
1991年10月8日

2024シーズン

新加入選手記者会見

もっと攻撃的に もっとアグレッシブに

2024年1月14日　札幌ドーム
左から、近藤友喜、長谷川竜也、田中克幸、家泉怜依、鈴木武蔵、阿波加俊太、髙尾瑠、岡田大和、出間思努

——今季の補強は、どのようなところがポイントだったのでしょうか？

【竹林】昨年の成績でいきますと、リーグ戦序盤は順調にいったなかで、中盤以降、成績が下がっていたという反省点がありました。いろいろなポイントがあったと思いますが、まず全体的なバランスをもう一回整えなければいけないということと、これまで継続的にチームをつくってきたなかで、さらなる高みを目指したいということで、今そろっているメンバーを補強したというかたちです。

——選手の皆さんに札幌へ加入を決めた理由を教えてください。

【鈴木】ミシャさんから電話があって、「まだゼロから札幌で頑張らないか」というお話をいただき、僕のことを気にしてくれているのがすごくうれしく、そういうことが決め手になりました。

【長谷川】クラブの考え方がとても好きで、このチームで自分の力を発揮して貢献したいなと強く思ったから決めました。

【阿波加】生まれ育った地で、またこのチームの力になれる、貢献できる、そういったところで決めました。

【髙尾】去年オファーをもらって、今回もまたオファーを受けて、とても愛を感じたので、このクラブを選びました。

【家泉】このチームに来れば、自分の苦手な部分など特長も伸ばせて、もっと成長できると思ったので選びました。

【近藤】このクラブが自分を一番強く推してくれるクラブだったので、このチームを選びました。

【田中】すごいクオリティのサッカーというところに魅力を感じて選びました。

【岡田】自分も攻撃的なサッカーに魅力を感じて、そのサッカーの一員になりたいと思い決めました。

【出間】自分の目標だったので、うれしく思いました。

——自分のストロングポイントと今シーズンの目標を教えてください。

【鈴木】背後に抜け出すスピードと感覚、強さというところです。今シーズンは二桁得点を目指して頑張ります。

【長谷川】ボールを持ったときのプレーやオフザボールの動きなどを見てほしいです。二桁、アシストか得点、どちらかを取れるように頑張りたいと思います。

【阿波加】シュートストップの部分、特に一対一、至近距離のところがストロングポイントだと思います。前回はなかなか試合に出られなかったの

【出席者】
FW7: 鈴木 武蔵
MF16: 長谷川 竜也
GK21: 阿波加 俊太
DF2: 髙尾 瑠
DF15: 家泉 怜依
MF33: 近藤 友喜
MF37: 田中 克幸
DF28: 岡田 大和
FW40: 出間 思努
フットボール部 部長 竹林京介

で、試合に出るということを目標にやっていきたいと思います。

【髙尾】後ろからの推進力あるドリブルと、攻撃参加がストロングポイントです。たくさん試合に出られるよう頑張ります。

【家泉】空中戦と対人です。今シーズンは試合に出られるよう頑張ります。

【近藤】スピードを生かしたドリブル、動き出しの部分です。数字のところは、そんなに意識はしないですが、一つでも多くの得点、アシストをできるように頑張ります。

【田中】左足のキックで、ゴールやアシストというところを見てほしいです。いち早くプロのピッチで活躍する姿を見せられるよう頑張りたいと思います。

【岡田】左足のキックと対人です。1年目からスタメンを取れるよう頑張りたいと思います。

【出間】左足のシュート、ゴールへの嗅覚です。大きな支援に応えられるよう頑張ります。

――以前札幌に在籍していた鈴木選手と、2019年のルヴァン杯決勝で札幌と対戦した長谷川選手にお聞きします。昨シーズン、外から見ていて、札幌の良かったところと改善した方がいいところをお願いします。

【鈴木】あらためて思ったのは、やはり攻撃の連動性。相手の守備よりも一歩先に共通意識を持って動き出し、パスも出しているので、そこが変わらずにいいチームだなと思いました。それは良さでもありますが、攻撃的すぎるがゆえに守備もすごく攻撃的で、失点数が多かった。そこはやはり改善できればいいと思いますが、僕個人的には攻撃的なスタイルを失う方が嫌ですね。去年印象に残っているのが、柏戦（6月3日・第16節）の5対4の試合。あのようなサッカーは、見ている人もワクワクするし、楽しいだろうし、その上で失点を少し抑えたらいいかなと思います。

【長谷川】外から見ていると、攻撃も守備も自分たちから仕掛けることができる、すごく魅力的なチームだなと思います。攻撃する回数が増えれば守備する回数も減ると思うので、そういったところの精度を上げるのと同時に、自分たちからアグレッシブに守備をする姿勢ということを、より質を高めていけばいいかなと思います。

――コンサドーレで成し遂げたいこと、キャリアの夢、ビジョンをお願いします。

【鈴木】タイトルをまだ取ったことがないので、タイトルを今シーズンは狙っていきたいですし、前回（2019年）はルヴァン杯決勝で敗れてしまったので、今年は何か一つタイトルを取れるように、チームとしても、僕のキャリアとしても成し遂げたいです。

【長谷川】僕もタイトルを取ることを目標にしています。あとは選手として、人として成長できるように、このクラブでいろいろな力を身につけたいと思います。

【阿波加】もちろんタイトルを目指したいと思いますし、自分のキャリアの先を考える上で、生まれ育ったこのクラブで、ゆくゆくは指導者だったり、このチームのためになりたいと思っているので、まずはこの1年しっかりと選手として頑張っていこうと思います。

【髙尾】目標はタイトルを取ることで、個人的には新たな自分にチャレンジも含めて頑張っていきたいと思います。

【家泉】タイトルを取ることが目標で、個人としては自分の苦手な部分を磨いていこうと思います。

【近藤】チームとしてはタイトルを取ることと、個人としてはパリ五輪があるので、そこのメンバーに入っていくことが目標です。

【田中】チームとしてはタイトルを取ることが目標で、個人としては、これから世界に羽ばたけるように、しっかり1年目から試合に出て活躍したいと思います。

【岡田】チームとしてタイトルを目指したいと思いますし、そのタイトルを目指すチームの力になりたいです。

【出間】僕もタイトルを目指していますし、個人的には多くの試合で貢献できるよう頑張ります。

パリ五輪世代

FW 23 大森真吾 × DF 88 馬場晴也

●馬場……ここから評価を覆すような活躍を

――お二人とも2001年生まれですが、学年では大森選手が馬場選手のひとつ上になります。

馬場　でも、先輩後輩という間柄ではまったくなく、同い年という感じで普段からずっと接しています。学年はまったく気にしてないよね？

大森　うん、そうだね。でも、普通そういうのって、一応、年上側である俺が言うものじゃない？（笑）

馬場　いやいや、細かいことは気にするなよ。これからも変わらず同学年だと思って接してくれて構わないし。

大森　いや、それはこっちが言うことだから。通常は。

馬場　なんだったら、俺のほうが年上っぽい雰囲気もあるんじゃない？

大森　うるさいよ（笑）。でも、それはいいとして、コンサドーレに来るかなり前から親しかったよね。

馬場　そうだね。世代別代表の合宿で、よく一緒になっていたからね。

大森　一番最初は、俺が大学1年生のときの合宿かな。U―18（18歳以下）日本代表の。でも俺は人見知りだったから、なかなかみんなと打ち解けられなくて。

馬場　そうだったね（笑）。それはよく覚えてる。

大森　お前は誰に対しても人懐っこいキャラクターだから、代表チームのいわゆる〝常連組〟の選手たちとも、すぐに打ち解けてたよなあ。

馬場　でも、そう言うけど、俺は結構、お前のことを気にかけていて、ほかの選手たちと話すときに、お前の話題を出したりしてたんだよ。そうすれば、お前とみんなとの距離が縮まるかな、と思って。

大森　マジで？　どんな話題？

馬場　「あの大森ってヤツ、いつも1人だよな」とか。

大森　完全に俺のことイジってんじゃん（笑）

馬場　冗談だよ（笑）。「あの大森って、どんなヤツなんだろうね？」とか、そういう感じ。優しいだろ。

大森　それはありがたいけど、なんかこう、クラスの中心グループのヤツが大人しめのクラスメートを仲間に入れてやってる感があるな。

馬場　それは考えすぎだろ（笑）。それに、打ち解けられてなかったのも合宿初日くらいだったろ？

大森　まあね。練習や試合が始まってしまったら、とにかく会話しないとうまくやれないから、それ以降はお前も含めて全員と打ち解けることができたけど。

――昨年お二人が同じタイミングでコンサドーレに加入されたので、お互いに心強かったのではないでしょうか。

馬場　それはありますね。

大森　いやあ、それはどうだろう…。

馬場　え？　なんで？

大森　そりゃあ確かにお前とは「おお！　久しぶり！」ってなったよ。でも、だからといって俺のもともとの人見知りが改善されているわけでも

2024 Player 対談

僕らにとって大事な1年

大森……可能性を広げていきたい

なく、お前以外の選手とは、なかなかすぐには打ち解けられないわけよ。

馬場　そうだったの？

大森　そりゃあそうだよ。お前はその持ち前のコミュニケーション能力の高さで、一気にチームに溶け込んでいたから、俺のことなんて気づかなかっただけで、俺はそんなすぐには溶け込めなかったからな。

馬場　それは気づかなかった（笑）

大森　お前は輪に入り込んでいくのが上手すぎるんだよ。巧みにスっと入っていく。きっと生まれてから、ずっとクラスの中心人物みたいなポジションで過ごしてきたからだろうな。

馬場　なんだそれ（笑）。でも、お前がいろんな人と積極的に会話をするのが、あんまり得意ではないのは、よく知ってる。

大森　そうなんだよね…。

――でも、お二人の関係がすごくいいというのは、すごく伝わってきます。

馬場　まあ、それはそうだよね。

大森　うん。付き合いも長いといえば長いしね。それに、結局は晴也が僕をなにかとイジってくれることで、僕がほかのチームメートとも距離を縮めることができているので、感謝もしていますよ。気遣いで僕をイジってくれているのも分かりますし。

馬場　お、いいこと言うねえ。

大森　そして最近は、晴也と同じ美容室で髪を切ってもらっています。きっかけはコイツに「お前の髪型はダサい」と言われたからなのですが（笑）。

馬場　ダサいって言ったっけ？（笑）

大森　言っただろ！（笑）

馬場　ダサいというか、俺が言いたかったのは、お前は髪がすごく硬いというか、髪が強いから、うまい美容師さんを紹介してあげようか？という意味だったんだけどなあ。でも、あのお店に行ってよかっただろ？

大森　うん、よかった（笑）。髪の色もキレイな金髪に変えてもらったし。

馬場　あの金髪は、よかったよな。似合っていたし、気持ちも明るくなっただろ？　それに金髪にしてから初ゴールも取れたもんな。どう見てもまぐれだったけど。

大森　まぐれじゃねーよ（笑）。ちゃんと狙ったわ。

馬場　そうかなあ。

大森　とにかく1点は1点だから。でも、金髪にして試合に出たのはあの試合だけだったから、確かに金髪得点率100パーセントなんだよね。

馬場　1点だけだろ！（笑）

大森　1点でも100パーセントは100パーセントだ（笑）

馬場　それなら、なんで黒髪に戻した？

大森　そう言われてみたらそうだな…。

馬場　すぐに染めに行かないと。

大森　キャンプが終わったら、あらためて染めに行く。

馬場　キャンプが終わるのはリーグ戦が開幕してからだぞ。開幕戦に間に合わないじゃん。

大森　それはもう仕方がないだろ。それにサッカーは髪の毛でプレーをするわけじゃないんだから。

馬場　金髪だと得点率100パーセントって言ったのは、お前からだろ（笑）

――いずれにせよ、馬場選手にオススメされた美容室が、すごく合ったわけですね。

大森　そうですね。最近では髪の色以外にも、いろいろと晴也に感化されてるんですよ。洋服のことも、いろいろ教えてもらったり。晴也はいろんなお店やブランドを知っているので。

馬場　基本、お前は服に関しては、ほぼ無頓着だったもんな。

大森　そうなんだよね。ジャージとかスウェットばっかり着て過ごしていたから。

馬場　最近は、いろいろと買い揃えているよな。

大森　そうだね。でも、一応ちゃんと選んで買わないと「晴也っぽい服を真似して着ているヤツ」になっちゃうから、そこはちゃんと吟味して買うようにしている。

馬場　なるほど（笑）

大森　晴也のおかげでバッグとかにも興味を持ちはじめたから、いろいろチェックしてるんだよね。以前はまったく興味がなかったから、自分でも不思議ではあるけれど。

馬場　最終的にジャージやスウェットになってもいいと思うけど、いろいろと見たうえで選んだほうがいいよね。

大森　それは間違いないね。でも、欲しいものがあっても高くて買えないことが多いから、そのためには頑張って稼がないと（笑）

馬場　それはホントにそう（笑）。でも、モチベーションも高まるだろ。

大森　その意味では悪いことではないよね。むしろいいこと。

馬場　うん。なので、今シーズンも一緒に頑張って、欲しい服をたくさん買えるようにしようよ。

大森　そうだね。

――そんな今シーズンは、パリ五輪も開催されます。お二人は当該世代ということで、大きな目標になっていると思います。

大森　そうですね。でも、現状としては僕の立場は、そこからかなり遠のいてしまっていると思っています。けがをしていたこともありますが、代表チームからは3年ほど離れていますので。五輪代表チームも僕が入っていた頃とはメンバーも大きく変わっていますし。

馬場　だいぶ変わったよね。

大森　うん。ここから自分がメンバーに食い込んでいくのは、とても難しい状況だ思う。でも、やっぱりそこは目指し続けていくことが大事だし、パリ五輪に出られたら人生が大きく変わるはず。それに、まだチャンスは残されているので、今季開幕から活躍して可能性を広げていきたいです。

馬場　俺も去年から五輪代表に選ばれる回数が少なくなって、アジア競技大会では主将を務めたけど、あの大会は普段あまり招集されていない選手が主体のメンバー。その意味でも、もっともっとここから評価を覆すような活躍をして、いろんな人に「なんで馬場は五輪代表に選ばれないんだ？」と思ってもらえるようなプレーを見せて、状況を変えていきたい。

大森　まだ、これからだよね。

馬場　うん。五輪本番まで残り時間は少ないけど、そこに向けて全力を投じることで、自分自身の成長、そしてコンサドーレの勝利につなげていけるはずだろうから。

大森　そうだよね。全力を尽くしていこう。

――とても重要なシーズンになりそうですね。

大森　そうですね。どのシーズンも大事だとは思うのですが、この2024年は僕らにとってはすごく大事なものだと思っていますし、とにかく全力で挑んでいくことで、成長につなげていきたいとは思っています。

馬場　すごくやりがいのあるシーズンになるだろうから、お互いに励まし合って頑張っていこうよ。

大森　そうだね。晴也のアシストからオレがゴールをするような場面も増やしたいよね。

馬場　おお、いいねえ。

大森　そして、晴也が早くプロ初ゴールができるように、俺がお膳立てしてあげられるように頑張るよ。

馬場　うるせえなあ、まぐれで1点取ったくらいで上から言いやがって（笑）

大森　まぐれじゃねえし。ちゃんと狙って蹴ったし。

馬場　冗談だよ。いずれにせよ、お互いに切磋琢磨して頑張っていこう。

大森　うん。いい1年にしていこう！

DF 88
BABA Seiya

OMORI Shi
FW 23

ラッピングバス

選手たちが移動時に乗るバス「コンサドーレラッピングバス」。ジェイ・アール北海道バスが保有する大型バスに赤黒のラッピングを施し、選手たちを送迎しています。

クラブハウスからホームゲームスタジアムに移動したり、アウェーに遠征するときに選手たちを乗せて走るコンサドーレラッピングバスは、２０００年に初代が誕生。デザインを変えながら定期的に代替わりをして２０１８年、現在の４代目になりました。

初代は赤黒を基調とし、車体中央にドーレくんが配置されたデザイン。２００７年にデビューした2代目は、初代とラッピングのデザインはほぼ同じですが、バス自体のデザインがマイナーチェンジされています。２０１３年に登場した3代目は大きくデザインが変更され、ドーレくんは車体の前方へ移動。白い部分が少なくなり、より赤黒が強調され、迫力のあるバスに生まれ変わりました。

現在の車体は、ほぼ赤と黒のみの配色で、コンサドーレのロゴが主体のシックなデザインに。スタッフと選手たちがストレスなくゆったりと過ごせるよう、ジェイ・アール北海道バスの中で、最大クラスのバスを使用しています。

車のナンバーは「コンサドーレ」にかけて「53-10」。ナンバーは現在の4代目まで、ずっと引き継がれています。

コンサドーレバスは通常、ジェイ・アール北海道バスの琴似営業所に置かれていて、クラブが使用するほか、一般の貸し切りバスとしても活躍しています。

3代目

2代目

初代

2024 HOKKAIDO CONSADOLE SAPPORO UNIFORM

ユニフォームのデザインは、ミズノ株式会社協力の元、
北海道コンサドーレ札幌クリエイティブディレクターの相澤陽介氏が担当しました。

3rd ユニフォーム

3rd ユニフォームは昨年のデザインを踏襲していますが、今シーズンは北海道コンサドーレ札幌と取り組みを行っている「北海道シマフクロウの会」から写真を提供していただきました。シマフクロウのさまざまな表情を複雑にコラージュし、氷のように透き通るアイスグレーを用いてグラフィックを作っています。また、かねてから使用機会を探っていたブルーグレーを採用し、ツートンカラーのサードユニフォームを作成しました。

2nd ユニフォーム

2nd ユニフォームのテーマは、北海道の深い森と札幌の街並みです。碁盤の目のような札幌中心部の街並みは、上空から見たときにも独特のかたちをしています。この街並みをデザインに落とし込みたいと考えました。中心に大通公園の直線を配置したデザインに、北海道の深い森をイメージしたオリーブカーキを基調とした、さまざまな自然を想起させる濃淡のグラデーションで配色をおこなっています。

1st ユニフォーム

1st ユニフォームは基本の赤黒縦縞をベースに細いピンストライプを組合せ、ピッチ上での見え方と近くで見たときの違いを作り、赤黒縦縞の新たな可能性をさぐりました。ピンストライプを入れることで、下腹部の線の太さを変え、北海道のかたちが浮き上がるデザインを作っています。黒い生地部分は、北海道の木々をイメージした杉綾模様のエンボス加工で光沢のある柄を浮き出し、選手が着用したときに、2種類の黒が深い陰影を作るようデザインされています。

FP-3rd
MIYAZAWA HIROKI
MF 10

FP-2nd
OKAMURA DAIHACHI
DF 50

FP-1st
NAKAMURA TOYA
DF 6

相澤陽介
クリエイティブディレクター

北海道をモチーフとして、1年間戦っていく三部作を作りました。

ユニフォームデザイナーとしても、星を付ける覚悟を持って、1年間共に戦っていくという決意表明となります。

今シーズンからネーム&ナンバーの字体が、相澤陽介クリエイティブディレクターによる、クラブオリジナルとなりました。視認性が高く、スポーツデザインに適したカレッジフォントをユニフォームのサイズ感に合わせて、独自のデザインに作り直しました。

NEW NAME AND NUMBER SINCE 2024

0 1 2 3 4
5 6 7 8 9

GK ユニフォーム

キーパーのユニフォームは、フィールドのデザインをベースとし、シャツ、パンツ、ソックスに統一したカラーリングを用いることで、インパクトを作っています。

Goalkeeper

1st Uniform

2nd Uniform

3rd Uniform

Field player

1st Uniform

2nd Uniform

3rd Uniform

GK-1st
SUGENO TAKANORI
GK 1

2024シーズン
ユニフォーム
コンセプト

2024 HOKKAIDO
CONSADOLE
SAPPORO
NEW UNIFORM!!!

2024 HOKKAIDO CONSADOLE SAPPORO
OFFICIAL SUIT

2024 北海道コンサドーレ札幌
オフィシャルスーツ

KASHIYAMA eスーツ

今回はＫＡＳＨＩＹＡＭＡの新開発「eスーツ」を採用しています。
従来のクラシックデザインから肩パッドを無くし、軽量な芯地を使用することで、見栄えの美しさはそのままに、ストレスフリーな着心地を実現。この仕様により、従来に比べ25％の軽量化に成功しました。
また、生地はスペインメーカー「シドグラス社」のストレッチ生地を採用し、通常数パーセントしか入ってないポリウレタン素材を17％使用。伸縮性も各段に向上しています。

KIM GUNHEE
FW 13

BABA SEIYA
DF 88

KASHIYAMA

色は5シーズン目にして、初めてコンサドーレカラーである黒を採用。

裏地にも赤を入れることで、北海道コンサドーレ札幌らしい力強い印象、かつ遊び心が効いた仕上がりになっています。

また、今回のインナーウエアはシャツ&ネクタイだけでなく、黒ベースのオリジナルニットや、夏用としてオリジナルTシャツを新たにリリース。よりカジュアル&スポーティな着こなしが可能になりました。

2000年10月に完成した北海道コンサドーレ札幌の専用練習場。札幌市西区にある人気の観光スポット「白い恋人パーク」横に、クラブハウスと練習場があります。ピッチと観客席の距離が近く、トップチームの練習や練習試合などを間近に見ることができます。天然芝にヒーティングシステムを採用しており、雪が降り積もる北海道でも、シーズン最後まで使用しています。

宮の沢 白い恋人 サッカー場

The Miyanosawa Shiroi Koibito Soccer Stadium

北海道コンサドーレ札幌クラブハウス

●筋トレルーム
2023年1月31日（火）まで実施していたクラウドファンディング《VICTORY ROAD PROJECT 2022-2023》にて集めた支援金の一部を使用し、選手たちのフィジカルトレーニングの質の向上のため、トレーニングルームをリニューアル。最新のマシン、器具がそろっており、選手は練習メニューに沿って、ここでウエイトトレーニングを実施しています。また、けがをした選手は、ここでウエイトを中心とした別メニューで調整をしています

●浴室、サウナ
選手が一度に入れるように、広い浴槽とシャワー、さらにサウナも完備した大きな浴室

●取材ルーム
インタビューなどの取材を受ける部屋。選手はここで各メディアに対応しています

●ロッカールーム
天井が高く、天窓もあり、クラブハウスの中では一番広い部屋です

●リラックスルーム
ロッカールームから続いている休憩室。ソファ、マッサージチェア、自動販売機、酸素カプセルなども完備しており、選手がだんらん、仮眠をとることができる部屋

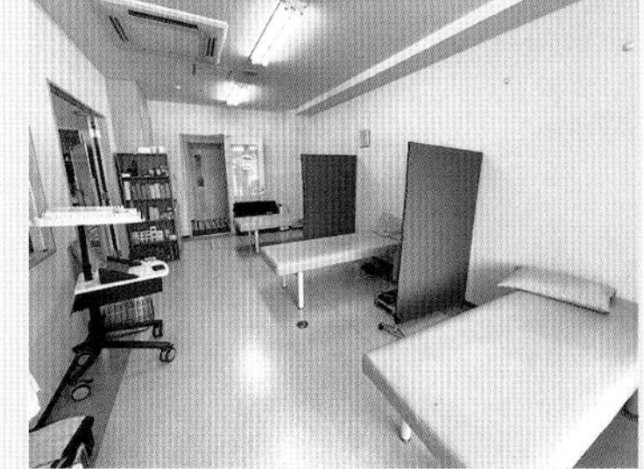

●マッサージルーム
故障した選手のケアや、選手の体調管理を担当するトレーナールーム

宮の沢白い恋人サッカー場
住所　札幌市西区宮の沢2条3丁目 4-1

地下鉄 大通駅 ―地下鉄東西線 約16分― 地下鉄 宮の沢駅
地下鉄 大通駅 ―地下鉄南北線・東豊線 約1分― 地下鉄 さっぽろ駅（JR札幌駅）
地下鉄 宮の沢駅 ―徒歩約7分― 宮の沢白い恋人サッカー場（白い恋人パーク横）

●アクセス
- **地下鉄**：最寄り駅は東西線「宮の沢」。駅から徒歩約7分。
- **車**：サッカー場用の駐車場はないので、公共交通機関をご利用ください。

ファッションチェック

fashion check

普段よく目にするのはトレーニングウェアやユニフォーム姿の選手たちですが、私服も気になりますよね。今回は６選手に練習後やイベントで突撃取材し、プライベートファッションを撮影！　好きなファッションや、こだわりポイントについて話していただきました。

TAKAGI SHUN ***GK 51***

モノクロでラフに着られるビッグサイズの服が好き。ニードルズが好きで、よく着ます。服はネットで購入したり、１人で買いに行ったり、奥さんと一緒に行くこともあります。このバッグは奥さんからのプレゼントです。

ASANO YUYA ***MF 18***

好きなブランドはシュプリーム。腹黒いので、モノクロをよく着ています（笑）。たまに差し色でアクセントをつけることもあります。クロコダイルのバッグは一目ぼれで、自分へのご褒美として買ったもの。大切に長く使い続けています。

BABA SEIYA ***DF 88***

モード系ファッションが好きなので、ジャケットを着ることが多いです。練習後に１人または仲がいい選手と服を買いに行きます。ブランドにはこだわらず、セレクトショップで〝ビビッ〟ときたアイテムを買うんですが、つい買い過ぎてしまいがち（笑）

HOKKAIDO Consadole SAPPORO 選手のプライベート

Player's private

TANAKA HIROMU *MF 30*

ファッションに特にこだわりはないですが、黒系でシンプルな服が好きかなと思います。馬場選手と西野選手の３人で、よく服を買いに行きます。馬場選手にはいろいろ教えてもらっていて、選んでもらうこともあります。

KIM GUNHEE *FW 13*

モノトーンでキレイめのファッションが好きです。今日は寒さ対策を重視しました。その日の気分で服を選んでいますが、〝キチンと感〟を出すことを心がけています。エルメスとプラダが好き。アクセもこだわって集めています。

NISHINO SHOTA *DF 47*

パーカーなど、カワイイデザインのものをオーバーサイズで着るのが好き。ストリート系ファッションが多いですね。プレジャーズをよく着ています。札幌駅のセレクトショップで買うことが多く、気になった服は迷わず買います！

しまふく寮

札幌市西区にある「しまふく寮」は、2005年3月に完成。建物は鉄筋コンクリート3階建て。高校を卒業してプロ入りした選手は3年間、大卒は1年間の入寮規定があり、若手選手とユースの選手を中心に生活をしています。寮の名称は一般公募（応募総数144通）の中から、親しみやすいネーミングが選ばれました。

1F

■玄関

■食堂

■リビング

リクライニング機能が付いている灰色のソファは、2022シーズンを共に戦った興梠慎三選手（1年間、寮生として生活）がプレゼントしてくれたもの

■厨房

2·3F

■浴室

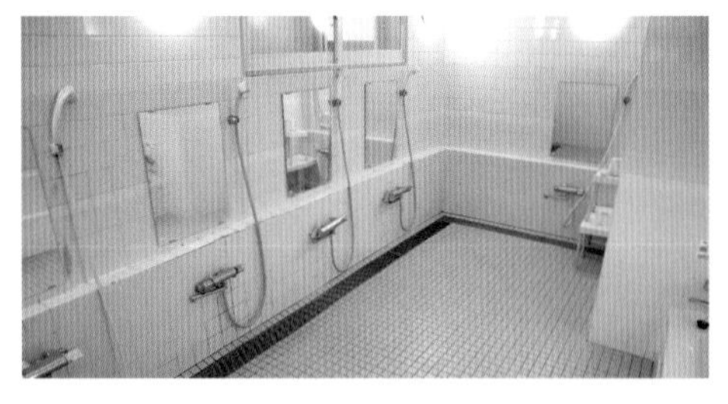

■寮室

日当たりが良い広さが6畳ほどの洋室で、全18室あります。家具などは、先輩寮生から代々引き継いで使っている選手もいます。消灯時間は夜12時

■洗濯室洗面室

しまふく寮スタッフ：■寮監 大地 則昭さん　■寮母 大地 忍さん　■調理師（アスリートフードマイスター）松浦 沙耶花さん

北海道コンサドーレ札幌 クラブ事務所

■エンブレム

北海道に生息する日本最大のフクロウ「シマフクロウ」を象徴的に図案化しました。頂点に羽ばたく翼を持つシマフクロウの盾形の中に、11個の星（結束したイレブン）・勝利を見据える眼光（闘志）・ブリザードを表すストライプ（攻撃性）を配し、それらが、ホームタウンを意味するリボンの円弧に根ざすデザインになっています。

■フラッグ

北海道をイメージしたクラブカラーのストライプの中に、クラブの象徴であるエンブレムを配し、札幌市民そして北海道全体の人々に愛されるクラブづくりを行っていく強い意志が込められています。

■ロゴタイプ

力強さとスピード感を併せ持つ書体を用い、「突き進むボールの軌跡」を感じさせるデザインとなっています。強く、アグレッシブなクラブチーム「北海道コンサドーレ札幌」を象徴しており、これからも北海道のチームとして成長していきます。

■スローガン

クラブに関わるすべての人が〝北海道〟を背負い、クラブとしてはJ1定着、さらにはACL出場を、選手は日本代表、海外クラブへのステップアップを目標にして全員が成長して世界を目指そうという覚悟を表しています。

■会社概要

法人名	株式会社コンサドーレ
設立	1996年4月16日
資本金	1,736,559,000円
所在地	札幌市豊平区羊ヶ丘1番地
代表取締役ＧＭ	三上 大勝
ホームタウン	札幌市を中心とする北海道
ホームスタジアム	札幌ドーム
チームカラー	赤、黒、白、ブルーグレイ

■ヒストリー

■北海道内自治体との協定

株式会社コンサドーレ
代表取締役GM
三上大勝 インタビュー

シーズン移行の年がクラブ創設30年 そこに向けての重要な1年です

——はじめに、2023シーズンを振り返った感想を聞かせてください。

一桁順位、タイトル、さらにはACLという目標を掲げながらやってきたなかで、残念ながら達成できたのは最低限度のJ1残留となってしまい、まだまだやるべきことをやらなければいけないなと感じさせてもらったシーズンだったと思います。

——ミシャ監督はクラブ最長の7シーズン目となります。

昨年の最終戦で明言させてもらいましたが、一番重要視したのは、やはり結果を出していくということだと思います。勝つためには成長が必要で、成長には「楽しむ」ことが必要だと思っています。「楽しむ」そして「成長する」、その上に「結果」がくる。選手といろいろな話をしますが、みんな「楽しかった」と言ってくれますし、プレーヤーとして、人間として成長を肌で感じています。

重要なのは本当に選手が楽しんでいるか、という部分。毎日トレーニングをし、サポーターの前で試合ができる喜びを感じる。それがあるがゆえに成長というものがある。例えばフルコートマンツーマンという戦術も、これはミシャの戦術というよりは、選手が間違いなく成長するだろうというところから、クラブとして出しているチーム戦術です。指導者やフロントの考え方によっては違うかもしれないですが、戦術としてゾーンディフェンスとマンツーマンがあり1年間、どちらが選手の成長につながるかというと、間違いなくマンツーマン、ということから、この戦術を採用させてもらっている。その上で勝たなければならない。

今、「楽しむ」「成長する」の2段階目までは十分できている。その要因は何なのかというと、やはりミシャ監督のサッカー哲学やコミュニケーション力が大きい。それが7シーズン目をミシャ監督に託した大きな要因です。

——今季、例年になく多くの選手が離れ、また加入しました。チームづくりの考え方について伺います。

今季は、より良い攻撃的なスタイルを継続して実施していく。結果を出すために今までやってきたことを捨てる、変えることは考えていません。あくまでも「楽しむ」「成長する」というものがあった上で、「結果」にコミットしていかなければならない。自分たちのサッカーを大きく変えるつもりはないですから、メンバーが大きく変わっても大きな崩れはないと思います。どれだけ良いキャンプを過ごせられるかが前提ですが、メンバーが大きく変わるなかで、今までになかった新しいものが見えるのではないかという期待を大きく持っています。

——外国籍選手の獲得については、どのようなお考えですか?

リストとしてはいろいろ持っていますが、基本的にクラブのスタンスとして、日本人をベースにやっていこうということ。そして、これはどの選手にも言えることですが、我々のポリシーとして、フロントだけが評価をしている選手、または現場だけが評価している選手、そのどちらかの場合は獲得をしないという方向で考えています。

——今季、J1は20チーム、ルヴァン杯はノックアウト制になります。どのような変化があると予想されますか？

3チームが降格する厳しいシーズンになりますから、前半でどれだけ勝ち点を取れるかがポイントになっていくと思います。そうしたなかで我々は不変の中でやろうと思っているので、前半である程度の勝ち点は取れると思いますし、取らなければいけないと思います。カップ戦に関しても、PK戦といったものまで踏まえていかなければ勝ち上がっていくことができないので、トレーニングから意識して準備をしていくことがとても重要になっていくと思います。

——2024シーズンの目標を伺います。

やはり目標としては、昨年同様に一桁順位。そこにいることによって、このゲームに勝つことによってトップ5、トップ3に入れるというビックゲームが年に何回か訪れるので、そこは何としてでも結果を出していく。こういうことができることによって、タイトルにも近づけられると思います。一方、Jリーグのシーズン移行が始まる2026年が、クラブ創設30周年になります。そこに向けてクラブ経営・チーム強化に関して、中期長期ビジョンをもって臨んでいきたい。そのスタートとなるこの2024年は、非常に重要なシーズンになると思いますので、昨年以上に結果を出すことを意識してやっていかなければいけないシーズンだと思います。

——シーズン移行について、クラブの考えを聞かせてください。

まず、Jリーグとしてシーズン移行を決めた上で、継続して審議していきましょう、という方向性が出ました。僕らもJクラブの一員として、その決定にコミットしながら、議論に参加していこうと思います。現時点でJリーグから新たな提示がないので、今我々ができることとしては、サポーターやパートナーにシーズン移行について、しっかり認知していただくことが重要だと思います。二つ目は、我々のような降雪地域におけるハード面を含めた、冬期間でもスポーツを「見る」「する」環境をどうつくっていくのか、ということ。とても重要な審議項目ですので、しっかり議論して、提案をしていきたいと思います。

——コロナ禍状況は脱しましたが、入場者数はまだコロナ禍前に回復していません。

クラブ経営の柱としてホームゲームを考えていますので、しっかりとした利益態勢をつくっていかなければならない。その第一歩として、昨年からダイナミックプライシング（価格変動）というシステムを導入させていただきました。入場者は結果的にコロナ禍以前、2019年の平均動員1万8000人には届かなかったものの、19年を超える売り上げを達成しました。ただ、ライト層と言われる方々からすると、価格変動によって割高感を感じるところがあったのは課題でしたので、それを改善するなかで、2024年に向かっていきます。まずはコロナ禍以前の平均1万8000人を目標として、中長期的には2万人を目指し、そこに一歩でも近づけていくことが重要だと思います。

——地域とのパートナーシップ事業では、昨年4月の「株式会社まちのミライ」の設立は大きなニュースでした。先ほどのお話にあった創設30年を見据えての取り組みでしょうか？

株式会社コンサドーレとしては、北海道や札幌に関わる人々を豊かに、元気にすることが我々の事業であり、仕事です。そのツールとしてサッカーがあり、さまざまなスポーツがある。道内の自治体などと、いろいろとお話をさせてもらうなかで、ありがたいことに昨年ぐらいから多くの自治体からスケールの大きなお話をいただくことが増えました。そういったものを具現化していくために、一つの法人を設けて、より多くの方々に手伝ってもらいながら、道内の自治体の地域課題に向き合っていきたいと考えています。これからの時代、親会社を持たないクラブであっても、70～80億円という経営規模が必要になっていくと思います。その観点から株式会社コンサドーレで50億円を目指す。さらに、この「まちのミライ」で20億円から30億円を達成することによって、グループ全体として70～80億円を目指していきたい。そういう構想を描いた中で設立させていただきました。

また、経営基盤の強化として、昨年からクラブ内の組織編成として、カンパニー制を採用しています。一つの事業に関わる予算等々を、すべてそのカンパニーでコントロールする体制です。このように、クラブライセンスというものをきっちりと見据えた強化によって、収支にわたる改善を進めています。

——最後にサポーターへのメッセージをお願いします。

クラブ創設30周年に向け、とても重要な1年が、この2024シーズンだと思います。だからこそ、皆さんといろいろな状況を共有させてもらうと同時に、そのなかで考えられる、良い方向、ありたい姿というものを目指してやっていこう。そうしたなかで、皆さんの思い、一からのご意見、声はとても重要ですので、ぜひ我々に届けていただきたい。そして、それらを選手はオンザピッチで表現します。その表現というものを、ぜひ直に見ていただいて、感じるものがあれば応援いただきたい。今季はそういったかたちにしていかなければならないと思っていますので、よろしくお願いいたします。

CONSA DOLLS

コンサドールズ

2024 CONSADOLLS

北海道コンサドーレ札幌オフィシャルダンスドリルチーム「コンサドールズ」。今シーズンのメンバーはトップ5人、サテライト7人の12人。その中から毎回オーディションで選ばれた10人がホームゲームスタジアムでパフォーマンスを披露します。今回のメンバーは下部組織からの生え抜きメンバー。「今年は上のカテゴリーに昇格した新メンバーがたくさんいます。全員協力して成長していきたいです」とドールズ歴最長の久保木真理さん。高いダンス技術とドールズスピリットを身につけた勝利の女神たちが今シーズンもスタジアムを沸かせます。

Instagram

TOP

前田 璃奈

金澤 優花

笠井 梨希

信太 梨里碧

久保木 真理

SATELLITE

黒田 梨乃

近江 莉英

高橋 里穂

菱谷 彩純

髙橋 千翔

●コンサドールズ　キッズ & ジュニア●

コンサドールズはトップを頂点に、サテライト、ユース、ジュニア、キッズまで下部組織があり、トップを目指して日々レッスンに打ち込んでいます。キッズやジュニアに入り初めてチアダンスに触れ、現在トップチームで活躍しています。今シーズンのメンバーは3月18日まで募集し、オーディションはなく女の子なら誰でも入れます。ホームゲームのピッチでパフォーマンスも行います。チアダンスで楽しくコンサドーレを応援しませんか?詳しくはコンサドーレのHPでご確認ください。

小野 みりあ

三井 璃乃

STAFF

プロデューサー
金子 桂子

ディレクター
千葉 侑奈

ディレクター
平田 野乃実

YOUTH

佐藤 愛來

埜口 柑奈

川原田 梓乃

柴谷 奏

木下 苺香

藤田 奈々

大井 菜摘海

猪又 杏莉

寺島 羽音

大阪 仁香

ホームタウン社会連携活動

『ホームタウン社会連携活動』とは、従来の地域貢献を主とした「ホームタウン(=ふるさと)」活動に加え、SDGsやESGをも含んだ3者(3社)以上が協働する「社会連携」活動です。コンサドーレは、これからもホームタウンの未来のために、様々な方々と困りごとを解決するため一緒に考え、協働していきます。社会連携活動については右のJリーグホームページをご参照ください。

■SDGsプロジェクト　PASS (Positive Action for Sustainable Society)

「PASS」は、サスティナブルな社会、北海道のSDGsを推進するために北海道コンサドーレ札幌が取り組んでいるチャレンジです。「PASS」はその名前の通り、人と人、企業と企業、企業と自治体などを、北海道コンサドーレ札幌がボールをパスするようにつなげる役割を重視。「環境」「教育」「健康」の3領域を優先テーマとして掲げるとともに、全方位的な取り組みを行っています。すでに多数のプロジェクトがスタートし、新たな連携が次々と生まれています。

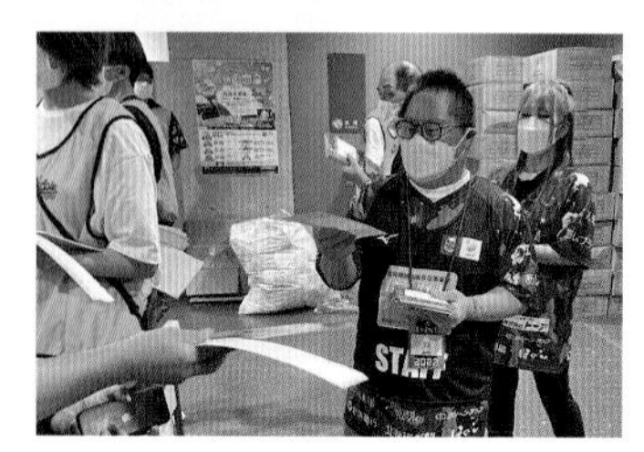

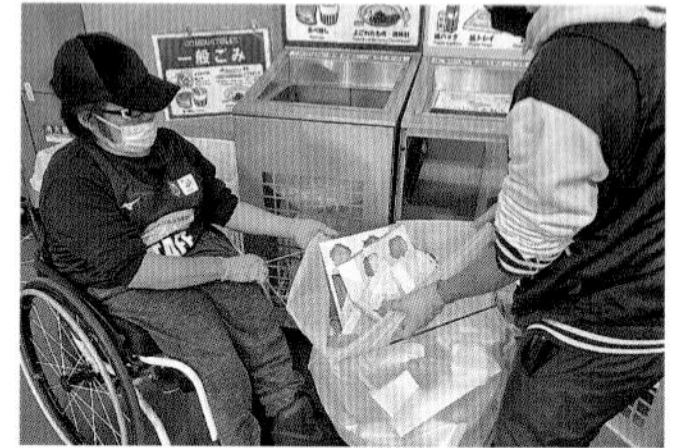

■C-Smile北海道プロジェクト

北海道コンサドーレ札幌では2011年から、これまで以上に地元の子どもたちを中心に交流を持つホームタウン社会連携活動に力を入れようと『C-Smile 北海道プロジェクト』を立ち上げ、シーズンを通した活動を行っています。スポーツを通して、子どもたちの笑顔の輪が広がるよう活動していきます。

■北海道コンサドーレ札幌 福祉施設訪問「サンタ隊」

毎年12月には、選手やコンサドールズとドーレくんがサンタさんとなって福祉施設を訪問し、北海道コンサドーレ札幌グッズなどのクリスマスプレゼントを贈ります。ドーレくんとコンサドールズによるダンスパフォーマンスや、選手も参加するミニゲームなども行います。

■#命つなぐアクション AED普及啓発

北海道コンサドーレ札幌はAED(自動体外式除細動器)の使用方法や心肺蘇生方法の普及啓発活動に力を入れております。自治体やパートナー企業とも協力して、学校訪問や試合会場ブースによる活動を行っております。

■CONSADOLE HOKKAIDO TOURS 2023

選手たちが北海道の各市町村を訪問する『CONSADOLE HOKKAIDO TOURS』。チームが移動の際に利用するコンサドーレラッピングバスに乗りこみ、クラブと連携協定を結ぶ自治体を中心に訪問し、小学生を中心とした道民の皆様と交流する内容。昨年は12月6日(水)から計5日間にわたり、4選手が8市町村を訪問しました。

■コンサ百年の森づくり

北海道コンサドーレ札幌は未来の子供たちに豊かな緑を残すため、「コンサ百年の森づくり」を2008年6月にスタートしました。2004年9月の台風18号によって甚大な風倒被害を受けた支笏湖周辺国有林のうち、11.63ヘクタールを対象に植林活動を行い、失われた森の復興を目指しております。初年度から2010年度までの3年間に7,700本の植樹を行い、2009年度から小学生を対象とした「森の教室」を開催。カミネッコン作りと補植作業、森の生態などの授業を行い、森や自然環境についての理解を深める活動を展開しています。

パートナーシップ(協力提携)

「北海道とともに、世界へ」をスローガンにスポーツクラブとして積み上げたノウハウを資源として、コンサドーレは多くの個人・団体と協力・提携の輪を広げ、さまざまな課題解決に取り組んでいます。

PROJECT 179

2021年、株式会社コンサドーレとミズノ株式会社は、北海道地域の主とした事業提携「PROJECT 179」をスタートしました。日頃、事業活動で使用される作業服やワークシューズ、ビジネスシーンに最適なギフト商品、福利厚生の一環としてオフィスで使える健康グッズなど、様々な商品をご用意しており、日々の活動のお役に立てるものと考えております。このプロジェクトで得られた事業収益の一部は北海道地域へ還元し、地域活性化に貢献します。プロジェクトへのご参加をぜひご検討ください。

PASS PROJECTパートナー

PASSは企業、自治体など、一緒に取り組んでいただけるパートナーを募集しています。「PASS」パートナーシップ・プログラムに、ぜひご参加ください。自治体、企業、NPOなどの間に北海道コンサドーレ札幌が入り、ボールをパスするように企業と自治体、企業と企業など、さまざまな連携をお手伝いすることで、より効果的なSDGsの取り組みに貢献したいと考えています。

パートナーアスリート・アーティスト

コンサドーレは、サッカーのみならず総合スポーツクラブとして、スポーツを通じた市民の健康と幸福の実現を目指すとともに、「北海道とともに、世界へ」というスローガンを掲げ、アジアや世界へと羽ばたくことを目指しています。これらのコンセプトに合致するサッカー以外のアスリートやアーティストなど、様々な分野で活躍する方々をコンサドーレパートナーアスリート、アーティストという名称のもとに、当クラブとパートナーが協力して、お互いの目標達成を目指します。これからもコンサドーレは、多くの"パートナー"とともに進んでいきます。

パートナーアスリート

茅原 悠紀 さん
(かやはら ゆうき/KAYAHARA Yuki)

種目：ボートレース
生年月日：1987/7/11
出身地：岡山県
身長/体重：171cm/55kg
登録番号：4418登録期：99期級別：A1級
【主な成績】2021年に33歳の若さで通算1000勝を記録。これまでGI優勝は10回。2014年には最高峰のレース「グランプリ」を制した。2023年に年間8個あるSG競走のうち、6度優勝戦進出を果たす史上初の快挙を達成。ボートレース界屈指の旋回力を誇り、「スピードスター」、「宇宙人」など彼を形容する言葉は数知れない。

孫崎 百世 さん
(まごさき ももよ/MAGOSAKI Momoyo)

種目：ボートレース
生年月日:1988/10/23
出身地:北海道釧路市
身長/体重:155cm/47kg
登録番号:4941登録期:119期級別:B1級
【主な成績】プロスキーヤーから看護師として従事した後、26歳でボートレーサーになることを決意。1年間厳しい訓練を受け、2016年11月に28歳でプロデビューを果たした異色の経歴の持ち主。2023年はキャリアハイの優勝戦進出4回。今年も優勝目指して突き進む。

細田 雄一 さん
(ほそだ ゆういち/HOSODA Yuichi)

種目:トライアスロン
生年月日:1984/12/6
出身地:徳島県三好市
身長/体重:176cm/64kg
所属:博慈会
【主な成績】2012年ロンドン五輪日本代表。2020年シーズンはNTT ASTCトライアスロンアジアカップ(2020/ラヨーン)で3位。NTTジャパンランキング7位。2021年第27回日本トライアスロン選手権エリート男子優勝。

加藤 条治 さん
(かとう じょうじ/KATO Joji)

種目:スピードスケート
生年月日:1985/2/6
出身地:山形県山形市
身長/体重:165cm/61kg
所属:博慈会
【主な成績】スピードスケート500mの元世界記録保持者。2010年バンクーバー五輪では同種目で銅メダルを獲得。2018年平昌五輪出場。

パートナーアーティスト

大黒 摩季 さん
(おおぐろ まき/OGURO Maki)

活動:シンガー・ソングライター 生年月日:1969/12/31
出身地:北海道札幌市
所属:ビーイング
【プロフィル】1992年デビュー。「ら・ら・ら」など数多くのミリオンを放ち、2010年病気療養のため活動休止。2016年活動再開後は、2018年AL「MUSIC MUSCLE」などをリリースしながら、毎年全国ツアーを展開。

クラブ間提携

北海道コンサドーレ札幌は2013年からJリーグと連携して、東南アジアを中心とした海外クラブとクラブ間提携を結んでおります。この提携は、選手の期限付き移籍やアカデミーを含めた練習生の受け入れなどのチーム間での交流のほかに、ホームアイランドである『北海道』のシティープロモーションの一環としても大きな意味を持つ取り組みとなっています。

【タイ】
コンケーンFC
(KHONKEAN FC/2013年3月提携)

【ベトナム】
ドンタム ロンアンFC
(Dong Tam Long An FC/2013年3月提携)

【インドネシア】
アレマ クロノスFC
(Arema Cronus FC/2014年6月提携)

【マレーシア】
ジョホール・ダルル・タクジムFC
(Johor Darul Ta'zim FC/2016年4月提携)

【ベルギー】
シント=トロイデンVV
(STVV/2019年4月提携)

【タイ】
ブリーラム・ユナイテッドFC
(Buriram United FC/2022年6月提携)

2024年 北海道コンサドーレ札幌
リレーションシップ・パートナー

リレーションシップ・パートナーは、企業や店舗、個人事業主、各種団体の皆様にクラブを支援していただくプログラムです。ご協賛金は北海道コンサドーレ札幌の運営や強化費の一部として活用させていただきます。今シーズンも北海道コンサドーレ札幌をよろしくお願いいたします。

※ご契約期間：2024年2月～2025年1月

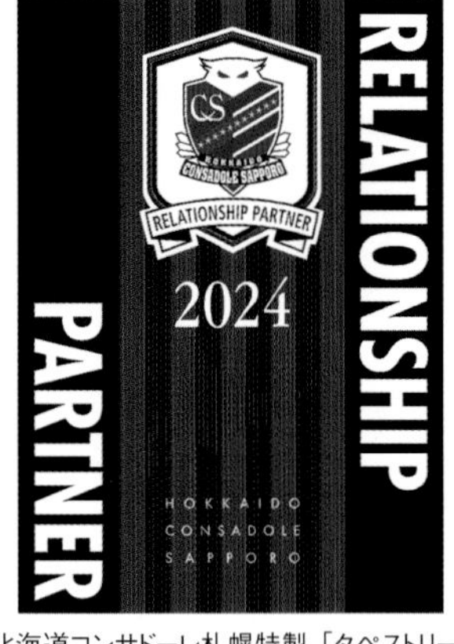

北海道コンサドーレ札幌特製「タペストリー」

R.P PLATINUM プラチナ　年登録会費 330,000円(税込)

- 招待券の進呈　年にカテゴリー 1 アッパー（指定席）26枚または、カテゴリー 2 南側（指定席）32枚
- ご希望の選手のサイン入り2024シーズンレプリカユニフォームを進呈
- 北海道コンサドーレ札幌特製「タペストリー」を進呈
- 北海道コンサドーレ札幌特製「昇り旗」(貴社名入り)を進呈
- 選手が旗を持った写真を撮影し、ホームページにアップします。写真は貴社ホームページなどでもご使用いただけます。
- リレーションシップ・パートナー・パーティーに2名様ご招待します。

プラチナ・ゴールドご登録の方への特製「昇り旗」

R.P GOLD ゴールド　年登録会費 220,000円(税込)

- 招待券の進呈　年にカテゴリー 1 アッパー（指定席）18枚または、カテゴリー 2 南側（指定席）22枚
- 北海道コンサドーレ札幌特製「タペストリー」を進呈
- 北海道コンサドーレ札幌特製「昇り旗」(貴社名入り)を進呈
- 選手が旗を持った写真を撮影し、ホームページにアップします。写真は貴社ホームページなどでもご使用いただけます。
- リレーションシップ・パートナー・パーティーに2名様ご招待します。

R.P SILVER シルバー　年登録会費 110,000円(税込)

- 招待券の進呈　年にカテゴリー 1 アッパー（指定席）10枚または、カテゴリー 2 南側（指定席）12枚
- 北海道コンサドーレ札幌特製「タペストリー」&「ご希望の選手のサイン入りボール」を進呈
- リレーションシップ・パートナー・パーティーに1名様ご招待します。

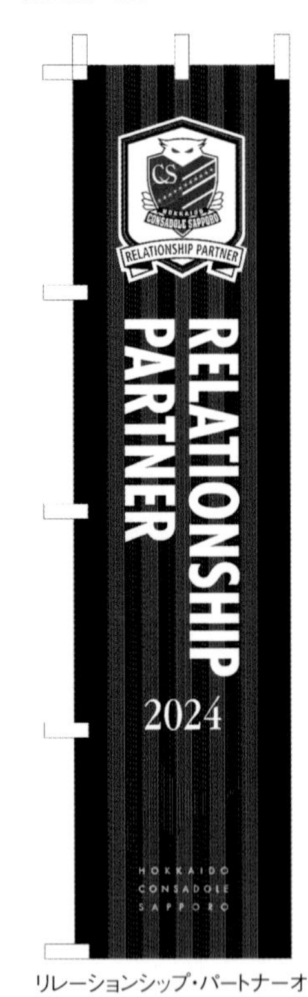

リレーションシップ・パートナーオリジナル「昇り旗」(有償)

R.P BRONZE ブロンズ　年登録会費 55,000円(税込)

- 招待券の進呈　年にカテゴリー 1 アッパー（指定席）4枚または、カテゴリー 2 南側（指定席）6枚
- 北海道コンサドーレ札幌特製「タペストリー」を進呈
- リレーションシップ・パートナー・パーティーにご参加いただけます(有料)。

その他の共通メリット

- 北海道コンサドーレ札幌のホームページへ登録店舗名を掲載します。
- 年2回、日程ポスター・チラシを送付します。
- リレーションシップ・パートナーのロゴが名刺などに使用できます。詳細は、お問い合わせください。
- クラブマスコット「ドーレくん」派遣要請ができます。(有料)
- 連続登録で記念品を進呈します。(5年・10年・15年・20年・25年)
- グッズ、チケットの購入が割引になります。詳細は、お問い合わせください。

※屋外テラス出店優先権は含まれておりません。

お申し込み方法

下記のURLをブラウザに直接入力することでWEB申込フォームにアクセスできます。

https://www.consadole-sapporo.jp/partner/support/application/

スマートフォンで右のQRコードを読み取ることでも申込フォームにアクセスすることができます。登録申込書を郵送にてご希望の方は、右記問い合わせ先までご連絡ください。　relation@consadole.gr.jp

北海道コンサドーレ札幌 リレーションシップ・パートナー（2023年度実績） ※2023年12月31日現在

★★★★ プラチナ ★★★★

山崎克巳税理士事務所
株式会社 コンフォート
ふじのさわ内科クリニック
yorokinoko
株式会社 クリアリンク
厚別ひばりクリニック
株式会社キャリアネクスト
株式会社スタイル
有限会社丸芳能戸水産
I'sグループ

★★★ ゴールド ★★★

株式会社大成建機
弁護士法人 PLAZA総合法律事務所
弁護士法人 北海道みらい法律事務所
株式会社 イーホライズン
北海道自動車リース株式会社
医療法人社団かねた皮膚科クリニック
株式会社 エステートワークス
医療法人社団土田病院
株式会社北海道メディカルイメージング
和商株式会社
クッチーナイタリアーナズッカ
さっぽろ元町歯科クリニック
出張ボイストレーニングスクール【ARK ACTORS ACADEMY】
髙瀬塗装工業 株式会社
有限会社 明光電設
株式会社江別建装
カムキッズ保育園
極東高分子株式会社
公認会計士税理士佐々木大祐事務所

★★ シルバー ★★

小関勝紀税理士事務所
医療法人社団住吉こどもクリニック
はちもり会計事務所
尼高運輸株式会社 札幌営業所
旅人・宿 B&B いちえ
医療法人誠志会 赤嶺歯科クリニック
合同会社スノーベル
東北海道トラベル・ハートフルツアー®
有田税理士事務所
亀田実業株式会社
マンパワーグループ株式会社
夜空のジンギスカンGOGO店
かき小屋 海の駅
喜多牧場
合同容器 株式会社
株式会社Violet Factory
司法書士行政書士 小松洋輔事務所
株式会社 北白
株式会社ネクシスエンジニアリング
Kita・Cafe
株式会社 北海道利空
土地家屋調査士 本間事務所
ミートショップいとう
レジデンス丸亀
株式会社アイグロウス
合同会社SunnyCocco
スズカ 社会保険労務士法人
DAL1982
居酒屋 陽はまたのぼりくりかえす
山本歯科クリニック
有限会社ナカムラオート
やきとり番長 札幌つなぐ横丁店
UNITED株式会社
弓野歯科
株式会社アズクリエイション
韓国料理と鉄板酒場 うたげ坂
筋まくリリース専門店 カラクリ
SAMA北海道神宮前店
ジャンボエンタテインメント合同会社
しろくまのて《カイロプラクティック・ほぐし整体》
MAOIQ

★ ブロンズ ★

よりあい酒場fclub
株式会社エイチ・アール・オー
共通運送株式会社
株式会社ソフトコム
医療法人デンタルクリニック大通り
杉山軍手株式会社
株式会社 どうしん中川販売店
ほっと12
有限会社 弘和
T'sハウス高橋建設株式会社
有限会社リバー産業
MPアグロ株式会社
有限会社 道新ながさわ
（有）中田ガラス店
㈲ひがしリサイクルサービス
株式会社 ありんこ舎
フローラル 明日花
赤いひまわり薬局
株式会社 琴似宅建
コンサドーレ関東後援会
ジャパンインシュアランスエージェント 札幌支店
花畔動物病院
チキンペッカー本店
医療法人社団 新井眼科クリニック
岩橋印刷株式会社
医療法人社団法人 佐藤皮膚科循環器内科医院
とざわ鍼灸治療院
有限会社船田アーキテクツ
株式会社 山二
キッチンデューク
有限会社 道新谷口販売所
株式会社トータルサポート24
焼肉 くう蔵
TK6株式会社
てっちゃん福祉タクシー
株式会社パル・コーポレーション
宮の森メンタルクリニック
株式会社アスクゲート
株式会社 標津羊羹本舗
北海料理 コロポックル
株式会社 渡商
アイエフコンフィグ株式会社
税理士法人すずらん総合マネジメント
魚桜咲
かとう眼科クリニック
Kitakara
ひだまり整骨院
医療法人社団北榆会 ファミリー歯科クリニック
有限会社 フレックス
社会福祉法人 旭川あゆみ会
壱鉄
株式会社エコミック
公益財団法人 札幌市公園緑化協会
札幌日信電子株式会社
札幌弁当工房 西店
宗教法人 眞照寺
有限会社 野村運送
株式会社パンジ
株式会社MARUEI（旧 ムーバーズ北海道）
グローバルシステム有限会社
KRH株式会社
小林歯科医院
有限会社タケウチ商会
株式会社 日星電機
カフェ カントリースノウ
SOYO株式会社
西のコンサ通り商店会
ハマト商店
㈱ＳＲＴアパマンショップ宮の沢店
川原クレーン株式会社
有限会社小岩工業
スポーツバーキングスター
株式会社タイヤ工房
株式会社 ビットバレー
有限会社水元建設
伊東幹世税理士事務所
司法書士・行政書士遠藤雄大事務所
'TAJ MAHAL'ファクトリー店
医療法人社団あさひ会 あさの皮フ科クリニック
かねひろ 羊ヶ丘通店
越田慎一
Hair Cut Space ゴラッソ
余市町 大正堂薬局
土地家屋調査士内田秀昭事務所
北海道コンサドーレ札幌旭川地区後援会
（株）アレグリア
蕎麦CAFE 森の傍
ちょい寝ホテル札幌手稲
TOKYO SPICE CURRY赤と黒 下北沢店
なかよし餃子エリザベス
菜はな
FP事務所 ファイナンシャルサービス
北海道コンサドーレ札幌 紋別後援会
株式会社 丸富富田商会
ワインと欧風料理 おかげさまで
アップル動物病院
雨のち晴れ澄川店
ALIBABA
株式会社KASAI
カレーハウス横浜ボンベイ高田馬場店
株式会社 共有
行政書士・社労士しげない事務所
しまふく整骨院
JERSEY CAFE
すすきのジゴロウ
鳥海謙一税理士事務所
なかむら動物病院
Northern Rock
株式会社 浜田組
Pickles Lab Hokkaido
株式会社hoktou
国立病院機構北海道医療センター救急部
北海道コンサドーレ札幌釧路後援会
株式会社ボランチ
みっちー
村島電気保安管理事務所
焼肉パラダイス
株式会社ユニコロン
Irish Pub Scéal eile（アイリッシュパブ シュケールエレ）
株式会社インセンブル
ウィークリーコンサ
auショップ美しが丘店
ONIYANMA COFFEE
KAEDE CAFE -自家焙煎珈琲-
CAFE CHU-LIP
元祖!でか盛り海鮮問屋 新琴似本店
キッチン鑓水商店
行政書士木下栄一事務所
#コンサドーレユニラン部
株式会社さすがや
札幌フォーク酒場エルカホ
Sharpening Sapporo
もつ・地酒 鈴の屋
株式会社SalesLab
セブンイレブン札幌発寒6条店
有限会社そば辰
たっきぃー
ちょっと ばぁ
餃子と中華 つつみ人
株式会社ディーエスソリューションズ
社会保険労務士・行政書士 西川事務所
ニバン
医療法人社団 ほたてクリニック
ヨッシーズ茅場町
株式会社ラゴム
ワタナベ内装
オホーツクイタリアン&バル アルベ
テッコ
石川孝人
インテリアエージェント多摩支店
Gallery Cafe Lucy
株式会社クライマーズ
株式会社クレスト鑑定
札幌駅前通×コンサドーレ応援クラス
さっぽろワイン株式会社
しげのもり珈琲
株式会社シティビルサービス札幌
ジャンボやき鳥うえき
信菱興業株式会社
Nai'a（ナイア）
株式会社NAKAYA
畠山保険サービス
ハピネスウエブライフ
株式会社フェリックスエステート
北海道×スパニッシュ スプーン
株式会社北海道マイティーカーサービス
マツダ珈琲
三井ヘルスサービス株式会社
森川農場
Cafe&Bar やちぼうず
R hair studio
牡蠣処AZUMASI
株式会社オイルサポート胆振
尾田農園
おたる夢市場
勝手にコンサドーレ
かなぴえろ
カラオケピロス
元祖!でか盛り海鮮問屋 琴似市場店
協栄ネジ株式会社
串ぼうず
GreenTimeLifePartner
黒猫倶楽部
コスモ建設株式会社
ことに惣
SASAcafe
佐々木 保明
株式会社 札幌人材サービス
株式会社SapporoNest
JHEインターナショナル株式会社
三味線と唄 菊丸
炭火焼生ラム ジンギスカン味楽来
炭火焼鳥大
株式会社SENSE
内藤食品工業株式会社
長峯章税理士事務所
株式会社日胆サドラー
BAR ここは2次会
ハウスクリーニング スミズミ
ハヤサカ自動車工業株式会社
豚と魚 藍カタ
プレステージ サロン
Hair Salon KANAI
ホセケバブ
合同会社北海道ビジネスマネジメント
布袋点心舗 弁財天
マニュライフ生命保険 株式会社 北海道支社
ちょい飲み餃子酒場やをら
ネイルサロン&スクール ラフェルモ
株式会社Land Price Japan
Ys susukino

河合竜二 CRC「活動日誌」

伸二と二人で全道を巡る 今からワクワクしています

――昨シーズンの札幌の戦いについて、感想をいただけますか？

序盤はわりと良い戦いができましたし、攻撃力というところで、大量得点を取った試合もありました。良いサッカーを見せられたのではないのかと思います。夏場以降失速して、後半戦は、ほぼ残留争いになってしまったわけですが、1年を通した結果、クラブが思い描いていた当初の予定とは違いますけれども、最低限のところはクリアしたのではないかとは思いますね。

――今季にはどのような期待を持っていますか？

（主力の）メンバーが数名抜けたので、戦力ダウンは否めないと思いますが、（鈴木）武蔵を筆頭に新加入選手にはポテンシャルがあると思うので、早くミシャサッカーに慣れて、それぞれのストロングポイントを出してもらえたらいいなと思います。昨年成し遂げられなかった目標、一桁順位、カップ戦でのタイトル、ACL出場は掲げていくべきだと思うので、そこを達成できるようにしていきたいです。

――昨年は河合さんの親友である小野伸二さんが引退しました。これから札幌とは、どのような関わりを持ってくれるのでしょうか？

「One Hokkaido Nexus Organizer（O.N.O）」として、クラブのために活動してくれることになりました。月2回程度、北海道に来てくれ、トップチームそしてアカデミー、北海道とクラブを繋ぐというところに関わってくるのかなと思うので、協力して北海道のためにやっていきたいと思います。僕個人としては、アカデミー生だったり、もっと下の子供たちにもアプローチしてほしいと思っているので、北海道各地で提携している市町村だったり、アカデミーのある地域で彼の生のプレーを見てほしいと思います。

――アカデミーですが、河合さんとしても、もっと関わっていきたいと話されていましたね。

そうですね。北海道プリンスリーグで2位は、あるべき姿ではないですよね。全国でも青森山田高がクラブユースの上にいますし、メリット・デメリットはありますが、高体連のメンタルというものはアカデミー生にも持ってほしいなと、僕も高体連出身ですから、そう思います。

アカデミーにもっと関わりたい気持ちはありますが、表に出て直接指導する立場ではありません。そこに去年から石川直樹（09・10・17・20札幌在籍）がマネジメントチーフとして入ることになって、とても助かっています。彼と密に連絡を取って、いろいろな課題について議論しています。直樹に任せれば少しずつ良くなっていくと思うので、今年加入した出間思努選手のようなトップに上がれる選手をもっと出したいですね。

――CRCのほかにスポーツダイレクターとして、バドミントン、カーリング、リラ・コ

Hokkaido Adventure Clubの活動

CONSAOLDS復興支援活動

第2回赤黒ドリームマッチ

ンサドーレに関わるようになりました。それぞれについて今季の期待を伺います。

バドミントンでは、J1に相当するトップリーグであるS／Jリーグ2年目の戦い。4戦全敗で迎えた最終戦の札幌大会で見事に勝利して、二年連続での残留を果たしました。昨年同様、札幌大会には多くのファン・サポーターが応援に駆けつけてくれ、選手の後押しをしてくれました。やはり、サポーターの力は偉大だなと、あらためて感じました。

カーリングチームは、札幌で行われた日本選手権（1月28日〜2月4日）で見事優勝。昨年大きな変革期を迎えたチーム状況から素晴らしい結果を残してくれました。ベテランの安定感に加え、若手の成長が見事融合。そこに加え、オリンピック出場経験もある敦賀信人コーチを迎え入れられたことは大きかったと思います。今季は日本代表チームとして戦いますが、2026年のミラノオリンピックに向け、大事な一年になります。

リラ・コンサドーレは、なでしこリーグ2部入れ替え戦に三年連続で出場。結果は伴わなかったものの、徐々に成長は感じられています。サンタ隊や地域貢献活動にも積極的に参加しています。引き続き女子サッカー普及の受け皿になれるよう、こうした活動が地道に次に繋がっていけばいいですね。

――昨年、株式会社まちのミライが設立されて、その活動として「HOKKAIDO ADVENTURE CLUB（略称：H.A.C）」が立ち上がりました。この活動では河合さんが中心的な役割をされています。

雑談から生まれた企画ですが、僕はアウトドアが好きなので、非常に魅力ある事業だなと思い、積極的に参加させてもらっています。今までやったのはライン下りだったり、ちょっとした登山だったりですが、アウトドアアクティビティは、みんなで楽しめて、スポーツに近い感覚を味わえます。昨年の12月初めに、はじめての参加型イベントを行ったのですが、今年はより多くのファン・サポーターに、インバウンドでもいいですし、道外の方とも一緒になって楽しめるようなアクティビティを紹介していきたいなと思います。

昨年12月の小野伸二さん現役引退会見

――副会長を務めているコンサオールズ（北海道コンサドーレ札幌OB会）について伺います。

僕がプレーした時期の選手が引退するようになって、若い世代も積極的に参加してもらっているなという印象があります。主な活動はOB戦ですが、アカデミー生がトップチームと同じ環境で試合ができるというのは、とても夢があることですから、今後も定期的に続けていきたいと思います。

――胆振東部地震の被災地への支援活動を継続的に行っているのは素晴らしいと思います。

復興支援に関しては厚真町出身の工藤光輝（13・14在籍）を中心に行っていますが、胆振東部地震を風化させないように、そしてサッカーの楽しさも同時に伝えられたらという思いです。今後は厚真町のほか安平町でも定期的にやっていきたいなと思います。

――CRCとしての今季に向けた抱負をお願いします。

CRCとしてやることは基本的に変わらないと思いますが、今年は（小野）伸二と密になって、もっと北海道を盛り上げていきたい。彼がいることによって注目度も上がると思うので、伸二と活動していきたいという思いは強いです。二人で北海道を巡ってコンサドーレのために働くというのは、思い浮かんだこともないことなので、今から非常にワクワクしています。

――最後にサポーターへメッセージをお願いします。

いつも応援していただき、本当に感謝しかありません。昨年は夏以降、勝ち星が思うように積み上げられないなかで、フラストレーションがたまったと思います。でも最終戦で見せてくれたあの景色。あのように札幌ドームを満員にできる力は北海道にはありますし、ファン・サポーターの皆さんの力がなければ実現できないものです。本当にクラブを愛してくれて、応援してくれて、それが選手の原動力になるので、ぜひ多くの人にスタジアムに来てもらって選手の後押しをしてもらいたいなと思います。

北海道コンサドーレ札幌OB会
CONSAOLDS（コンサオールズ）

北海道アドベンチャークラブ

2024 明治安田 J1リーグ

今季から名称が「明治安田Jリーグ」に変更となり、J1からJ3までが、すべて20クラブで構成。北海道コンサドーレ札幌のJ1リーグ本拠地初戦は第3節の浦和レッズ戦で、3月10日(日)に札幌ドームで行う。最終節は12月8日(日)で、札幌ドームで柏レイソルと対戦する。YBCルヴァンカップは今シーズンから、J1からJ3までの全60クラブによるトーナメント方式に再編。3月6日(水)から1stラウンドがスタートし、札幌は初戦の2回戦で、J2仙台とJ3沼津の勝者と当たる。

Ⓐ監督　Ⓑ所在都道府県
Ⓒホームスタジアム
Ⓓ前年度成績

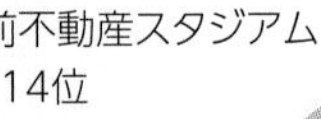

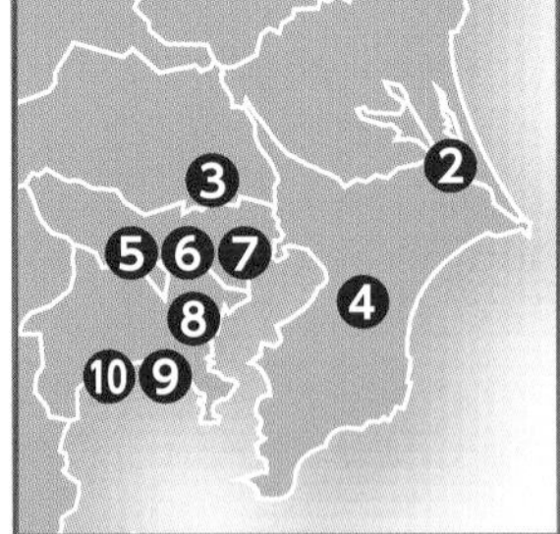
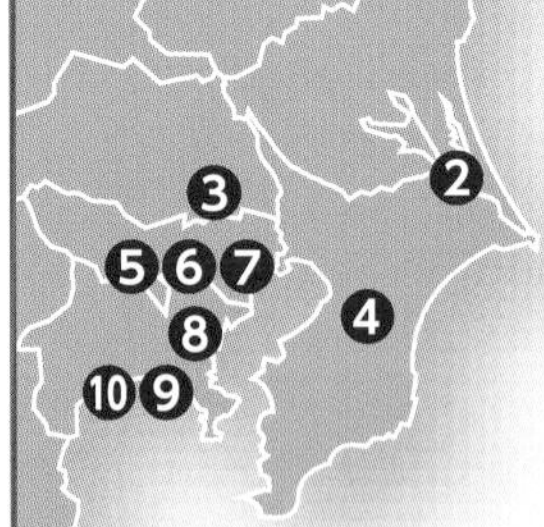
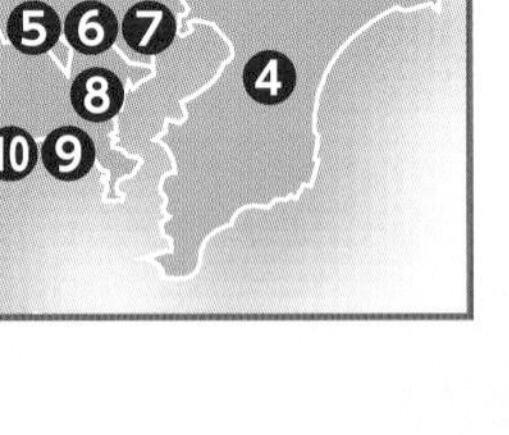

❶北海道コンサドーレ札幌
Ⓐミハイロ ペトロヴィッチ
Ⓑ北海道
Ⓒ札幌ドーム
ⒹJ1・12位

❷鹿島アントラーズ
Ⓐランコ ポポヴィッチ
Ⓑ茨城県
Ⓒ県立カシマサッカースタジアム
ⒹJ1・5位

❸浦和レッズ
Ⓐペア マティアス ヘグモ
Ⓑ埼玉県
Ⓒ埼玉スタジアム2002
ⒹJ1・4位

❹柏レイソル
Ⓐ井原 正巳
Ⓑ千葉県
Ⓒ三協フロンテア柏スタジアム
ⒹJ1・17位

❺FC東京
Ⓐピーター クラモフスキー
Ⓑ東京都
Ⓒ味の素スタジアム
ⒹJ1・11位

❻東京ヴェルディ
Ⓐ城福 浩
Ⓑ東京都
Ⓒ味の素スタジアム
ⒹJ2・3位

❼FC町田ゼルビア
Ⓐ黒田 剛
Ⓑ東京都
Ⓒ町田GIONスタジアム
ⒹJ2・1位

❽川崎フロンターレ
Ⓐ鬼木 達
Ⓑ神奈川県
ⒸUvanceとどろきスタジアム by Fujitsu
ⒹJ1・8位

❾横浜F・マリノス
Ⓐハリー キューウェル
Ⓑ神奈川県
Ⓒ日産スタジアム
ⒹJ1・2位

❿湘南ベルマーレ
Ⓐ山口 智
Ⓑ神奈川県
Ⓒレモンガススタジアム平塚
ⒹJ1・15位

⓫アルビレックス新潟
Ⓐ松橋 力蔵
Ⓑ新潟県
Ⓒデンカビッグスワンスタジアム
ⒹJ1・10位

⓬ジュビロ磐田
Ⓐ横内 昭展
Ⓑ静岡県
Ⓒヤマハスタジアム(磐田)
ⒹJ2・2位

⓭名古屋グランパス
Ⓐ長谷川 健太
Ⓑ愛知県
Ⓒ豊田スタジアム
ⒹJ1・6位

⓮京都サンガF.C.
Ⓐ曺 貴裁
Ⓑ京都府
Ⓒサンガスタジアム by KYOCERA
ⒹJ1・13位

⓯ガンバ大阪
Ⓐダニエル ポヤトス
Ⓑ大阪府
Ⓒパナソニック スタジアム 吹田
ⒹJ1・16位

⓰セレッソ大阪
Ⓐ小菊 昭雄
Ⓑ大阪府
Ⓒヨドコウ桜スタジアム
ⒹJ1・9位

⓱ヴィッセル神戸
Ⓐ吉田 孝行
Ⓑ兵庫県
Ⓒノエビアスタジアム神戸
ⒹJ1・1位

⓲サンフレッチェ広島
Ⓐミヒャエル スキッベ
Ⓑ広島県
Ⓒエディオンピースウイング広島
ⒹJ1・3位

⓳アビスパ福岡
Ⓐ長谷部 茂利
Ⓑ福岡県
Ⓒベスト電器スタジアム
ⒹJ1・7位

⓴サガン鳥栖
Ⓐ川井 健太
Ⓑ佐賀県
Ⓒ駅前不動産スタジアム
ⒹJ1・14位

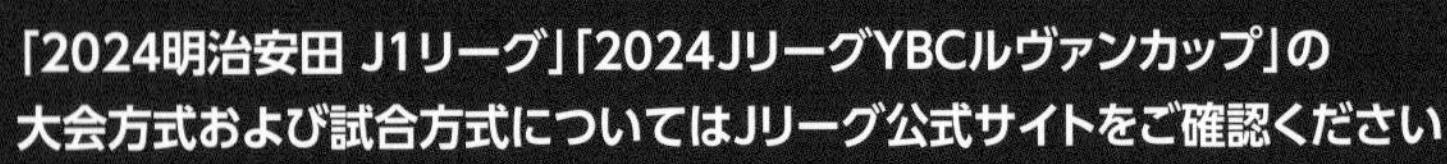
「2024明治安田 J1リーグ」「2024JリーグYBCルヴァンカップ」の
大会方式および試合方式についてはJリーグ公式サイトをご確認ください

アウェイの試合はDAZNで観戦！

2024 北海道コンサドーレ札幌 ゲームスケジュール

	節	開催日	対戦チーム	キックオフ	スタジアム	インターネット中継・TV放送
	J1第1節	2月24日(土)	アビスパ福岡	14:00	ベスト電器スタジアム	DAZN/NHK札幌/NHK福岡
	J1第2節	3月2日(土)	サガン鳥栖	14:00	駅前不動産スタジアム	DAZN
H	J1第3節	3月10日(日)	浦和レッズ	13:05	札幌ドーム	DAZN/NHK札幌
H	J1第4節	3月16日(土)	FC町田ゼルビア	14:00	札幌ドーム	DAZN/札幌テレビ
	J1第5節	3月30日(土)	ヴィッセル神戸	14:00	ノエビアスタジアム神戸	DAZN
H	J1第6節	4月3日(水)	名古屋グランパス	19:30	札幌ドーム	DAZN
H	J1第7節	4月6日(土)	ガンバ大阪	14:00	札幌ドーム	DAZN/NHK BS
	J1第8節	4月13日(土)	アルビレックス新潟	14:00	デンカビッグスワンスタジアム	DAZN
	ルヴァンカップ 1stラウンド 2回戦	4月17日(水)	アスルクラロ沼津 or ベガルタ仙台	未定	未定	—
H	J1第9節	4月20日(土)	サンフレッチェ広島	14:00	札幌ドーム	DAZN
H	J1第10節	4月27日(土)	湘南ベルマーレ	13:00	札幌ドーム	DAZN
	J1第11節	5月3日(金・祝)	セレッソ大阪	15:00	ヨドコウ桜スタジアム	DAZN
H	J1第12節	5月6日(月・休)	FC東京	14:00	札幌ドーム	DAZN
	J1第13節	5月11日(土)	川崎フロンターレ	15:00	Uvanceとどろきスタジアム by Fujitsu	DAZN
	※川崎FがAFCチャンピオンズリーグ 2023/24決勝に出場した場合、6/19(水) 19:00KOに開催する可能性があります					
H	J1第14節	5月15日(水)	ジュビロ磐田	19:00	札幌ドーム	DAZN
	J1第15節	5月19日(日)	柏レイソル	16:00	三協フロンテア柏スタジアム	DAZN
	ルヴァンカップ 1stラウンド 3回戦	5月22日(水)	—	—	—	—
H	J1第16節	5月25日(土)	鹿島アントラーズ	14:00	札幌ドーム	DAZN
	J1第17節	6月2日(日)	東京ヴェルディ	13:05	味の素スタジアム	DAZN/NHK札幌
	ルヴァンカップ プレーオフラウンド 第1戦	6月5日(水)	—	—	—	—
	ルヴァンカップ プレーオフラウンド 第2戦	6月9日(日)	—	—	—	—
	天皇杯2回戦	6月12日(水)	—	—	—	—
	J1第18節	6月15日(土)	京都サンガF.C.	19:00	サンガスタジアム by KYOCERA	DAZN
H	J1第19節	6月23日(日)	横浜F・マリノス	14:00	札幌ドーム	DAZN
	J1第20節	6月26日(水)	FC東京	19:00	味の素スタジアム	DAZN
H	J1第21節	6月29日(土)	アルビレックス新潟	14:00	札幌ドーム	DAZN/NHK札幌
	J1第22節	7月6日(土)	鹿島アントラーズ	18:00	県立カシマサッカースタジアム	DAZN
	天皇杯3回戦	7月10日(水)	—	—	—	—
H	J1第23節	7月13日(土)	ヴィッセル神戸	14:00	札幌ドーム	DAZN
	J1第24節	7月20日(土)	浦和レッズ	19:00	埼玉スタジアム2002	DAZN
	J1第25節	8月7日(水)	横浜F・マリノス	19:30	日産スタジアム	DAZN
H	J1第26節	8月10日(土)	アビスパ福岡	14:00	札幌ドーム	DAZN
H	J1第27節	8月16日(金)	サガン鳥栖	19:30	札幌ドーム	DAZN
	天皇杯4回戦	8月21日(水)	—	—	—	—
	J1第28節	8月25日(日)	ジュビロ磐田	19:00	ヤマハスタジアム(磐田)	DAZN
H	J1第29節	9月1日(日)	川崎フロンターレ	14:00	札幌ドーム	DAZN
	ルヴァンカップ プライムラウンド 準々決勝 第1戦	9月4日(水)	—	—	—	—
	ルヴァンカップ プライムラウンド 準々決勝 第2戦	9月8日(日)	—	—	—	—
H	J1第30節	9月14日(土) or 9月15日(日)	東京ヴェルディ	未定	札幌ドーム	DAZN
	天皇杯準々決勝	9月18日(水)	—	—	—	—
	J1第31節	9月21日(土) or 9月22日(日・祝)	FC町田ゼルビア	未定	町田GIONスタジアム	DAZN
H	J1第32節	9月28日(土) or 9月29日(日)	京都サンガF.C.	未定	札幌ドーム	DAZN
	J1第33節	10月5日(土) or 10月6日(日)	ガンバ大阪	未定	パナソニック スタジアム 吹田	DAZN
	ルヴァンカップ プライムラウンド 準決勝 第1戦	10月9日(水)	—	—	—	—
	ルヴァンカップ プライムラウンド 準決勝 第2戦	10月13日(日)	—	—	—	—
	J1第34節	10月19日(土) or 10月20日(日)	名古屋グランパス	未定	豊田スタジアム	DAZN
H	J1第35節	11月3日(日・祝)	セレッソ大阪	未定	札幌ドーム	DAZN
	※2024JリーグYBCルヴァンカップ決勝に出場するクラブの試合は、10/23(水)、10/30(水)、11/6(水)のいずれかで開催します					
	J1第36節	11月9日(土)	湘南ベルマーレ	未定	レモンガススタジアム平塚	DAZN
	J1第37節	11月30日(土)	サンフレッチェ広島	未定	エディオンピースウイング広島	DAZN
	※AFCチャンピオンズリーグエリート 2024/25ならびにAFCチャンピオンズリーグ2 2024/25に出場するクラブの試合は、12/1(日)に開催する可能性があります					
H	J1第38節	12月8日(日)	柏レイソル	未定	札幌ドーム	DAZN

Hはホームゲーム　※今後、変更になる可能性があります。追加情報につきましては随時発表いたします。　※ルヴァンカップのインターネット中継・TV放送については決まり次第、発表いたします。

※ダイナミックプライシング(価格変動)を導入しておりますので、記載のチケット価格は都度変動いたします。
基準価格=販売価格ではございません。各試合のチケット価格は、各プレイガイド販売ページでご確認ください。

	席種		基準価格	場所・座席解説
指定	ゴールドシート		11,000円	メインスタンド中央。※クラブコンサドーレ会員限定
指定	カテゴリー1		4,900円	メインスタンド中央に位置する指定席。ピッチまでの距離が近く、ベンチ裏でウォーミングアップしているサブの選手の様子も手に取るように分かります。
指定	カテゴリー1アッパー		3,900円	メインスタンド上部に位置する指定席。試合全体を見渡すことができ、ピッチだけではなく観客席の様子も広く視界に捉えられ、スタジアム全体の盛り上がりを少し引いた位置から楽しむこともできます。
指定	カテゴリー2(北側・南側)		3,600円	メインスタンド側のコーナーフラッグ付近に位置する指定席。ゴール裏ゾーンの熱狂的なコールが近くに感じられる、ピッチに一番近い座席です。最前列では手が届くほどの近さでコーナーキックを観ることができるのも魅力のひとつ。ホーム側とアウェイ側に1か所ずつ設けられています。
指定	カテゴリー3	一般	3,400円	バックスタンド中央に位置する指定席。テレビ中継で見る景色と真逆のアングルからピッチを広々と見渡せるため、プレーをじっくりチェックしたい方にぴったり。近くにキッズ・ベビーコーナーが備わっているため、お子さま連れのファミリーも安心して観戦することができます。
		小中	1,700円	
指定	カテゴリー4(北側・南側)	一般	3,000円	バックスタンド北側と南側に位置する指定席。ゴール裏エリアの熱狂的な応援を近くに感じながら、試合はじっくり座って観戦したいという方におすすめのエリア。家族、友人、同僚を誘いやすいリーズナブルな価格となっていて、初めて来場された方には試合だけでなく応援の様子も楽しむことができるエリアとなっています。※南側はアウェイグッズ着用可能エリア。
		小中	500円	
自由	カテゴリー5(熱狂エリア)	一般	2,500円	ゴール裏に位置する自由席。熱狂エリアにはレプリカユニフォームなどの赤黒アイテムはもちろん、ビッグフラッグを掲げるといった『コンサドーレ熱烈サポーター』が集います。ゴール裏からのアングルで、ゆっくり座って観戦したい場合は南側がおすすめです。
		小中	500円	
自由	カテゴリー5(ホームゴール裏)	一般	2,500円	
		小中	500円	
自由	カテゴリー5(南)	一般	2,500円	
		小中	500円	
自由	アウェイゾーン	一般	2,500円	ゴール裏南側。アウェイサポーター専用のエリア。※アウェイグッズ着用可能エリア
		小中	500円	
指定	クローズアップシート(旧名称:ピッチエリアシート)		15,000円	入場してからキックオフの間、観戦スタンドからピッチ付近に降りられるシート。スタンドよりも近い場所で選手の緊張感を感じることができます。
指定	ピッチサイドシート		10,000円	バックスタンド側北側・南側。J リーグオフィシャルスポンサー看板の裏側となります。サッカーピッチがあるホヴァリングステージ上にイスが設置され、選手のプレーを目の前で体感できる特別応援シートです。
指定	スカイボックスシート4		14,000円	3階コンコースに設置されたテーブルつきの観戦シート。木目調の高級感あるシートで観戦することができます。定員4名の「スカイボックスシート4」、定員6名の「スカイボックスシート6」の2タイプがあり、ご利用人数に合わせて選ぶことができます。
指定	スカイボックスシート6		19,800円	
指定	ファミリーシート		17,500円	カテゴリー3(バックスタンド側)上方の3階エリア。シートごとに区切られた座席のため、プライベート感のある空間で、ご家族と楽しみながら観戦ができます。
指定	ベビーカー乗ったままシート※1	(6名)	14,400円	未就学のお子様がベビーカーに乗ったまま観戦いただけるエリアが常設化しました!ご観戦いただける最大人数を6名様と3名様からお選びいただけます。
		(3名)	7,200円	
指定	松山光プロジェクトパートナー招待シート ※2		3,400円	小中学生と保護者の方がお得に観戦できるシート。パートナー各社の協賛により、小中学生のお子様の料金分が無料になります。
指定	テーブル付きパノラマシート		7,000円	カテゴリー1アッパーの前方エリアに設けられたテーブル付きの席。左右一席間隔が空いているので、広々座ることができます。※数量限定販売
車いす席・特別優待	車いす指定席(メインスタンド)※3		2,000円	お体の不自由なお客様が車いすのまま観戦できる「車いす席」です。
車いす席・特別優待	車いす自由席(バックスタンド)※3		2,000円	
車いす席・特別優待	特別優待 ※4		1,500円	「身体障がい者手帳」「療育手帳」「精神障がい者保健福祉手帳」「いつくしみの手帳」「被爆者健康手帳」のいずれかをお持ちの方対象のチケットです。
車いす席・特別優待	シニア割引 ※4		1,500円	満65歳以上の方を対象にしたチケットです。

※1 ベビーカー乗ったままシートのご案内

※2 松山光プロジェクトパートナー招待シートに関するご案内

※3 車いす席に関するご案内

※4 特別優待・シニア割引に関するご案内

※小学生以上の方はチケットが必要です。※小学生未満のお子様で、保護者の方の膝の上で観戦する場合は、チケットは必要ありません。※チケットコンサドーレでご購入いただくと、ご自身で指定席の座席を選択することができます。(一部席種除く) ※車いす席・特別優待前売引換券・シニア割引前売引換券はチケットコンサドーレにてご購入いただけます。

■周辺マップ

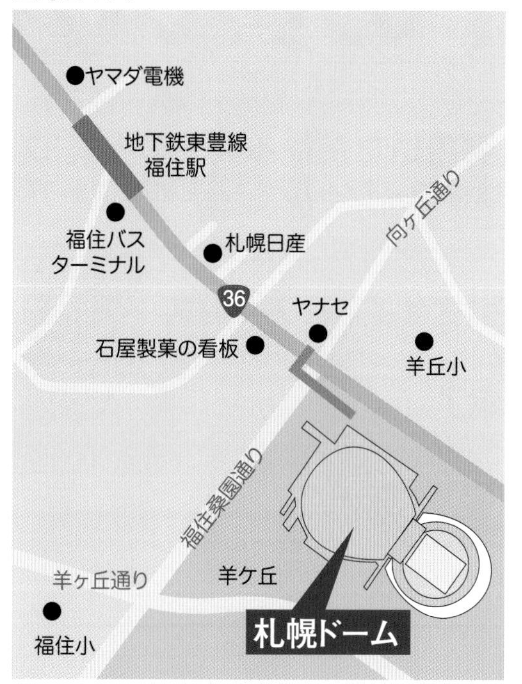

札幌ドーム

●所在地　札幌市豊平区羊ケ丘1番地
●電　話　011-850-1000
●入場可能数　38,794人（サッカー時）

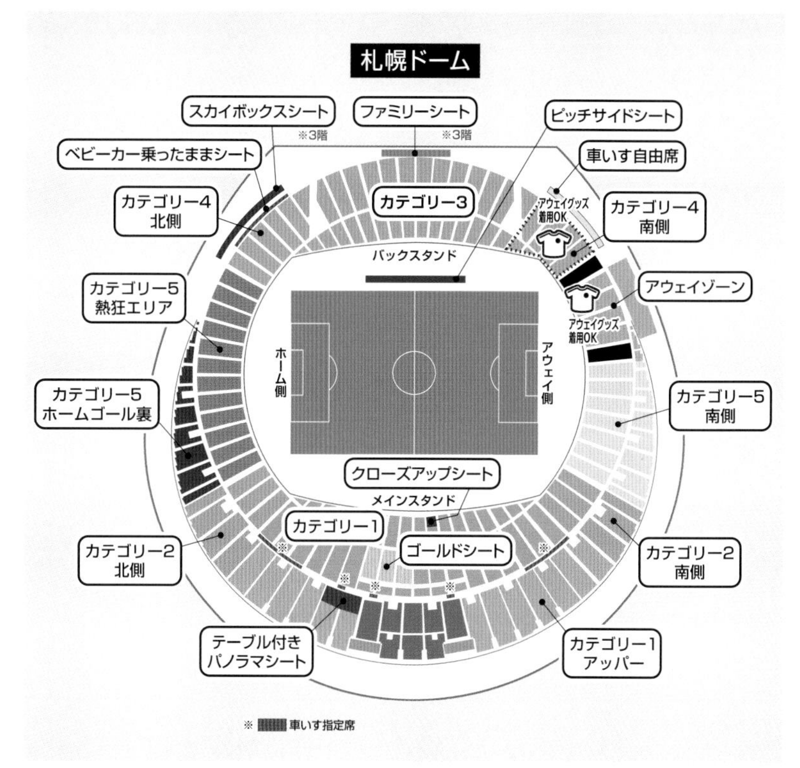

■札幌ドームへのアクセス

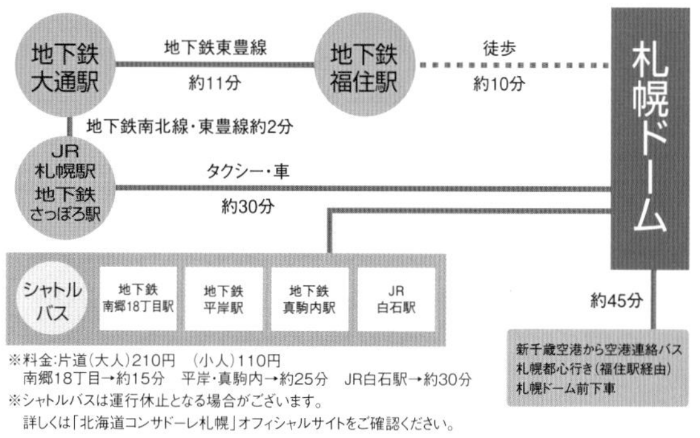

※2024～2025シーズンは札幌厚別公園競技場でのホームゲーム開催はございません。

2024シーズンホームゲームチケットに関する主な変更点

スタジアムへのアクセス・注意事項

観戦ガイド

観戦マナー

ボランティアスタッフ

㈱コンサドーレのグループ会社・㈱まちのミライでは、各種スポーツ・文化芸術活動の支援組織「まちのミライ・サポーティングスタッフ（MSS）」を発足させました。
1998年からクラブを支えてきたコンサドーレ・ボランティアスタッフ（CVS）の活動実績・経験を活かし、「まちのミライ・サポーティングスタッフ」の活動第1弾として、北海道コンサドーレ札幌の2024シーズン・ホームゲームの運営補助に取り組みます。
詳細は㈱まちのミライのホームページをご覧ください。たくさんのご参加をお待ちしております。

㈱まちのミライのホームページ

観戦チケットの買い方

Jリーグ IDが必要だよ

JリーグIDとは？

Jリーグの各種サービスでご利用いただける共通の会員IDサービスです。チケットの購入はオフィシャルオンラインストアと同じIDでご利用頂けます。

JリーグID取得方法

1. 右のQRコードからJリーグ公式サイトにアクセス
2. メールアドレスを登録
3. 案内メールに従い本登録を完了

⬆登録はこちらから

チケットコンサドーレでの購入方法

1. 右のQRコードからチケットコンサドーレにアクセス
2. 登録済みのJリーグIDでログイン

【チケットコンサドーレでの発券方法は2パターン】

QRチケットでの発券

QRチケット

- スマホにQRコードを表示して簡単に入場できる！
- 発券手数料が無料！電子決済、クレジット決済が可能な方におススメ！

STEP.1 チケコンにアクセス

STEP.2 ログイン

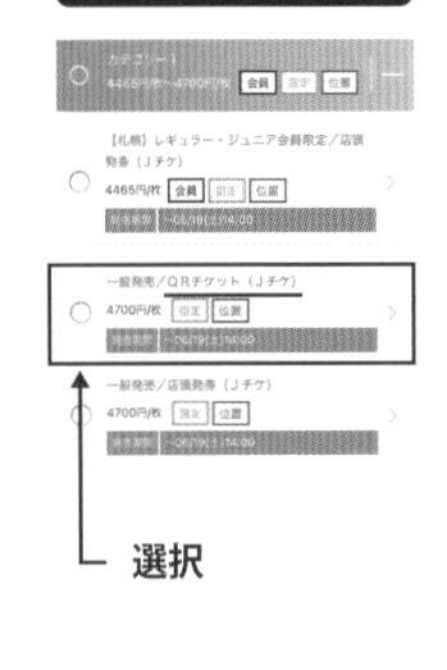

STEP.3 座席・枚数、お支払い方法を選択し購入

選択

STEP.4 チケット一覧 QR発券を選択

STEP.5 試合を 選択

STEP.6 QRチケットを入場ゲートでかざして、入場!!!

紙チケットでの発券

店頭発券

- セブン-イレブンでお支払い（現金、nanaco（ポイントはつきません）クレジットカード）その場で紙チケットの発券ができて安心！

STEP.1 チケコンにアクセス

STEP.2 ログイン

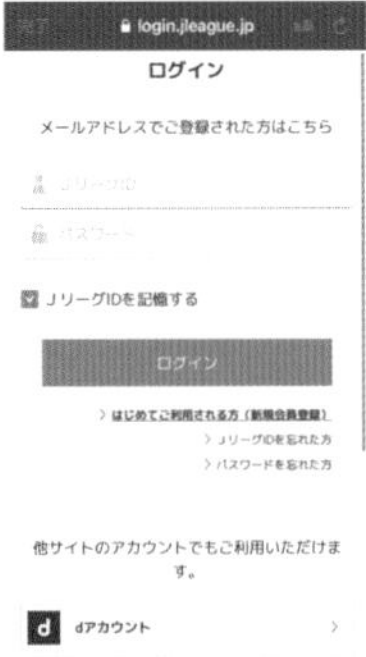

STEP.3 座席・枚数を選択

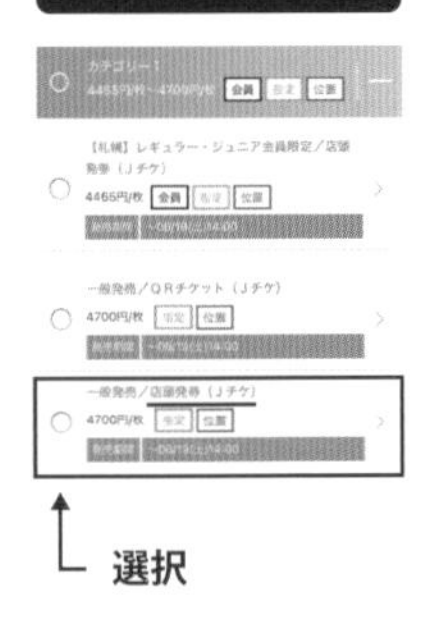

選択

STEP.4 決済方法・受け取り方法を選択

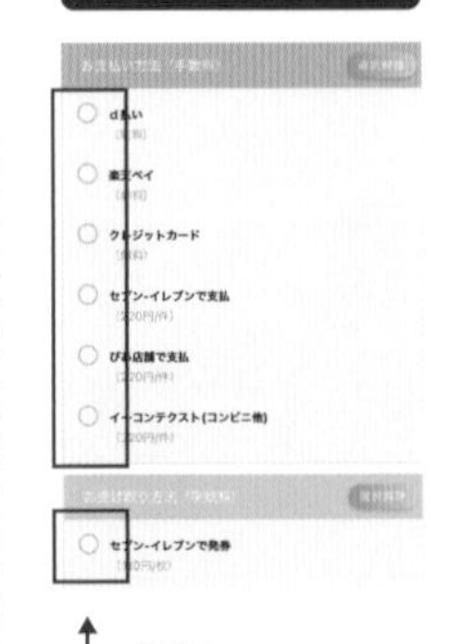

選択

STEP.5 セブン-イレブンへ

払込票番号（13桁）をメモして、セブン-イレブンレジへ！
番号を店員さんに伝えて支払い&チケット発券！

STEP.6 当日、会場へ

紙チケットを、当日入場ゲートで提示してご入場ください！

北海道コンサドーレ札幌オフィシャル情報ツール・グッズ&ショップ

オフィシャルホームページ

クラブの公式サイト。最新ニュースやチームスケジュール、イベント告知、動画など、コンテンツが盛りだくさん。グッズ購入や各種申し込みも可能です。

公式 Instagram

公式 Youtube「CONSADOLE TV」

公式 X

公式 LINE

公式 Facebook

TikTok

オフィシャルホームページ

月刊コンサドーレ

クラブのオフィシャルマガジン。1冊につき25円を北海道コンサドーレ札幌に還元しています。毎月25日発売。A4判。北海道新聞HotMedia刊。道新販売所、道内主要書店などで購入できます。

別冊月刊コンサドーレ 北海道コンサドーレ札幌公式グラフ2023

2023シーズンを振り返った、クラブのオフィシャルマガジン「月刊コンサドーレ」の別冊版。巻頭は昨シーズンで現役を引退した小野伸二さんの特集。定価1100円。A4判。北海道新聞HotMedia発行・制作。購入は道新販売所または道内主要書店、セイコーマート(一部店舗を除く)などで。

月刊コンサ公式X

HOKKAIDO CONSADOLE SAPPORO OFFICIAL ONLINE STORE

北海道コンサドーレ札幌 オフィシャルオンラインストア

全アイテムをいち早くチェックできるオフィシャルオンラインストア！
購入額に応じてポイントも貯まります！

©'23 SANRIO APPR.NO.L643448

オフィシャルオンラインストア

ショップリスト

※詳しくは北海道コンサドーレ札幌HPをご確認ください。

コンサドーレ・タウンショップ「e-spo(イースポ)」

サポートショップ「サッカーショップKAMO 札幌パルコ店」

もっと楽しく、もっと熱く！
北海道コンサドーレ札幌のオフィシャルファンクラブ
クラブコンサドーレに入会してコンサドーレを楽しみつくそう！

クラブコンサドーレとは？
北海道コンサドーレ札幌のオフィシャルファンクラブです。
試合をお得に観戦できる特典や会員限定イベントの開催など、応援をより楽しく、選手をより身近に感じていただけるよう、さまざまな特典をご用意しております。

会員コース・オプションの種類 ※入会金：500円（初年度のみ発生）

＼一番人気のスタンダードなプラン／

レギュラー会員

年会費 **3,500**円
対象 全年齢

特典の無料招待券を使えば、**カテゴリー３相当のお席が１試合無料で観戦できる！**
シーズン中に１回でもスタジアムで観戦するなら、チケットを買うよりレギュラー入会が断然おトクです。
基本的な会員特典を網羅しているので、応援を楽しみつつ、チームを身近に感じていただける標準プランです。

★レギュラー会員のおすすめポイント★

基本の会員特典サービスを網羅
無料招待券やチケット割引に加えて、スタジアムイベントへの参加権など試合観戦以外の楽しみが満載！スタジアムで過ごす一日がより楽しくなる特典が盛りだくさんです。

新規入会の方は会員スターターセットをもれなく進呈！入会特典グッズ
※レギュラー会員・ジュニア会員共通

プレゼント① クラブコンサドーレカード（会員カード）
※継続する限り永年使用。
※ルーキー会員は進呈対象外です。

プレゼント② オリジナル会員カードホルダー
※デザインは変更になる場合がございます。
※ルーキー会員は進呈対象外です。

継続入会の方は応援グッズのお洗濯に便利な「ランドリーバッグ」を進呈！

継続入会の方には可愛いユニフォーム型の「ランドリーバッグ」をプレゼント。大切なユニフォームのお洗濯はもちろん、アウェイ遠征や旅行時の仕分けポーチとしてもご活用いただけます。

＼イベント参加のチャンス！ スタジアムイベント応募権／

フェアプレーフラッグベアラー　ピッチ練習見学　エスコートキッズ　オンラインイベント

試合日にスタジアムで実施するイベントに参加できます。
選手と同じピッチに立てる「フェアプレーフラッグベアラー」、試合前に選手たちのウォーミングアップの様子が見れる「ピッチ練習見学」、選手と一緒にピッチへ入場する「エスコートキッズ」など会員限定イベントにご参加いただけます。
※各イベント事前申込制　※過去のイベント実績です。

＼初めての方が特典をお試しいただける会員コース／

ルーキー会員

WEB入会限定

年会費 **1,000**円
対象 全年齢／新規入会の方

ファンクラブ入会が初めての方でもお手軽に入会できるプランです。
入会特典グッズはございませんが、そのぶんおトクな会費で無料招待券の進呈やチケットの割引が受けられます。
※ルーキー会員のご入会方法は WEB のみ。　※ルーキー会員に限り、入会金 500 円は発生いたしません。

★ルーキー会員のおすすめポイント★

- **他の会員種別に比べて年会費が安い**
- 1,000 円で**カテゴリー３相当のお席で観戦できる無料招待券**がついてくる！
- 最近コンサドーレに興味を持ったけど、まずは試合観戦をメインに楽しみたい…そんな方におすすめです！

※ルーキー会員は新規入会の方のみお選びいただけます。継続入会の方はお選びいただけませんのでご了承ください。
※ルーキー会員でご入会の場合、次シーズンもルーキー会員で継続することはできません。

「ルーキー会員で入会したけど、やっぱりレギュラー会員になってイベントに参加したりガチャガチャも楽しみたい…」と感じた方は**レギュラー会員年会費との差額分でアップグレード可能！**
シーズン途中からでも特典を増やすことができます。

＼限定の特典が盛りだくさんなスペシャルなオプション／

＋more FUN オプション

さらに楽しむなら

＋5,500円 対象 全年齢／レギュラー会員にご入会の方

レギュラー会員（年会費 3,500 円）に**プラス 5,500 円で、特典内容がグレードアップ！**
無料招待券が追加で２枚もらえることに加えて、**限定イベントに応募できる権利**などコンサドーレを楽しみ尽くすのにぴったりのオプションです。

★ more FUN オプションのおすすめポイント★

限定のイベントが盛りだくさん！
レギュラー会員の入会特典グッズに加えて、豪華な限定グッズをもれなく進呈！
さらに、選手に会えるイベントなど moreFUN オプション限定企画をご用意。
また、チケット最先行販売で人気の試合もいち早くお席を確保できます。

more FUN オプション限定特典のご紹介

限定特典① 限定グッズの進呈

完全フルオーダー！ more FUN オプションを追加された方のみが入手できる折りたたんで運べる「パッカブルバッグ」です。
大容量のバッグを折りたたむとコンパクトなサイズに変身。お手持ちのバッグにしのばせれば、急な買い物で荷物が増えても安心です。また、スーツケースの取っ手に取り付けられる仕様で、アウェイ遠征時にも旅行時にも使えるアイテムです。

限定特典② 2025 オフィシャルガイドブック お名前掲載

希望された方のみ、2025 オフィシャルガイドブックへ会員名を掲載いたします。北海道コンサドーレ札幌の選手を紹介したクラブ公式ガイドブック内に、ご入会の証として皆様のお名前が印字されます。
※オフィシャルガイドブックの進呈はございません。
※掲載となるオフィシャルガイドブックは 2025 年に発行されます。
※掲載は、会員名（お申込者名義）のみとなり、お申込者以外のお名前は掲載できません。

※画像は過去の実績です。

限定特典③ 選手と間近で会える企画も！限定イベント参加権

選手とのツーショットや、普段は座ることができない選手ベンチでの撮影会など、選手を身近に感じられるイベントを多数ご用意。
さらに、大型ビジョンで大切なあの人へ向けたメッセージを放映する企画など、スタジアムでの思い出をたくさん作りたい方におすすめです。
また、全会員応募可能なイベントも more FUN オプション追加会員だと当選率が UP することも！
※過去のイベント実績です。情勢によりイベント内容が一部変更になる場合がございます。

選手ベンチでの撮影会

大型ビジョンメッセージ放映

ツーショット撮影

限定特典④ チケット最先行販売

ファンクラブのチケット先行販売日よりさらに１日早く、チケットを購入することができます。
人気のお座席、入手しづらい人気のカードは最先行販売で確保するのがおすすめです！
※諸般の事情によりチケット発売日が急遽変更になった場合は適用とならない場合がございます。

＼中学生以下のお子様はお得に入会！／

ジュニア会員

年会費 **2,000**円 対象 中学生以下

中学生以下のお子様なら、**レギュラー会員と同じ特典をお得な年会費**で受けられます。

★ジュニア会員のおすすめポイント★
コンサドーレファンの中学生以下のお子様はおトクに入会！お手頃価格でレギュラー会員と同じ特典を受けられます。
さらに、ジュニア会員限定で追加可能なオプション「ジュニアシート」を追加すれば、シーズンを通してお得に試合を観戦できます。

＼さらに！お得に試合観戦を＋するならオプションを追加／

ジュニアシート

＋1,000円 対象 中学生以下／ジュニア会員に入会の方

ジュニア会員（年会費 2,000 円）にプラス 1,000 円で、シーズンシート対象試合を観戦できるオプションです。

★ジュニアシートのおすすめポイント★

シーズンシート対象試合であればいつでも観戦可能！
年間何試合観戦できるかわからないからシーズンシートを購入するのを迷っている…という方におすすめのオプションです。
また、試合ごとにカテゴリー３～５からお席を選択できるので、いろんな席種をお試しいただけます。

※ジュニアシートで観戦する場合は試合毎に WEB でのお手続きが必要となります。※ジュニアシートとシーズンシートの連席設定はできません。

PICK UP 特典

応援が楽しくなる特典が盛りだくさん！

無料招待券

対象コース
ルーキー
レギュラー
ジュニア

対象の試合で、カテゴリー３～５の座席が無料に！
さらに、他の席種でもカテゴリー３との差額支払いで観戦可能です。※4月以降利用可能

●ルーキー会員／レギュラー会員／ジュニア会員：１枚
●レギュラー会員＋more FUN オプション：３枚

ホームゲーム先行入場

対象コース
レギュラー
ジュニア

一般開場よりも早く入場できます。

※シーズンシート・ジュニアシートを追加購入された方は「最先行入場」となります。
※社会情勢により、シーズン中に運用が変更となる場合がございます。詳しくクラブ公式HPで配信される試合情報リリースをご確認ください。

会員限定ガチャガチャ

対象コース
レギュラー
ジュニア

試合会場限定でガチャガチャを販売！
コレクションにしたいグッズが盛りだくさん！

ホームゲームチケット先行販売 & 5%割引

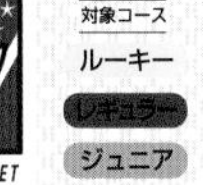

対象コース
ルーキー
レギュラー
ジュニア

ホームゲームのチケットを一般の方より早く、そしてお得に購入できます！

※チケットコンサドーレでの購入限定
※購入枚数には制限があります。
また、一部対象外のチケットがあります。

会員限定イベント

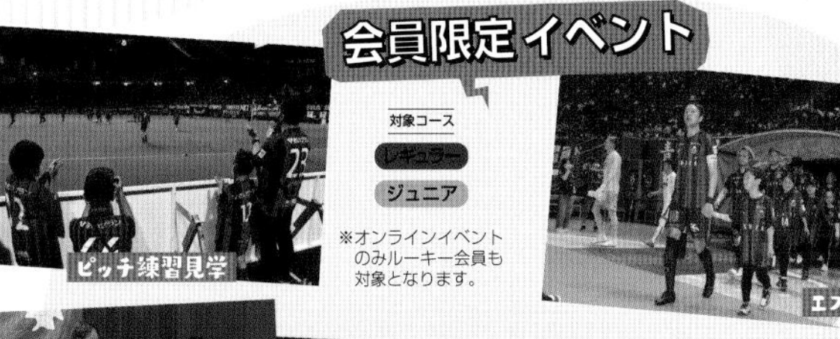

ピッチ練習見学
エスコートキッズ

対象コース
レギュラー
ジュニア

※オンラインイベントのみルーキー会員も対象となります。

選手との写真撮影会
マッチボールセレモニー

芝散水体験
ドーレくんとのPK対決
フリーキックの壁体験

※過去の実績です。

ホームゲーム開催時のイベント「ピッチ練習見学」や「エスコートキッズ」など、試合前の選手を間近で見れるスタジアムイベントを開催！
さらに選手を独り占めできる写真撮影会など、会員なら試合がない日でもイベントを楽しめます。

お誕生日月にバースデーカードをお届け

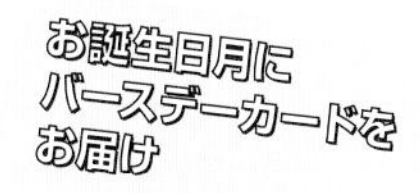

対象コース
ルーキー
レギュラー
ジュニア

クラブコンサドーレオリジナルのバースデーカードを誕生日月にお届けいたします。どの選手のデザインが届くかはお楽しみに！

※お誕生日月の前月１日までに会費のお支払いが完了している方が対象です。

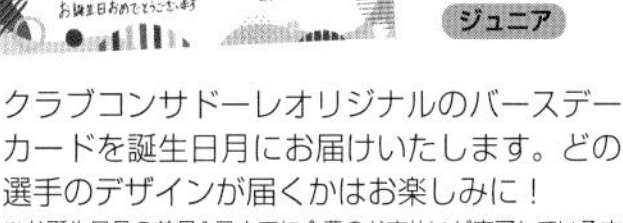

情報誌「CLUB CONSADOLE」を年４回お届け

対象コース
ルーキー
レギュラー
ジュニア

選手たちの素顔が垣間見れる情報誌限定の企画やインタビューなど、さらに選手を身近に感じられる情報が満載。
毎号、選手のサイン入りグッズが当たる読者プレゼントも実施中。

※年４回、不定期発行
※入会時期によっては年間のお届け冊数が異なる場合があります。

ポイントプログラムの特典を受け取れるのは CLUB CONSADOLE 会員だけ

会員なら貯まったポイントを使って＋αで楽しめる♪

ポイントプログラムに参加すると、グッズやチケットの購入でポイントが貯まります。
2024 シーズン中に貯まったポイントは、シーズン中に利用可能！
グッズと交換したり、イベントに応募したり＋αで楽しいことがあります。
さらに、2024 シーズンに貯めたポイントは 2025 シーズンのランクに反映され、ランクに応じた特典を受けることができます。

※ポイントプログラムに参加するには、ご入会後にクラブコンサドーレ会員番号とＪリーグ ID をマイページ（WEB）にて連携していただく必要があります。
※2024 シーズンに貯めたポイントによって 2025 シーズンのランクが決まります。
また、ランク特典は 2023 シーズンから継続入会された方が対象となります。
※2024 シーズンに貯めたポイントの使用期限は 2024 シーズン中です。
※情勢によりサービス内容を一部変更する場合がございます。

2024 シーズン中にポイントを使いきれなくても… 貯めたポイントで 2025 シーズンのランクに反映される！

グッズやチケットの購入して貯まったポイントで、ポイントプログラム限定グッズやイベント参加権と交換しよう！

コンサドーレオフィシャルオンラインストアでのグッズ購入や、チケコンでチケットの購入をすると、購入金額に応じてポイントがたまる！

貯めたポイントで

グッズと交換

イベントに参加

選手とのツーショット撮影
サイン入りグリーティングカード

※過去の実績です。

クラブコンサドーレお申込方法

	入会方法	支払方法	事務手数料
WEB	クラブコンサドーレ公式HPよりお手続き	クレジットカード決済	無料
		コンビニ決済 ※決済手数料別途	
スタジアム	ホームゲーム開催時にクラブコンサドーレブースにお越しください。	現金のみ	会費のほかに下記の事務手数料が発生いたします。
店頭	丸井今井札幌本店 e-spo 札幌市中央区南1条西2丁目 丸井今井本店一条館９階	現金またはクレジットカード	レギュラー会員：1,000円 ジュニア会員：500円

必ずご確認ください

■注意事項一覧

※入会特典のお届けまでに約３週間ほどお時間をいただきます（３月以降の入会の場合）。
※無料招待券に関する注意事項：
・招待券を使うには、WEBでの事前申込みが必要です。なお詳細なご利用方法につきましては招待券に同封のご案内をご確認ください。
・チケットへの引換えをお約束するものではありません。販売しているチケットが完売となった場合はご利用いただけません。
・招待券は2024シーズンのみ有効です。ご利用いただかなかった場合でも、ファンクラブ会費の返金対象にはなりません。
※イベントへの参加希望者が多数の場合は抽選となります。
※2024シーズン中のイベントの開催回数および時期は未定です。万が一実施できなかった場合でも、ファンクラブ会費の返金対象にはなりません。

クラブコンサドーレ事務局
TEL 050-3201-0424 MAIL cc-info@consadole.gr.jp
受付時間 平日 10：00～18：00
※土日祝、年末年始及び当社指定定休日を除く ※営業時間・休日の変動有り
※回答までお時間をいただく場合がございます。予めご了承ください

お問合せフォームはこちら

2023クラブコンサドーレ more FUN オプション 追加会員一覧

※2023年12月24日時点にご登録の情報で掲載しております。 ※希望者のみ掲載しております。※スペースの都合上敬称を省略して掲載させていただきます。

菅清
菅井一夫
須貝恵一
数金伸一
菅原英昭
菅原拓哉
菅原啓
菅原修一
菅原信人
杉崎浩二
杉原亘
杉原良作
杉村直人
杉本泰孝
杉本慶彦
杉山純子
杉山飛馬
杉山守
杉山浩
鈴鹿英光
鈴木信子
鈴木悠太
鈴木究
鈴木美世子
鈴木みつい
鈴木佑太
鈴木歩
鈴木辰太郎
鈴木由香
鈴木亨
鈴木一郎
鈴木可奈子
鈴木和彦
鈴木亮祐
鈴木信吾
鈴木雅久
鈴木雅司
鈴木貴史
鈴木孝史
鈴木真
鈴木秀隆
鈴木良典
鈴木秀昭
鈴木雅晴
鈴木秀介
鈴木篤
鈴木幸弥
鈴木拓哉
鈴木翔太
鈴木さとみ
鈴木幹
鈴木律子
鈴木和之
鈴木夕起
鈴木泉
鈴木賢司
鈴木和男
鈴木拓馬
鈴木亮二
鈴木明美
煤孫圭
煤孫有馬
須田範行
須藤千恵
須藤信行
須藤良房
須見浩行
鷲見颯
住吉龍一
巣山環
陶山邦子
諏訪達也
情野文之
清野忠雄
瀬尾悦郎
瀬川大洋
関綾子
関川嘉久
関川久美子
瀬志本勇二
瀬志本智子
瀬戸貴規
千賀昭裕
善田繁
相馬順子
相馬秀二
相馬淳
相馬有斗
十亀弘樹
十河涼
備敏幸
染谷冬輝

た行
大黒恭子
大黒聡
平祐輔
高石賢治
互野寿江
高木司
高木耀介
高木清枝
高木一博
高木紀征
高木教行
高木修
高岸和哉

佐藤拓也
佐藤龍樹
佐藤圭
佐藤加緒里
佐藤伸一
佐藤修一
里形玲子
里見裕美子
早苗保穂
佐野貴士
佐野慎之介
鮫島一裕
更科恵子
更科雅司
猿倉由美
猿倉久司
猿田扶樹子
猿田昭治
猿田学
澤崇之
澤井歩花
澤尾和広
澤城裕美
澤口裕一
澤瀬紫乃
澤田弘貴
澤田英太郎
澤村一郎
澤谷敬司
三戸健一
塩野谷邦裕
志賀絵莉花
志賀祐哉
繁田雅彦
宍戸仁明
宍戸光
宍戸美知子
志々見聡
志田原美恵
志田原誠貴
志田原実男
志築諒太朗
品田雅人
品田隆行
品田徹
篠島巌
篠原正彦
四宮宏樹
芝田未来
柴田麻里菜
柴田宏三
柴田敬介
柴田祥吾
柴田尚子
渋谷有紀子
渋谷祥吾
渋谷栄治
渋谷郁
島博文
嶋田健太郎
嶋田愛一
島田琴恵
島田遼太
島田雅史
嶋貫幹大
嶋貫真光
嶋林孝太郎
嶋林正晴
嶌村公宏
島本紳一
清水一伸
清水雅弘
清水秀仁
清水勝則
清水了子
下修司
下川美香
下薗功暢
下村美貴
下村脩斗
下村肇
庄内美晴
白井央行
白井康裕
白井敦也
白井由貴子
白石友子
白石江里子
白石千賀子
白石郁夫
白石豊
白木のり子
白戸辰茂
白取由光
白鳥正一
白鳥喜裕
白幡晃一
神裕行
神貴浩
新川源人
新庄辰矢
眞道一代
進藤敦史
新名理
末岡航
末永奈穂
陶山誠仁

佐々木妙子
佐々木俊和
佐々木將人
佐々木健人
佐々木美帆
佐々木隼斗
佐々木稔
佐々木政嗣
佐々木博美
佐々木あゆみ
佐々木宏之
佐々木珠一
佐々木信介
佐々木邦雄
佐々木靖
佐々木恵津子
佐々木美恵
佐々木陽平
佐々木欣彦
佐々木史絵
佐々木和則
笹木須美子
笹木浩二
佐々木絢一
佐々木克巳
佐々木道子
佐々木和嘉子
佐々木仁
佐々木清一
佐々木崇
佐々木裕子
佐々木弘行
佐々木領
佐々木俊人
笹山毅
佐田有
佐藤結人
佐藤晃
佐藤和彦
佐藤琥太郎
佐藤良亮
佐藤大地
佐藤義尚
佐藤駿也
佐藤典史
佐藤壮
佐藤さゆり
佐藤宏光
佐藤光我
佐藤利和
佐藤直人
佐藤大空
佐藤貴士
佐藤淳
佐藤正進
佐藤由侑
サトウオサム
佐藤ひろみ
佐藤美結
佐藤公俊
佐藤徳人
佐藤徹
佐藤悠貴
佐藤修一
佐藤亘
佐藤清美
佐藤敦
佐藤恵子
佐藤栄悦
佐藤悦子
佐藤秀行
佐藤光司
佐藤由利子
佐藤大輔
佐藤敏隆
佐藤良祐
佐藤綾子
佐藤信也
佐藤祐治
佐藤靖
佐藤仁
佐藤克祐一
佐藤暁
佐藤隼
佐藤恒和
佐藤雅彦
佐藤照幸
佐藤宏司
佐藤政弘
佐藤文彦
佐藤龍司
佐藤祐樹
佐藤絵里子
佐藤昌秀
佐藤敬士
佐藤ゆかり
佐藤直樹
佐藤ひとみ
佐藤友紀恵
佐藤達臣
佐藤祐希
佐藤真美
佐藤修也
佐藤克司
佐藤由紀子
佐藤忠
佐藤俊彦

小松恵祐
小松紀子
小松悌洋
小松弘幸
小松卓哉
小松義孝
小松隼士
小松田しゅう
小柳海人
小山諒佳
小山祐希
小山哲哉
小山大介
小山英寿
小山由希子
小山敏樹
小山真由美
小山繁樹
金貴彦
今真一
権六晟
近藤昇
近藤桃和
近藤昌克
近藤寛顕
今野和美
今野修
今野慎介
金野友美
金野晃佳
今野翔太
金野信子
金野克美
紺野美智代
紺野洋一
今野和季
今野翔大
今野大輔

さ行
西周健一郎
齋藤哲也
齋藤崇雄
齋藤梓
斉藤清
齋藤孝毅
斎藤弘樹
斎藤洋行
齋藤浩史
齋藤肇
斉藤可奈子
斉藤友紀子
齋藤健一
齋藤克美
斉藤健一
斉藤晃
斉藤裕嗣
斎藤麻美世
齋藤美知子
斉藤太嘉男
齋藤えみな
斎藤ひとみ
斎藤史朗
齋藤信幸
齋藤聡
齋藤恭子
齋藤孝
斉藤朱美
斎藤裕
齋藤誠
佐賀志朗
坂井聡
酒井捷吾
酒井信二
坂井基彦
酒井宏征
坂井誠幸
酒井秀一
境谷貴博
坂上崇男
榊信吾
榊原一平
坂口昭子
坂下久美子
坂田智
坂梨史佳
坂本祐希
坂本大
坂本翔吾
坂本圭優
坂本泰誠
坂本美佳
坂本樹紀
坂本まゆみ
作田直俊
佐久間卓
佐久間研
佐久間司
櫻田卓
櫻田剛
櫻庭歩生
桜庭良輔
桜庭健
佐々木由美子
佐々木すみえ
佐々木俊
佐々木智雄

欅田美子
國島康晴
国田美由紀
久保毅仁
久保文人
久保智
窪田貴友
窪田真弓
久保田行俊
久保田茉耶
熊谷ゴウン
熊谷孝司
熊谷佳子
熊谷一寿
熊谷良二
熊谷篤志
熊倉栄三
熊沢茂樹
汲川隼也
久米慶行
桒基子
倉崎肇
倉田圭介
倉本護
栗原知宏
栗山貴嗣
黒川雅樹
黒川有美
黒坂田鶴子
黒崎陸斗
黒田康晴
黒田悟史
クロタキコウヘイ
黒滝仁司
黒沼寿雄
鍬崎清二
桑島樹
小池拓央
小池祐輔
小石川亨
小泉充紀緒
恋塚文章
小路義文
小路幸子
合田一広
幸地敦美
神津あかり
河野通大
甲野順市
神山美香
小鍛冶一志
小鍛冶恵津子
小久江剛
小倉聡美
木暮丈敏
小坂敏之
小澤舞
小島智也
小島大佐
小住由紀江
小住博幸
小関鉄平
小関厚子
小田百夏
小田猛
小竹寛
小舘吉史
小谷晃弘
小玉岳
小辻達也
後藤智樹
後藤昌和
後藤由紀子
後藤恵子
後藤史子
後藤武志
後藤小百合
後藤千晶
小刀禰順一
木幡安則
小林愛奈
小林直枝
小林和茂
小林絵里奈
小林正太
小林治
小林憲吾
小林修一
小林直樹
小林ゆかり
小林光昭
小林風太
小林洋一
小林昭子
小林善仁
小林光代
小林美香
小林智史
小林圭輔
小堀雄貴
駒形智
駒澤守
小又知也
駒田花恵
駒田大輔
小町雅子
小町裕之

川田啓介
川田香帆
川田和弘
川西直美
河野等
河野誠
川野名聖
川端幸司
河端寿幸
川端裕人
川原友子
川原朋也
川原雅彦
川人雅大
河辺浩
河辺由美
川俣泰彦
河村修
川村照美
川村俊幸
河村直子
川村昇司
川村恭子
河村幸子
河村明美
河村聡
河本晶子
神澤直也
神田憲一
雁田真人
寒藤裕紀
菅野ちひろ
菅野織恵
菅野和博
菅野紀明
菊地大星
菊地里枝
菊地宣博
岸公敏
岸清貴
岸田晃佳
岸本統
岸本みのり
木曽由美
キタマサノリ
氣田寿史
木田允
北上丈生
北川貴視
北口貴史
北野真弓
北畠真吾
北村優貴
北村一英
北村拓也
北本弘和
吉川大智
木津川雅士
木戸淳也
鬼頭智
木ノ内かなめ
木下季久美
木下栄一
木下真宏
木下英人
木俣俊治
木村愛
木村健太郎
木村倫洋
木村航太
木村雄一郎
木村洋平
木村一貴
木村雅紀
木村かおり
木村智司
木村奈津子
木村健一
木村和広
木村公美
京谷慎
清河祐基
桐谷陸
桐原浩之
金川義守
日下仁
櫛山宏和
楠幸太郎
久須美勝
口屋美子
工津光則
工藤和之
工藤俊行
工藤慶大
工藤勝美
工藤聖明
工藤輝三
工藤克美
工藤晃
工藤裕幸
工藤博之
工藤雅和
工藤仁美
工藤友揮
工藤里美
國井翔太
國枝あゆみ

片岡義雄
片岡八重子
片岡一恵
片澤啓子
堅田奈津子
片山みほ
片山陽介
片山絵梨
加地将基
勝木伸一
桂田竜司
加藤範子
加藤昌克
加藤将勝
加藤卓
加藤一夫
加藤裕之
加藤裕子
加藤真信
加藤裕崇
加藤静美
加藤恵子
加藤伊織
加藤義昭
加藤勝之
加藤裕之
加藤修
嘉藤由衣
加藤大智
加藤暁子
加藤実
加藤真衣
加藤紘平
加藤拓晃
門倉佳織
角谷孝志
角谷道彦
角谷俊幸
角脇貴一
金井隆行
金岩ゆかり
金岩和弘
金江明彦
金江久恵
金江大次
金澤健太
金澤伸子
金澤慎司
金澤謙太
叶田祐二
金浜健太
金森真澄
金谷学
金山建
金内雅人
金子温史
金子つかさ
金子直矢
金子峰也
金子秀和
金子潤一
金田純一
金田和宏
金平賢治
加納裕之
椛澤和博
樺沢美桜子
甲谷恵
下保俊也
鎌倉亮
鎌田雄介
鎌田龍法
鎌田一也
嘉見信幸
上ケ島精一
上川康治
上口真知子
上路雅子
上路良雄
上村修斗
神谷敦
紙谷健一
亀井順
狩野吉康
河合邦房
河合孝司
河合有哉
川合達彦
川内和樹
川音順子
川上明美
川上美由起
川上亜由美
河上愛理子
河上栄治
川上秀美
川口隆史
川崎道文
川崎祐
川崎雄一朗
川崎祥代
川崎義隆
河崎善和
川崎章嗣
川島譲
川嶋祐子
河瀬茂樹

岡村優子
岡村真知子
岡村智枝
岡村卓也
岡村公子
岡元杏奈
岡元蓮侍
岡本香奈江
岡元一弘
岡本和都
岡本和枝
岡本重信
岡本英竜
岡山典子
岡山浩保
小川裕也
小川早苗
小川俊明
小川拓也
尾川雄一
小川翼
沖崎裕一
奥岡文夫
奥田恭志
奥田淳子
奥田博介
奥平応志
奥村良幸
奥矢広満
奥谷亨
奥山尚登
奥山英紀
奥山ひとみ
小倉敏嗣
小黒真理子
桶谷里緒
桶谷治
刑部信弘
長内浩之
小澤隆博
小澤富士子
小澤一広
小田瑛太
小田圭祐
小田廣紀
小田切和博
小田嶋和子
尾谷賢太
越智匠海
落合央
乙坂務
乙坂史織
小野研吾
小野敦司
小野聖紀
小野さとみ
小野邦子
小野真治
小野圭介
小野直敏
小野塚秀彦
小野寺厚
小野寺伴幸
小野寺美帆
小野寺賢治
小原裕他
小原利宏
小原彩美
小原秀治
小原慎司
小原孝雄
面川恵美
尾毛川弘人
折原悟

か行
甲斐伸吾
貝澤太一
海田典彦
海保誠
利部康幸
加賀谷みゆき
加賀谷繁
柿崎美香
柿崎紀彦
垣添寛和
柿本一裕
我喜屋建志
角谷隼秀
角野耕次
角野友美香
角野文泰
掛田聡美
影近剛
影山慎吾
葛西菜津実
葛西勝利
笠原洋子
笠間茂
風間美和子
可児樹之
梶谷光朗
柏雅美
梶原美幸
数坂洋樹
加瀬谷貢治
片岡和夫

遠藤恵
遠藤達人
遠藤圭佑
及川直美
及川文江
及川強志
及川卓
奥州谷篤
奥州谷愛
奥州谷昭仁
大井航
大井勇輔
大石哲士
大石恭義
大石幸枝
大泉哲剛
大磯暁
大上一俊
大内正昭
大内学
大内滋
大浦貴志
大江誠二
大柿丈夫
大上俊行
大上公子
大上鈴音
大久保洋二
大熊洋一
大坂彩音
大澤利美
大澤史彦
大澤直人
大島康平
大島昭彦
大島聡子
大須田あき光
大住正
大関健太
大関伸二
大関沙耶果
太田隆治
太田学
太田由紀子
大高宣子
大高翔平
大滝裕介
大竹洋一郎
大竹晴久
大谷和弘
大谷佳矢
大塚晃司
大束和也
大塚美香
大塚位栄
大塚真由美
大塚剛
大塚歩
大西敏雄
大西敦
大西隆行
大西知美
大沼田之
大沼明彦
大野修平
大野晋太郎
大野由莉
大野貴也
大野亜衣
大野明美
大野恵一
大野幸恵
大野瑛美
大庭正裕
大場真美
大橋駿希
大橋良彦
大原恵子
大原英治
大平吉一
近江涼子
大宮千人
大矢宏太郎
大谷広美
大矢信幸
岡崎宗康
岡崎隆憲
岡崎毅
小笠原伸
小笠原ひとみ
小笠原忠則
小笠原俊哉
小笠原拓也
小笠原和宏
小笠原忍
岡島滋久
岡島正美
岡田景介
岡田雅也
岡田秀二
岡田好生
小形淳
岡出直人
岡原勇郎
岡部光
岡部晋一郎
岡部月彦

伊藤篤史
糸山佳輝
稲垣智彦
稲垣俊宣
稲川英司
稲田行道
稲葉紳一
稲場康伸
井沼丈晴
井上梢
井上直亮
井上則和
井上大介
伊林睦樹
今新洋一
今井久子
今井秀聡
今泉裕治
今荘雅枝
今田剛
今村洋輔
今村文人
今村典枝
井本文博
入江雅生
入谷直美
岩井泰輔
岩井あかね
岩井勝江
岩井淳一
岩木奈緒子
岩倉隆
岩佐怜生
岩佐和之
岩崎哲也
岩崎美湖
岩崎正明
岩崎芳規
岩田和洋
岩田基
岩田哲夫
岩谷恵
岩谷春花
岩野浩昭
岩渕文雄
岩渕紀子
石見隆一
岩本秀治
岩本佳代子
岩本圭蔵
岩本聡
岩本江利子
岩本美智代
岩本麻由佳
岩谷純一
植木善美
上杉卓弘
上田龍成
上田智也
上田忠義
上野啓介
上野慎司
上野聡
上野文人
上野秀聡
植村佳奈
上村紀史
臼井麻里子
碓井敏雄
碓井忍
臼木和也
臼田美奈子
臼田光典
内田大貴
内田澄江
内田哲之
内村由香
内山百合子
内山裕秀
内山伸子
内山拓哉
内山正裕
夘都木雅忠
夘都木勢津子
宇部希
梅田優子
梅田充
梅津和恵
浦野友紀
江口文明
枝村栄治
越後紘志
越前友加
江戸俊雄
江戸彩夏
江戸晶子
江端勝一
海老子仁
蛯名宏次
遠藤修一
遠藤政保
遠藤慶実
遠藤正人
遠藤雄大
遠藤亘
遠藤恵
遠藤征一

飯田健一
飯田恭章
家塚優一
庵信一
伊賀礼治
井神叶翔
五十嵐靖卓
五十嵐雅人
五十嵐浩美
五十嵐政史
生田徹
生田美枝子
生田陸翔
池岡博行
池田愛理
池田広海
池田篤紀
池田陽子
池田直司
池田勝
池野一枝
池野良一
砂金政実
石井浩介
石井建雄
石井りょう
石井秀也
石井美穂
石浦尚樹
石垣樹莉
石垣詞悠
石垣勝敏
石河聖
石河真奈美
石川福真
石川摩里子
石川夏美
石川大朗
石川裕二
石川俊史
石川孝人
石黒沙羅
石黒雅美
石黒達也
石黒靖博
石坂明人
石崎博之
石澤統大
石沢隆司
石島まゆみ
石田かのん
石田諭
石田優
石田直也
石田康之
石田智啓
石田信俊
石田浩幸
石田和美
石塚久美子
石戸谷巧
石橋克美
石橋裕亮
石橋健介
石原勇史
石原健史
石原信子
石元誠
石山英樹
泉憲司
和泉智幸
和泉康子
和泉繁幸
和泉怜
泉洋子
伊勢辰朗
伊勢恵司
磯部亮介
磯辺俊敬
磯部隆秀
井田満裕美
井田規之
板倉志保
板橋諭史
一ノ瀬智満
一ノ瀬早苗
一戸基
伊藤鮎花
伊藤梓
伊藤梓
伊藤大地
伊藤志穂
伊藤睦伸
伊藤幸範
伊藤剛
伊東雅哉
伊藤由美子
伊藤雅志
伊藤大輔
伊藤一広
伊藤正勝
伊藤啓介
伊藤利弥
伊藤恵子
伊藤良太
伊藤政志
伊藤博幸

あ行
相川奈々海
相木翼
アイザワヒデユキ
相澤俊也
會澤茜
會澤浩一
相澤潤一
相沢直人
會田俊実
青幸一
青江幹人
青江亜美
青木陽樹
青木弓子
青木しのぶ
青木隆也
青山智
青山直樹
青山有里
青山由香理
青山良
阿賀一
赤石明美
赤坂秀彦
赤坂明子
赤坂猛
赤司和博
赤間圭城
秋田和也
秋野治
秋保雅浩
秋元俊博
秋元ひろ美
安喰健
浅井朋宏
浅井江梨奈
浅井大樹
朝井優子
浅井宏
朝明美香
朝地信介
麻野博幸
浅野沙季
旭直樹
浅利信介
浅利直樹
芦澤満
安宍瑞枝
安宍一雄
芦原令子
東一哉
東孝昭
東泰宏
東敏郎
東義朗
足達輝羅
足立昌稔
足立美樹
足立映美理
安達節子
阿部恭子
阿部幸雄
阿部淳
阿部聡
アベトシオ
安部匠
阿部宏幸
阿部智明
阿部健嗣
阿部正弘
阿部康博
阿部広恵
阿部美友
安部圭祐
阿部敏明
阿部秀輝
阿部美千代
尼野芳徳
雨山雄紀
天羽佑太
荒久登
荒井あけみ
新井達也
荒井晶子
荒井憲一
新居正治
新井幸夫
荒川典彦
荒川喜全
荒川公明
荒木義則
荒木なつみ
荒町勝志
新谷政太朗
新谷亨司
有田眞人
有野好之
有村俊一
アンザイシュウイチ
安藤祐介
安藤友明
安保典昭
飯澤一之
飯嶋邦之
飯田由和
飯田康太

吉澤尚史
吉田大輔
吉田華梨
吉田慎
吉田貴倫
吉田啓
吉田孝二
吉田裕之
吉田隆亮
吉田貴彦
吉田明弘
吉田和正
吉田竣哉
吉田詠愛
吉田祐馬
吉田裕哉
吉田ゆかり
吉田裕
吉田章
吉田淳
吉田幸市
吉田靖史
吉田郁也
吉田朋子
吉田充
吉田裕一
吉田弘貴
吉田扶貢
吉田寛紀
吉田美幸
吉田雄太郎
吉田妃佳香
吉田裕
吉津郁哉
吉積竜也
吉野友美
吉野公圭
吉野葉子
吉原佑哉
吉原保則
吉原大
吉村憲彦
義村祥
吉村大吾
吉本幸矢
四十康博
米口はるみ
米口雅彦
米田耕二
米田裕昭
米地佑美
米林孝
米村恒
米本保夫
米谷優河
米谷実

ら行
力示一憲
龍島美和
龍島満人

わ行
若田正樹
若原正浩
若原智恵子
若宮隆世
若山春一
脇屋美代子
脇屋裕一
若生彰子
輪島陽一
輪島岳大
和田真也
和田哲治
渡邊華代
渡部哲也
渡部智恵
渡邊由香
渡辺貴士
渡邊由規生
渡辺浩之
渡辺泉
渡辺則嘉
渡辺祐紀
渡邉由希
渡部愛
渡辺英治
渡辺昌樹
渡辺一志
渡邉太一
渡部和彦
渡辺直子
渡辺一生
渡辺直人
渡辺真知子
渡辺喜美子
渡辺秀雄
渡邊守
渡辺英樹
渡邉博之
渡邊友和
渡辺一郎
渡辺博之
渡辺陽子
渡辺恵子
和谷直子
和田遼平
綿貫一誠
綿貫均
渡部大輔
渡部晃
渡会章子
八巻奏汰
八巻育子
八巻望
八巻涼子
山岸優美
山岸直美
山岸康子
山岸良美
山岸勝敏
山際徳弘
山口将晃
山口ゆかり
山口芳昭
山口幹雄
山口信一
山崎尚美
山崎秀太郎
山崎成夫
山崎由紀子
山崎寛司
山崎幸雄
山崎知美
山崎暢
山崎なおし
山崎克巳
山崎俊一
山下潤
山下豊
山下俊樹
山下健太郎
山下照雄
山下公一朗
山下明紀
山下大介
山下孝二
山下道子
山科吉史
山田充
山田拓之
山田哲也
山田祐美香
山田月乃
山田大助
山田尚紀
山田晋也
山田輝夫
山田貴紀
山田聡
山田智美
山田成仁
山田昌弘
山田祐貴子
山田幸夫
山田裕子
山中孝之
山中大寛
山中実加
山中琢磨
山根伸樹
山根弓子
山根伶斗
山根一志
山之内将隆
山平佐智子
山平貴史
山平真樹
山辺智彦
山道未彩
山村雄士
山村祐一
山本美津江
山本真揮
山本拓史
山本祝久
山本勁太
山本智也
山本崇
山本昭一
山本哲也
山本真吾
山谷佳子
山谷真之
山谷朋子
湯浅英樹
結城哲夫
湯口雄基
弓野周二
弓野かほる
横井里菜
横井正浩
横尾太祥
横田豊人
ヨコタダイ
横田純一
横浜昭浩
横谷一宏
横山和明
横山真也
横山満裕
横山篤
横山和幸
横山基
横山えり
横山和幸
横山真琴
吉岡利恵
吉岡進一朗
吉岡真治
吉岡正俊
吉川香里
吉川大太郎
吉川飛翔
吉澤大進
吉澤学
村上岳史
村上道昭
村上建二
村上大介
村上陽子
村木彰
村木英一
村瀬亮太
村田泰毅
村田航
村田拓一
村田類
村松景子
村本忠正
村本翔一
村山要介
村山和子
村山英彦
室井唱子
室谷剛一
目黒輝美
米良直人
毛利幸司
毛利桃花
最上克弘
望月典子
望月真
元起昭夫
本村裕幸
元村志峰
盛めぐみ
森美歩
森俊弘
森吉弘
森珠実
森一生
森健一
森公代
森雅樹
森仁
森千寛
森岡真優
森岡弘志
森岡和子
森川美智枝
森川勲
森口弥生
森下智矢
森下和紀
森下和也
森田朗
森田晃史
森田重樹
森田京
森田真吾
森田恒子
森田一好
森地勇太
森次紘司
森野尚子
守實崇
森本圭一
森本祐美
森本麻衣
森本秀樹
森屋陽子
森谷耕賞
森脇理恵
森脇芳秀
森分千秋
茂呂孝宏
両角俊太
諸橋淳史
門馬孝之

や行
八重樫稔浩
屋木理志
屋木一暁
八木裕典
八木孝幸
矢木章
八木巻亨
八木巻澄香
矢向潔
矢崎寿人
八代馨
八代典子
八代昌幸
安田敬宏
安田隆夫
安田修一
安田清美
安永高浩
安原翔太
安原雅博
八十嶋詩織
柳沢祐樹
柳谷博之
矢野智史
矢野秀徳
矢野克典
藪内千代子
山石力
山内規嗣
山内英人
山内良子
山内優輝
山内慈大
山内義信
山内晃司
山内勇一
山形潔
山上明姫子
松村眞由美
松本恵理子
松本淳
松本章浩
松本章子
松本高幸
松本一雄
松本誠
松本花子
松本賢司
松山亮太
的野裕司
丸岩真須美
丸亀英則
丸長敬規
丸山慎司
丸山秀穂子
丸山祐樹
丸山光徳
万所貴之
三浦仁
三浦美佳
三浦岳行
三浦潤也
三浦和也
三浦康寿
三浦克彦
三浦収
三浦香織
三浦昇
三浦裕幸
三上大輔
三上正敏
三神惇平
三神佳子
三上祥子
三上将
三上照幸
三上智之
三河夕佳
三河音羽
三川彰美
三河陽
三樹正一
見澤宏史
三澤芳臣
三品充子
三島大介
水上洋平
水上潤
水木英一
水島秀之
水野楓
水野大樹
水野雅人
水谷内綾太
みたじゅんぺい
三倉朋光
三橋圭悟
三戸涼
三戸部亮太
皆川真人
南貴宏
南洋子
南和則
美浪伸行
南千永子
南雅志
南山愛佳
三野順美
蓑口優馬
蓑口達矢
蓑島賢樹
見延聡
美馬歩
美馬幸生
宮内和夫
宮浦良太
宮浦敦子
宮形将司
宮城仁
三宅俊秀
三宅勇志
三宅直絵
宮坂啓一
宮崎賢一
宮崎裕美子
宮崎佑太
宮崎真也
宮崎大地
宮崎理恵
宮崎雅彦
宮下一幸
宮田吉規
宮田耕次
宮西里美
宮本梓生
宮本真貴子
宮本憲一
宮本莉奈
明栄子
三好真理子
向沙紀
武藤慎
武藤正行
棟方公大
村井絵梨
村井裕子
村尾秀温
村角翔平
村上直美
村上渉
村上真美
村上梨沙
古谷将克
古谷功
古山貴之
棒田一颯
棒田嗣弥
星亜樹
星野博
星野久美
細岡大
細貝賢二
細川秀樹
細川大輔
細川耕司
細川恵里
細川雅和
細川和子
細野衛
細道正彦
細矢浩樹
堀詩音
堀洋子
堀良恵
堀真次郎
堀しのぶ
堀合孝輝
堀井優
堀井宏城
堀川剛
堀川康之
堀下由美子
堀田裕介
堀田浩貴
堀本紫月
本條康浩
本多宏樹
本田豊文
本田仁央
本田正富
本田一夫
本田聡
本間浩大
本間俊一
本間昭宣
本間加代子
本間登
本間勝美

ま行
前川洋
前田裕子
前田淳
前田健太
前谷亮
前野節夫
前之濱明美
眞川夢加
牧野忠幸
牧野実千子
牧野香澄
牧野里沙
牧野浩之
牧野央誠
幕田繁樹
政氏剛
増川誓子
増川寿
増子卓
増子嗣洋
増子裕太
枡崎美穂
舛澤早紀子
舛澤茂
増田聖
増山照実
松浦秀幸
松枝秀樹
松尾智之
松尾哲二
松尾加代子
松尾博幸
松尾尚志
松尾ともみ
松岡直志
松岡正樹
松岡恵理子
松木高志
松木孝光
松木益美
松倉暢宏
松坂直樹
松崎茂
松嵜芳恵
松崎佳祐
松沢直弥
松下竜広
松下信介
松島範子
松島遼
松島理明
松代真明
松田さや香
松田恭昌
松田晴美
松田光浩
松田克則
松田良子
松野宏正
松橋拓也
松橋静香
松橋暢
松林憲人
松原聡
松村崇
松村豪
原あゆみ
原口文子
原田光晴
原田翔太
原田典和
原田収
原田友希
春田裕子
春名健司
半田峻太郎
日置英子
日置傑
日景広宣
引地優佑
樋口羽純
樋口翔太
久木知恵
久木幸二
久嶋智之
久末雅之
樋田直美
樋田康宏
比田勝美伸
尾藤歩
日沼厚志
姫野心
姫野健一
姫野純
平井浩司
平尾卓巳
平賀正孝
平賀奈美
平田岳
平田夏子
平田哲也
平田雄一
平野剛史
平野直美
平野恵祐
平間義啓
平間淳一
平間健太郎
廣岡亜希子
廣嶋薫
廣瀬明
廣瀬みづほ
広瀬早苗
深貝耕平
深澤麻由美
深瀬正敏
深瀬俊介
深堀裕一
福井豪人
福井理代美
福井正行
福澤勝徳
福島理子
福島正樹
福島厚志
福嶋翔太
福島道子
福迫均
福田直樹
福田広樹
福田開世
福田優
福田瞳
福本百合子
福本由香子
福本洋介
藤居伸也
藤井章
藤井隆夫
藤井雅裕
藤井克紀
藤岡堅太郎
藤上匠
藤川猛志
藤倉厚
藤澤達也
藤田翔大
藤田美也子
藤田成人
藤田勝裕
藤田弘光
藤塚静香
藤塚篤範
藤巻敏文
藤本靖子
藤森大樹
藤原由以
布施輝斗
船木美輝
船木大地
舟田由也
舟田敬
FUNAHASHIAKO
舟橋仁
船山祐一
船山翔太
古内秀和
古内翔大
古河祝男
古川美沙
古川大輔
古郡正人
古沢淳子
古田翔平
古田広信
古田健一
古野裕貴
古橋郁子
古林誠
古谷清
西出拓矢
西野真樹
西野広輔
西野雅彦
西濱隆大
西原利和
西原尚希
西部友也
西村弘
西村早騎
西村勝則
西村貴史
西村卓也
西村慶彦
西村裕一
西本和雄
西谷誠一
西谷貴行
西山弥生
似鳥淳也
新田千広
二本柳大樹
丹羽敦士
布川光雄
沼澤香織
沼野公治
能美寿幸
野口雅史
野坂俊輔
野崎巧
野崎隆之
野崎浩司
野島尚子
野島志穂
野島俊介
野島敏
能戸俊憲
野々村拓宏
信田有俊
野村大輔
野村眞二
野村道子
野村諭史
野本武志
野本精子
野呂真也

は行
袴田育代
箱根裕久
箱根清子
橋立智和
橋詰翠
橋詰拓也
橋詰一也
橋本聖子
橋本暢之
橋本いずみ
橋本政樹
橋本貴史
橋本文彦
橋本理恵子
蓮川拓志
長谷川辰徳
長谷川弓子
長谷川淳
長谷川克彦
長谷川佳祐
長谷川真紀
長谷部欣己
幡洋
羽田公美
羽田一平
畠山拓
畠山雄太
畠山茂樹
畠山元良
畠山清人
畠中洋一
畠中貴紀
畑村尚美
畑山真美
八屋洋司
蜂谷芳弘
服部俊也
服部浩子
初山結南
初山潤一
花香雅博
英雅則
花山大輔
馬場倫範
馬場淳一
濱隆徳
濱崎陽子
浜田行志
浜田弘巳
早川史尚
早坂潤
早坂真紀子
早坂英朗
林海響
林理絵
林佐知枝
林浩史
林朋生
林めぐみ
林俊全
林口未彩
林倉文子
速水崇
原康人
原祐美子
原治芳
中川哲也
中川喜秀
長崎公彦
中里銀河
中澤恵
中澤由香
中沢広幸
中澤颯太
長沢瓔子
永澤亮一
中島樹
中嶋祐太
中嶋満貴子
中島秀和
中島和則
中島光稀
中嶋啓介
中條佳文
永末潤平
長瀬修
長瀬森州
中田美津江
中田洋子
中田歩美
中田丈晴
中田直美
中台結良斗
中竹勝幸
中竹里菜
中西悟
中西弘治
中西正人
中西崇
中野吉朗
中野拓夫
中野寛人
中野政子
中野武司
中野真樹
中野純也
中野深絵
長野克哉
長能浩典
永野間雅博
中林直彦
中林雅樹
中原麻美子
中原幹太
中原道子
永原佑佳
永原俊彦
中前健治
中村風香
中村秀勝
中村りん
中村信宏
中村美佳
中村佑斗
中村公人
中村茂司
中村美佳
中村隆司
中村瑞穂
中村秀喜
中村智嗣
中村伸二
中村憲
中村純也
中村耕
中森克浩
長森睦
仲谷賢
中山拓哉
中山学
仲山高史
永山毅
椰野はるみ
椰野浩
那須和義
七嶋喜幸
七澤公
波形勝行
波松洋尚
納谷賢史
成兼一彦
成澤未来
成田賢治
成田博
成田拓矢
成田徹
成田和子
成田浩治
成田誠和
成田祐樹
成田幸男
成中保之
成宮清一
成宮浩美
鳴海勇希
南波哲也
南保茉耶
南間輝美
新井田誠也
新山亮二
新山尚子
二川莉子
二郷元彦
西尾将希
西片忍
錦戸さゆり
西澤雅彦
西島孝徳
西田浩司
西田浩
千田慶和
千野雄一
千葉義明
千葉晃成
千葉拓紘
千葉豊之
千葉憲司
千葉信
千葉勝幸
知本忠和
茶円綾
ちょうさく
CHANCHEUKYIN
塚田学
塚田浩司
塚本凌平
塚本恵
辻正昭
辻貴孝
辻政道
辻和真
辻口義昭
對馬博和
辻本美紀
辻本英一郎
津田光広
土田友美
土田明
土田孝
土谷哲雄
土谷恵
土谷真奈美
筒浦彰浩
常永昭宏
常永綾乃
坪磨佐美
坪井隆典
坪田智恵美
坪田隆
津村啓介
鶴岡利広
敦賀健吉
鶴木萌々子
鶴谷一志
寺崎幸恵
寺崎竜司
寺島かおり
寺島敏弘
寺島博一
寺林宣英
照井久美子
照井章文
土井章演
土井崇文
銅直樹
堂下貴宏
藤内基樹
東野郁夫
堂野賢二
遠田裕子
堂ヶ澤直生
栂野尚夫
斗賀山茂
時政佳奈
得能威之
徳安真一
所久美子
戸澤翔太
戸田光咲
刀祢達郎
土橋史子
土橋邦彦
土肥奈央子
飛澤直美
飛澤章弘
飛谷奈穂美
冨岡保幸
冨岡款
冨澤洋佑
富田瑞季
富永匡
富山大希
トムラアツシ
土門奏海
豊嶋浩永
鳥海剛
鳥海慧
鳥海謙一
鳥海孝二
鳥潟大恵

な行
内藤晋一
中井薫
中居靖子
永井康裕
長井雄大
永井俊幸
長岩亨
永浦里美
永浦靖尚
中尾啓
長尾敏昭
長岡広大
長岡美幸
長岡孝之
中上太一
中川恵介
中川佑貴
中川浩子
中川尚志
中川美香
中川順子
中川陽晴
竹口宏康
竹下真人
武田大輔
武田雅史
武田万里恵
武田崇
武田英法
武田忠興
竹田晃
武田直
武田哲也
竹田健
武田敦美
武田一彦
武田香織
竹中洋平
武長佑亮
竹花美恵子
竹原美博
竹原一博
武部悟
武村御幸
田路美早紀
田島慎二
田島里夏
田島陽一
田島靖
多田茂紀
多田一雅
多田凌
多田弥生
多田真也
多田愛海
多々見誠
多々見尚子
忠村ひろみ
橘大介
田附歩
立石将崇
舘野哲也
立野栄治
立野貴成
舘山和彦
田中教之
田中順一
田中勇磨
田中敏文
田中香澄
田中幸太
田中ユカ
田中久美子
田中逸美
田中健夫
田中康裕
田中啓
田中慈郎
田中宗幸
田中和幸
田中輝明
田中祐司
田中美加子
田中芳幸
棚田沙恵
田名邊諒
田名部明宏
多仁一文
谷英樹
谷川祐太
谷川和由
谷川早苗
谷川亮太
谷口諒
谷口恭
谷口慎司
谷口璃華
谷口亜衣
谷口芳樹
谷口恒子
種田寛子
種田香
田畑文淳
多畑修二
田畑蓮
田畑和人
田畑瑞樹
田原光代
田原秀俊
玉木雄士
玉村郁子
田村芳樹
田村英明
田村孝
田村郷博
田村直己
田村陸大
田村美幸
田村昭仁
田村文彦
田村美幸
田村章一
田村新吾
田邑真紀
田村佳久
田森英高
田森一貴
多和康司
丹所舞子
丹所菜々花
千秋勉
近井莉愛
近井康博
地家佳奈絵
地家頼子
千田学
高久優介
高口弘司
高桑智子
高崎一郎
高嶋絵里子
高薄亜実
高薄一敏
高瀬師人
高瀬ともみ
高田顕人
高田律子
高田美江
高西透江
高西千秋
高野政敏
高野紗瑛子
高野佐和子
高野智至
高野和彦
高橋直生
高橋宏成
高橋渉
高橋将史
高橋奈菜
高橋順子
高橋和子
高橋未南美
高橋宏行
高橋督
高橋実加子
高橋真郷
高橋麻衣子
高橋恵
髙橋浩介
高橋治郎
高橋洸輝
高橋敬貴
高橋幹
高橋ひろみ
高橋将
高橋辰弥
高橋美恵
高橋久敏
高橋和代
高橋康章
高橋咲
鷹啄賢
高橋まゆみ
高橋晃
高橋優也
高橋安明
髙橋保仁
高橋一生
高橋沙織
髙橋貴子
高橋明
高橋凌
高橋真人
高橋佑樹
高橋正明
高橋典子
高橋教貴
高橋聡美
高橋敏
高橋育実
高橋克彦
高橋康弘
高橋和人
高橋珊瑚
高橋朋志
高橋誠二
高橋範光
高橋静香
高橋恵太
高畑砂織
高畑幸恵
髙原千夏
高見勝律
高村龍自
高谷光一
高谷正之
高屋敷幸雄
高安寛仁
高山知弥
高山司
髙山聰
田川昭寛
瀧川哲也
瀧口香織
瀧口泰正
瀧澤祐介
滝下晋
瀧下佳穂
瀧下佳史
滝田敏裕
滝田司
滝本修士
田口貴之
田口顕
田口範人
田口孝治
田倉和美
武井宗也
武石隆夫
武市耕司
竹内健二
竹内道也
竹内彰子
竹内啓悟
竹内宏毅
竹内秀美
竹内孝哉
竹口麻衣子
竹口英孝

HOKKAIDO CONSADOLE SAPPORO U-18

札幌U-18

北海道コンサドーレ札幌 アンダー18

坂本 勘汰
さかもと かんた
2006.8.25

倉田 楠楽
くらた じゅら
2006.6.4

上ヶ嶋 柊也
かみがしま しゅうや
2006.9.17

小澤 秀太郎
おざわ しゅうたろう
2006.5.21

安達 朔
あだち さく
2007.2.2

竹内 琉真
たけうち りゅうま
2006.4.19

菅原 心里
すがわら しんり
2006.8.30

菅谷 脩人
すがや しゅうと
2006.12.25

庄内 航汰
しょうない こうた
2006.6.13

品田 太郎
しなだ たろう
2006.8.30

茂木 克行
もぎ かつゆき
2006.9.13

三舩 煌晴
みふね こうせい
2006.8.8

畑山 聖那
はたやま せな
2006.11.2

畑 嘉人
はた よしひと
2006.11.1

冨谷 央雅
とみや おうが
2006.4.30

佐々木 太一
ささき たいち
2007.4.18

小松 隼士
こまつ はやと
2007.4.17

中村 琉生
なかむら るい
2007.4.19

傳 光太朗
つたえ こうたろう
2007.6.16

唯野 鶴眞
ただの かくま
2007.5.28

牧野 岳
まきの たける
2007.5.9

丸井 陽人
まるい はると
2007.5.20

加藤 竜之介
かとう りゅうのすけ
2007.5.11

川崎 幹大
かわさき かんた
2007.4.4

窪田 圭吾
くぼた けいご
2007.8.2

河村 虎之介
かわむら とらのすけ
2008.5.26

大澤 忠臣
おおさわ ただおみ
2009.2.28

猪谷 梗大
いのたに こうだい
2008.7.17

市田 蒼葉
いちだ あおば
2007.10.25

手塚 渓心
てづか けいしん
2007.5.22

徳差 優利
とくさし ゆうり
2008.10.2

多田 蒼生
ただ あおい
2008.12.25

渋谷 優里
しぶや すぐり
2008.12.9

笹原 悠
ささはら ゆう
2008.9.20

桑原 智琉
くわはら ちえる
2008.5.12

佐藤 悠飛
さとう ゆうひ
2008.7.30

吉田 愛彩
よしだ あいさ
2008.4.28

安江 一翔
やすえ かずと
2008.6.20

宮口 春輝
みやぐち あつき
2008.4.16

南 李武
みなみ りむ
2008.9.26

葛西 明日真
かさい あすま
2009.3.11

江利山 昊空
えりやま こうすけ
2008.8.25

札幌U-18 2023年度 試合結果

■2023 JユースU-17リーグ

節	試合日	キックオフ	スタジアム	対戦チーム	スコア
第1節	6月17日(土)	14:00	レッズランド	浦和レッズユース	1-2
第2節	10月29日(日)	14:00	宮の沢白い恋人サッカー場	FC東京U-18	0-0

■第47回 日本クラブユースサッカー選手権(U-18)大会

節	試合日	キックオフ	スタジアム	対戦チーム	スコア
第1節	7月23日(日)	8:45	群馬自動車大学校グラウンド	清水エスパルスユース	2-3
第2節	7月24日(月)	8:45	コーエィ前橋フットボールセンター	ブラウブリッツ秋田U-18	2-1
第3節	7月26日(水)	8:45	石関公園グラウンド	浦和レッズユース	3-1
ラウンド16	7月27日(木)	8:45	敷島公園補助陸上競技場	大分トリニータU-18	1-2

■高円宮杯 JFA U-18 サッカープレミアリーグ 2023 プレーオフ

試合日	キックオフ	スタジアム	対戦チーム	スコア
12月8日(金)	11:00	広島広域公園 第一球技場	ファジアーノ岡山U-18	1-3

HOKKAIDO CONSADOLE SAPPORO U-15

札幌U-15

北海道コンサドーレ札幌 アンダー15

松坂 泰志
まつざか たいし
2009.9.28

古川 蒼空
ふるかわ そら
2009.8.21

対馬 夢胡
つしま むう
2009.6.30

砂川 翔夢
すなかわ とむ
2009.12.28

権 五慎
ごん おしん
2009.11.9

井田 泰彰
いだ やすあき
2009.5.14

守谷 春輝
もりや はるき
2009.5.14

西村 和真
にしむら かずま
2009.5.8

藤田 愛稀
ふじた あいき
2009.6.13

桑原 琉緒
くわはら りお
2009.12.18

石川 斐翔
いしかわ いると
2009.9.17

吉村 瑛琉
よしむら えいる
2009.5.19

吉田 那大
よしだ なお
2010.4.9

武田 浩志
たけだ こうし
2010.8.5

浜田 隼輔
はまだ しゅんすけ
2009.4.14

伊藤 榛真
いとう はるま
2009.6.8

鳥井 優志
とりい ゆうし
2009.8.20

菊池 瑠生
きくち るい
2009.12.2

宮園 蒼空
みやぞの そら
2010.12.29

丹下 璃空
たんげ りく
2010.10.26

金谷 海音
かなや かいと
2010.8.17

長谷川 侑輝
はせがわ ゆうき
2010.5.20

木村 颯志
きむら そうし
2010.8.10

西山 亜虎
にしやま あとら
2010.7.11

堀井 琉生
ほりい りゅうき
2010.5.18

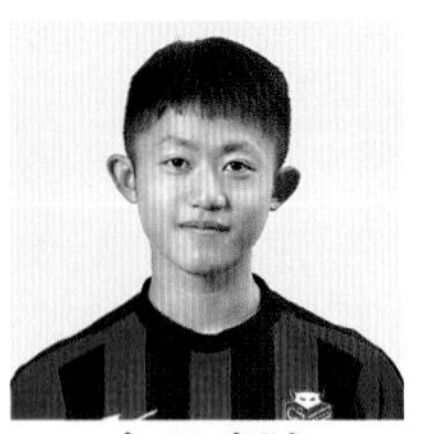
永田 泰誠
ながた たいせい
2010.7.28

久世 大雅
くせ たいが
2010.4.6

石丸 大十
いしまる ひろと
2011.2.17

西垣 篤音
にしがき あつと
2010.8.2

平井 隆大
ひらい りゅうだい
2010.6.2

佐藤 壱斗
さとう いちと
2011.9.4

中川 青空
なかがわ そら
2011.5.27

太田 葉琉
おおた はる
2011.10.2

松浦 虎雅
まつうら たいが
2010.8.30

田中 唯音
たなか ゆいと
2010.5.14

丸井 結人
まるい ゆいと
2010.8.3

佐藤 健人
さとう たけと
2011.4.21

内山 留嘉
うちやま るか
2011.5.24

木屋 颯斗
きや ふうと
2011.8.16

山口 凪
やまぐち なぎ
2011.7.6

塚本 陽己
つかもと はるき
2011.11.24

佐々木 勇悟
ささき ゆうご
2011.5.8

青柳 斗亜
あおやぎ とうあ
2011.10.5

土井 丈輝
どい ともき
2011.10.10

小川 響久
おがわ きょうく
2011.11.9

藤枝 皇王
ふじえだ こう
2011.10.13

大西 希空
おおにし のえる
2011.5.24

近藤 賢斗
こんどう けんと
2011.4.22

下 尚希
しも なおき
2011.8.10

遠田 万里
とおだ ばんり
2011.7.12

HOKKAIDO CONSADOLE ASAHIKAWA U-15

旭川U-15

北海道コンサドーレ旭川 アンダー15

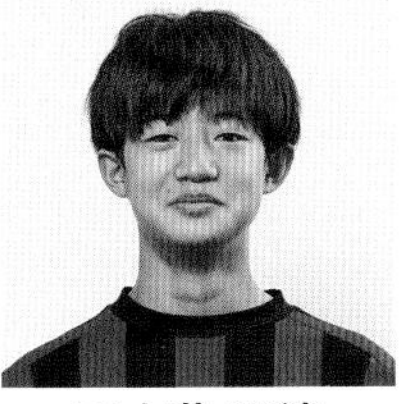
下大薗 理緒
しもおおぞの りお
2009.4.30

鹿野 生真
かの いくま
2009.7.8

宮本 蓮
みやもと れん
2009.6.20

大西 柊輝
おおにし しゅうと
2009.12.21

今岡 晄
いまおか ひかる
2009.6.11

井上 興太郎
いのうえ こうたろう
2009.9.24

早川 來唯
はやかわ らい
2009.5.23

英 昴瑠
はなぶさ すばる
2009.11.11

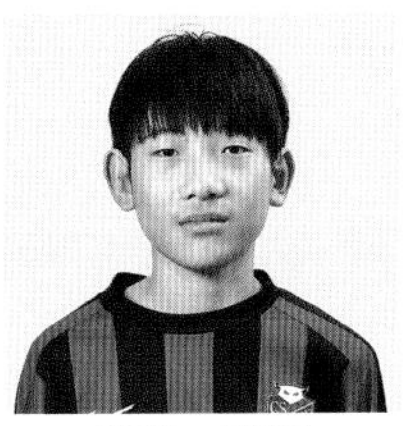
栃谷 亜樹
とちたに あき
2009.4.19

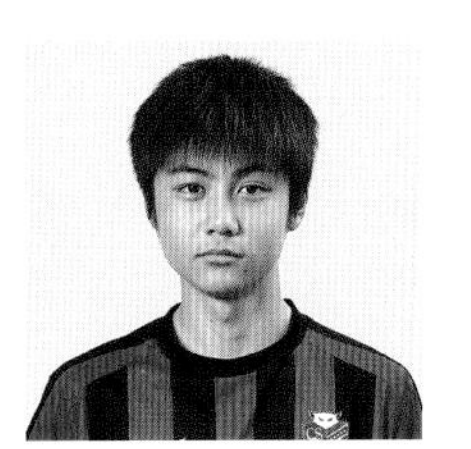
滝頭 脩生
たきがしら しゅうせい
2009.4.29

鈴木 黎 フィデリス
すずき れい ふぃでりす
2009.6.2

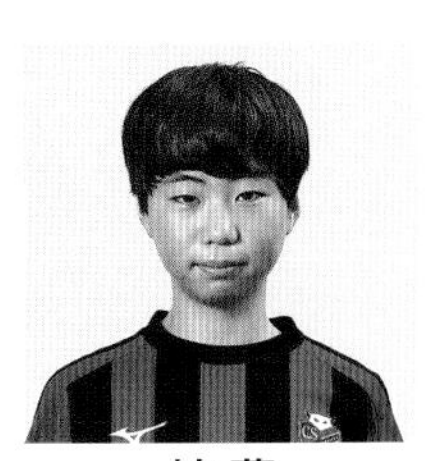
神 薫
じん かおる
2010.1.3

善志 優玄
ぜんし ゆうげん
2010.6.26

城ノ下 大和
じょうのした やまと
2010.12.16

佐藤 晄士
さとう こうし
2010.6.4

山田 凛和
やまだ りんと
2009.4.17

宮越 梧生
みやこし ごう
2009.8.5

増岡 葦月
ますおか いつき
2009.8.14

原口 颯太
はらぐち そうた
2010.10.15

早川 和斗
はやかわ かずと
2010.4.21

畑 京太朗
はた きょうたろう
2010.7.28

西谷 健臣
にしたに けんしん
2010.7.8

成田 葵菜
なりた あおな
2010.6.29

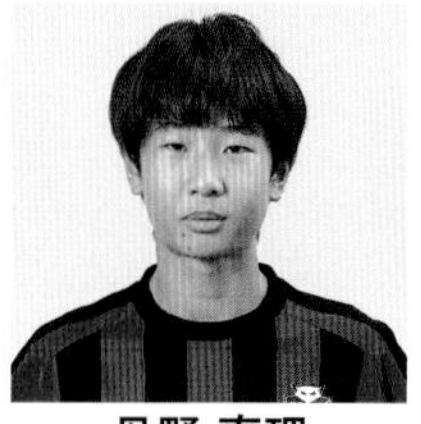
丹野 真理
たんの まこと
2010.8.19

李 由宇
り ゆう
2011.1.29

山谷 悠貴
やまや ゆうき
2010.9.30

山本 朝稀
やまもと あさき
2010.10.29

村井 嶺真
むらい れいま
2010.6.1

本多 平良
ほんだ たいら
2010.8.5

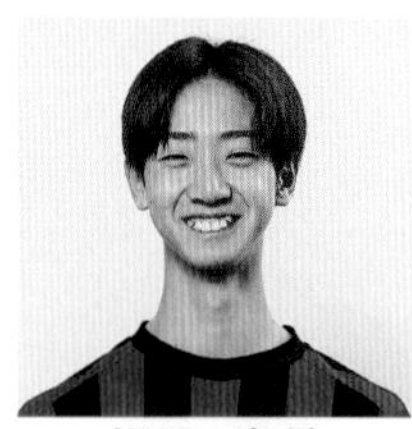
堀江 春希
ほりえ はるき
2010.5.22

川畠 豪
かわばた ごう
2011.9.5

川上 斗和
かわかみ とわ
2011.5.10

金山 佳聖
かなやま よしと
2011.9.7

葛原 獅夕
かつらはら しゆう
2011.7.8

小野 廉斗
おの れんと
2011.10.12

伊藤 和成
いとう かずなり
2011.5.2

丹野 莉々彩
たんの りりあ
2011.12.22

谷口 透弥
たにぐち とうや
2011.5.14

多田 夏輝
ただ なつき
2011.8.25

髙橋 奏斗
たかはし かなと
2011.8.11

佐賀 都築
さが つづき
2011.6.18

小林 紘斗
こばやし ひろと
2011.6.13

山口 暁礼
やまぐち あきら
2011.6.14

矢野 琉介
やの りゅうすけ
2011.10.25

森 昊月
もり なつ
2011.6.18

松木 琉太
まつき りゅうた
2012.3.20

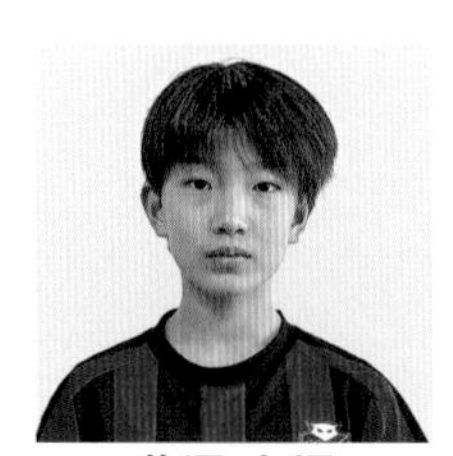
藤澤 大輝
ふじさわ だいき
2011.12.22

橋本 透里
はしもと とおり
2011.7.17

HOKKAIDO CONSADOLE KUSHIRO U-15

釧路U-15

北海道コンサドーレ釧路 アンダー15

伊東 蔵明
いとう ただあき
2009.8.12

小原 愛翔
おばら あいと
2009.7.11

池田 昂平
いけだ こうへい
2009.5.27

後藤 彰太
ごとう しょうた
2009.9.28

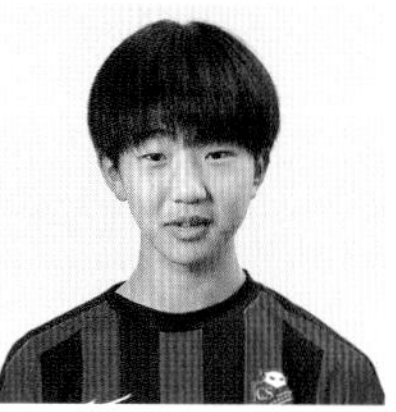
松野 塁暖
まつの るい
2009.11.21

久保田 竜彗
くぼた りゅうせい
2009.9.9

三品 覇月
みしな はづき
2010.5.28

福原 幸弥
ふくはら ゆきや
2011.2.19

黒萩 桜玖
くろはぎ さく
2010.12.16

舟﨑 稔哩
ふなさき みのり
2010.11.9

佐藤 青星
さとう しょうせい
2009.4.2

阿部 煌世
あべ こうせい
2009.5.10

下天摩 快杜
しもてんま かいと
2010.9.29

柴田 健佑
しばた けんゆう
2010.6.14

北村 蓮
きたむら れん
2010.6.22

北村 丈太郎
きたむら じょうたろう
2010.11.9

今井 俐玖
いまい りく
2010.5.18

小川 銀士
おがわ ぎんじ
2010.7.7

佐賀 遼太
さが りょうた
2011.10.13

及川 朱吏
おいかわ しゅり
2011.12.11

三浦 奈々
みうら なな
2010.11.3

西渕 愛生
にしぶち めい
2010.12.2

谷尾 璃羽
たにお りわ
2010.5.11

立原 詠歩
たちはら えいと
2010.5.5

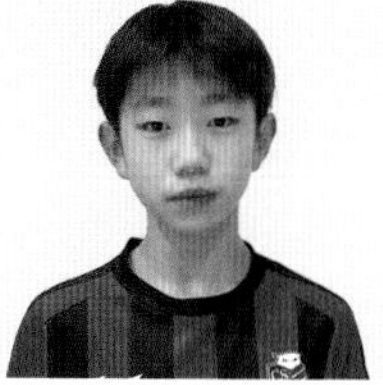
宮本 惇希
みやもと あつき
2011.10.26

山本 琉聖
やまもと るい
2011.11.29

森戸 壱星
もりと いっせい
2012.2.10

松田 蹴翔
まつだ しゅうと
2011.9.27

小川 愛翔
おがわ まなと
2011.4.14

眞下 空大
ました そら
2011.7.20

鈴木 悠友
すずき ゆうすけ
2012.3.27

髙本 想介
たかもと そうすけ
2011.9.16

長谷川 旺雅
はせがわ おうが
2011.6.6

大橋 侑叶
おおはし ゆうと
2011.5.12

佐藤 由人
さとう ゆいと
2012.1.12

鈴木 伯空
すずき はく
2011.8.11

HOKKAIDO CONSADOLE MURORAN U-15 室蘭U-15

北海道コンサドーレ室蘭 アンダー15

川口 湘大
かわぐち しょうた
2009.9.2

菅田 和翔
すがた やまと
2009.8.18

水口 琳琴
みずぐち りこ
2010.2.21

工藤 柊生
くどう しゅい
2010.3.23

吉田 凛
よしだ りん
2009.10.17

原口 悠生
はらぐち ゆうせい
2009.6.10

鎌田 俊平
かまだ しゅんぺい
2009.11.22

石井 絢勇
いしい けんゆう
2009.5.1

玉置 晴太
たまおき せいた
2009.7.9

青柳 翔人
あおやぎ しょうと
2010.2.8

遠藤 風煌
えんどう ふうが
2010.2.28

白木 爽太
しらき そうた
2009.9.2

ブロドウスキー レナン
ぶろどうすきー れなん
2010.7.27

田中 琉飛
たなか ると
2010.5.4

志賀 友紀
しが ゆうき
2010.9.19

釼谷 絢捺
つるぎや じゅな
2010.10.27

後藤 唯斗
ごとう ゆいと
2010.6.1

佐々木 蒼拓
ささき そうた
2009.7.13

榊 泰輔
さかき たいすけ
2010.9.10

近藤 琉楓
こんどう るか
2010.10.7

有久 幹汰
ありひさ かんた
2010.4.4

佐々木 理結
ささき りひと
2010.6.14

清野 恋春
せいの こはる
2010.6.17

宮川 瑛斗
みやかわ えいと
2010.11.11

亀谷 春斗
かめや はると
2011.3.30

大宮 琥太郎
おおみや こたろう
2010.10.5

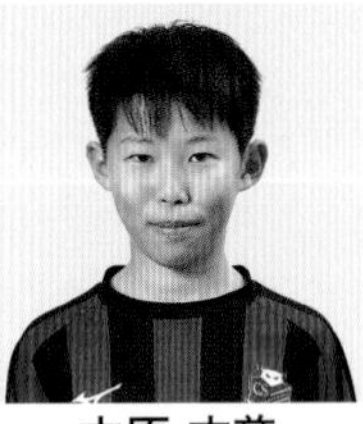
木原 丈慈
きはら じょうじ
2010.9.1

一戸 玖穏
いちのへ くおん
2011.1.7

佐々木 晃佑
ささき こうすけ
2011.3.20

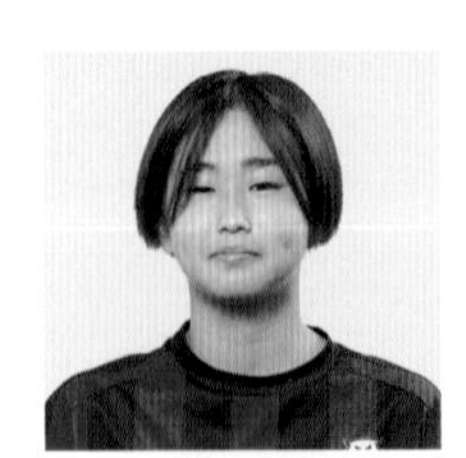
田宮 新菜
たみや にいな
2010.5.27

髙橋 竜慰
たかはし るい
2012.3.24

福田 大翔
ふくだ やまと
2011.9.1

林 奏佑
はやし そうすけ
2010.10.20

遠藤 青空
えんどう はるたか
2011.2.19

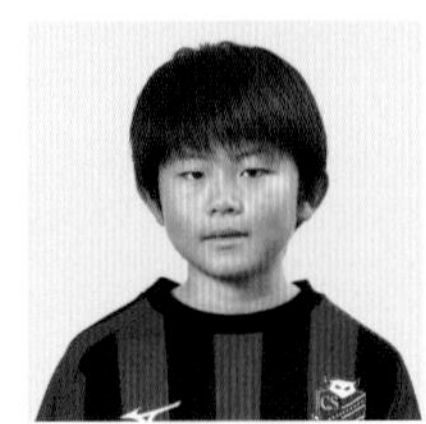
浦本 來翔
うらもと らいと
2010.9.4

上田 昂
うえだ こうき
2010.8.4

室蘭U-15

坂田 仁
さかた じん
2011.11.15

滝脇 遥哉
たきわき はるや
2011.9.9

岩田 禮嗣
いわた れいじ
2011.6.10

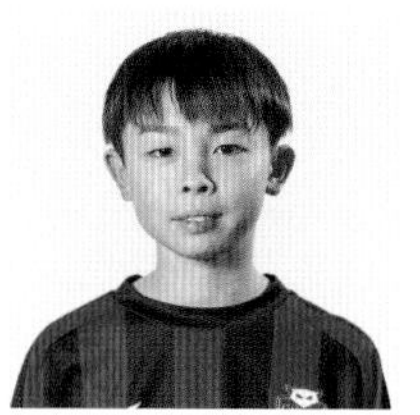
長家 來碧
ながや らいあ
2011.7.11

横山 結翔
よこやま ゆいと
2012.1.4

角田 有芯
かくた ゆうしん
2011.10.13

岡村 優羽
おかむら ゆうわ
2011.9.6

生方 太晟
うぶかた たいせい
2011.5.26

猪股 禄
いのまた ろく
2011.5.22

高瀬 煌大
たかせ こうだい
2011.8.14

白木 颯
しらき そう
2011.9.6

畑原 樹葵
はたはら いつき
2011.9.14

菊谷 雄星
きくや ゆうせい
2011.5.30

長谷川 望夢
はせがわ のあ
2011.8.19

須田 琉河
すだ りゅうが
2011.4.18

山本 琉偉
やまもと るい
2011.12.7

熊原 絆
くまはら きずな
2011.7.10

HOKKAIDO CONSADOLE SAPPORO U-12

札幌U-12

北海道コンサドーレ札幌 アンダー12

札幌U-12

熊原 柏玖
くまはら はく
2012.6.5

北川 康清
きたがわ こうせい
2012.6.24

大塚 紘斗
おおつか ひろと
2012.6.6

井口 洋輝
いのくち ひろき
2012.7.26

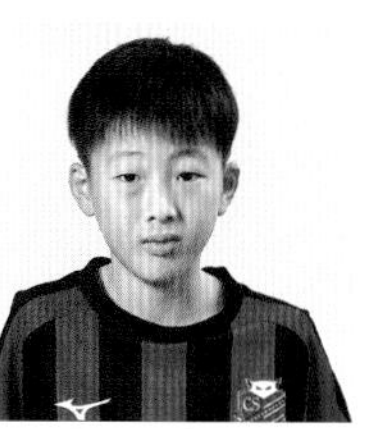
井関 直琉
いせき あたる
2012.9.20

五十嵐 昴
いがらし すばる
2012.9.25

小松 駿介
こまつ しゅんすけ
2012.10.9

岩渕 勇人
いわぶち はやと
2012.7.2

柳谷 龍燈
やなぎや りゅうひ
2012.5.22

富本 丞喬
とみもと じょうすけ
2012.6.21

長谷川 雄飛
はせがわ ゆうと
2013.2.27

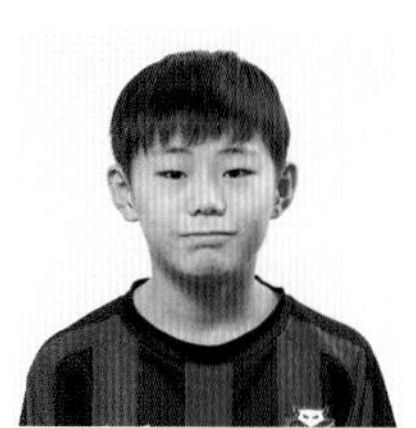
中野 旭陽
なかの あさひ
2012.4.15

坂田 歩
さかた あゆむ
2012.4.17

中沢 彪義
なかざわ ひでよし
2012.4.6

宮口 大輝
みやぐち だいき
2012.10.7

毛木 友崇
もき ゆたか
2013.2.11

森田 健心
もりた けんしん
2012.9.10

工藤 一輝
くどう かずき
2012.7.29

佐々木 瑛人
ささき えいと
2013.8.26

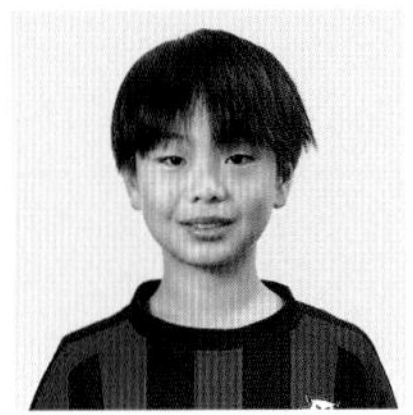
片岡 翔生
かたおか かける
2013.8.5

平山 倫汰
ひらやま りんた
2013.4.24

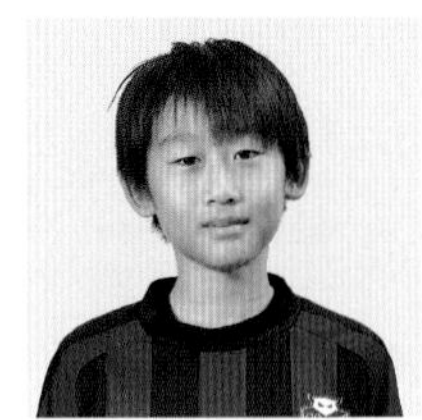
金山 空
かなやま そら
2013.9.27

白取 琉貴也
しらとり るきや
2013.1.11

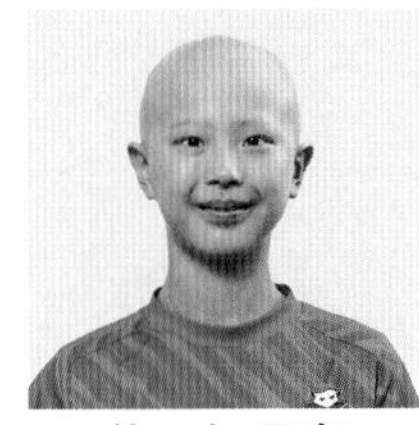
佐々木 見真
ささき けんしん
2012.5.15

上居 蒼
かみい そら
2013.5.8

和田 陽希
わだ はるき
2013.4.4

伊藤 盡飛
いとう つきひ
2013.7.25

二津 颯太
ふたつ ふうた
2013.6.26

大野 脩斗
おおの しゅうと
2013.5.25

藤田 紡
ふじた つむぎ
2013.10.4

吉田 翔之介
よしだ しょうのすけ
2013.8.7

新倉 知真
にいくら かずま
2013.6.21

チョーク 大維志
ちょーく たいし
2013.10.8

菅原 佑太
すがわら ゆうた
2013.8.26

鬼柳 蓮士
きやなぎ れんと
2013.5.5

野口 健
のぐち けん
2013.7.20

松浦 聖空
まつうら ひだか
2013.10.3

山田 晟
やまだ あさひ
2013.9.25

田中 柊有
たなか しゅう
2013.12.29

舘野 翔平
たての しょうへい
2013.6.17

南山 陽希
みなみやま はるき
2013.11.15

森 敦季
もり あつき
2013.4.7

大川 脩斗
おおかわ しゅうと
2014.6.5

細井 慧樹
ほそい けいじゅ
2014.10.28

工藤 稜馬
くどう りょうま
2014.8.26

五十嵐 康介
いがらし こうすけ
2014.6.29

佐々木 肇
ささき はじめ
2015.3.1

田中 藍音
たなか あいと
2014.3.8

竹田 遥輝
たけだ はるき
2014.6.24

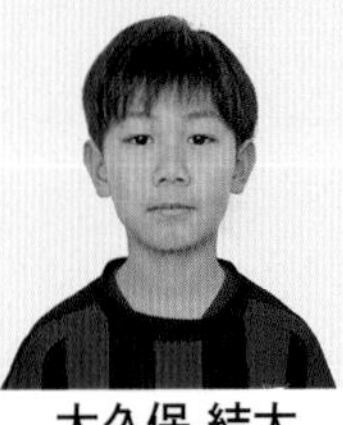
大久保 結太
おおくぼ ゆうた
2014.10.5

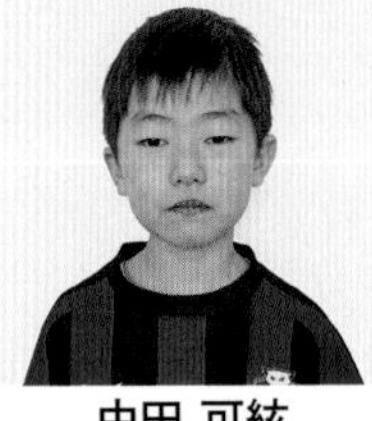
中田 可絃
なかた かいと
2014.8.25

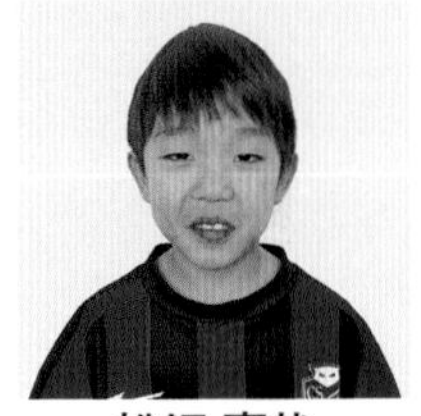
松坂 嘉哉
まつさか かずや
2014.11.9

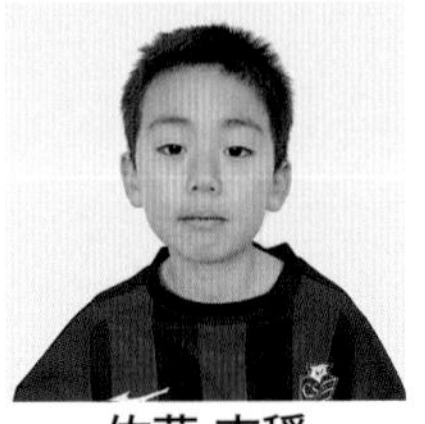
佐藤 志穏
さとう しおん
2015.2.5

杉村 心夢
すぎむら ここむ
2015.2.10

棚橋 彪
たなはし ひょう
2014.7.9

豊川 大雅
とよかわ たいが
2014.8.12

豊川 創大
とよかわ そうた
2014.8.12

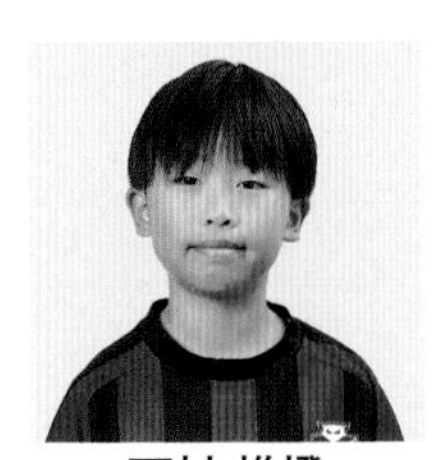
下村 惟橙
しもむら ゆいと
2014.6.9

荒川 晴輝
あらかわ はるき
2014.6.27

佐藤 耀一郎
さとう よういちろう
2014.9.5

札幌U-12

加藤 理仁
かとう りひと
2014.7.9

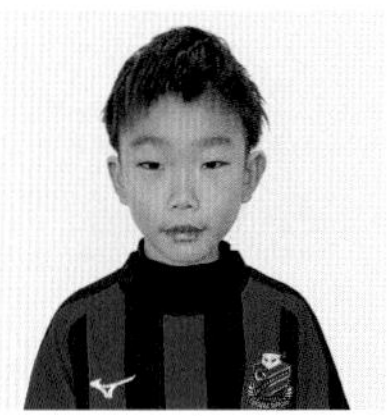
飯塚 廉ノ助
いいづか れんのすけ
2014.10.11

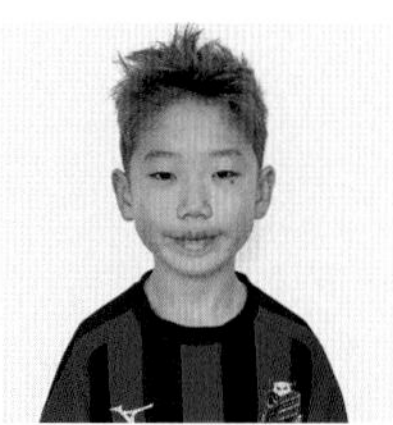
山口 瑠葵
やまぐち るい
2014.4.22

石川 慶都
いしかわ けいと
2015.1.18

中村 来未
なかむら らいみ
2014.6.3

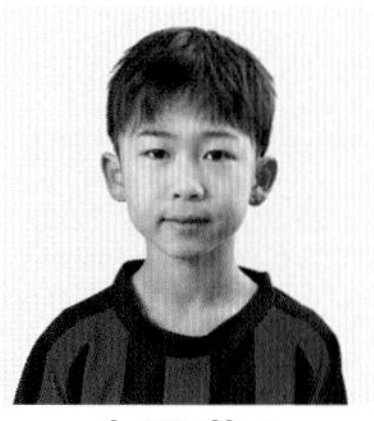
生野 蒼士
いくの あおし
2014.9.2

西野 永晋
にしの えいしん
2015.8.19

宮澤 陸士
みやざわ りくと
2015.7.15

富本 響斗
とみもと ひびと
2015.4.8

山本 琉生
やまもと るい
2016.3.19

三橋 岳造
みつはし たけぞう
2015.6.2

渡辺 隼
わたなべ しゅん
2014.5.7

田中 奏音
たなか たくと
2015.12.20

吉田 怜央
よしだ れお
2016.2.7

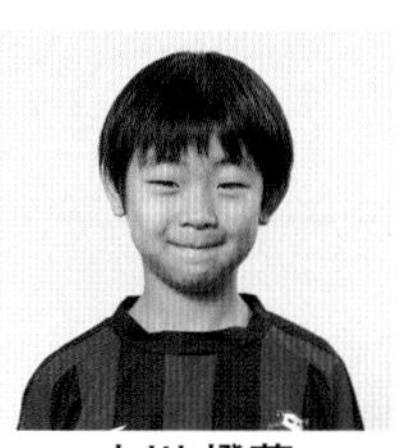
小川 燈夢
おがわ とうむ
2015.11.25

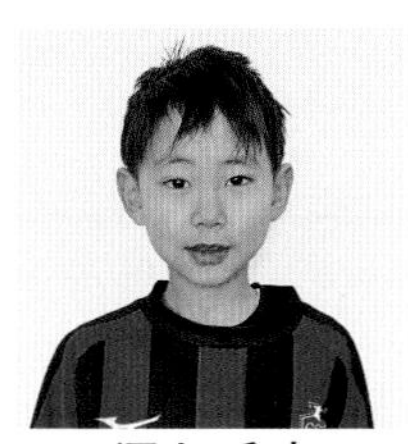
深山 千晴
みやま ちはる
2015.4.15

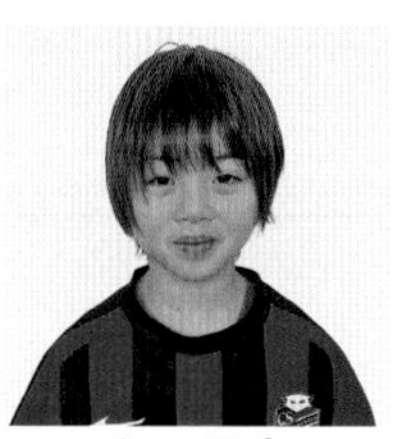
山口 星音
やまぐち しおん
2015.4.29

野本 敦己
のもと あつき
2015.4.20

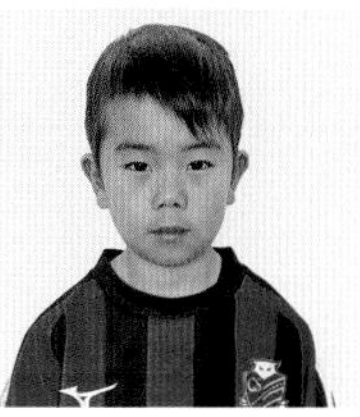
矢野 想真
やの そうま
2015.10.28

佐藤 晴翔
さとう はると
2015.12.27

稲川 翔太
いながわ しょうた
2015.12.17

中村 煌晴
なかむら こうせい
2015.4.24

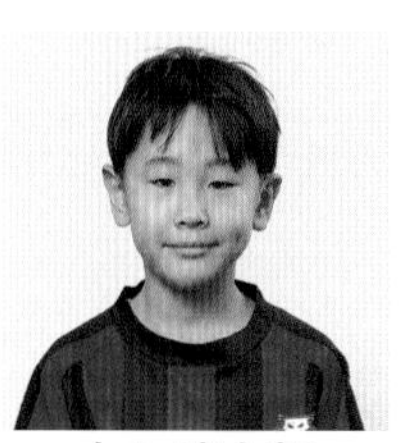
中山 琥太郎
なかやま こたろう
2015.6.30

谷藤 奏都
たにふじ ななと
2015.8.2

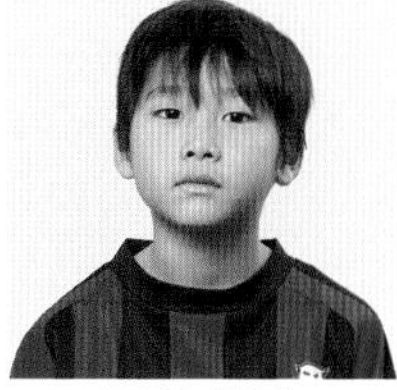
下村 陽太
しもむら ひなた
2016.4.21

山川 蓮輔
やまかわ れんすけ
2016.4.18

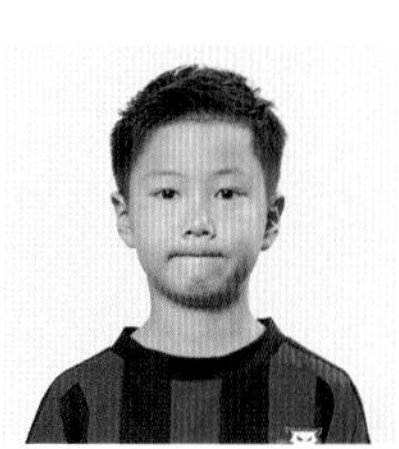
髙橋 朝飛
たかはし あさひ
2016.7.13

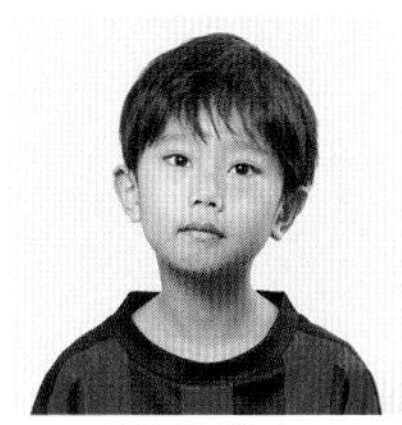
藤下 翔太
ふじした しょうた
2016.5.23

柳生 大琥
やぎゅう たいが
2016.4.8

津元 翔貴
つもと しょうき
2015.10.14

堀田 栞叶
ほりた しほ
2013.9.25

西村 陽葵
にしむら ひまり
2013.5.30

大月 華元
おおつき かげん
2013.7.31

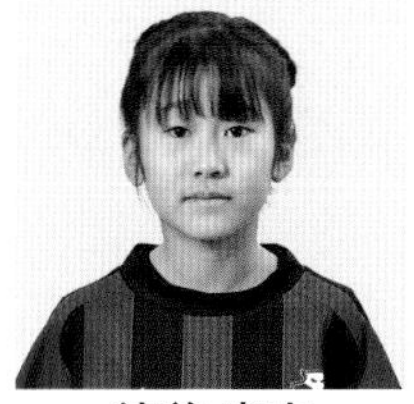
徳差 幸来
とくさし ゆらい
2013.1.29

津村 明希
つむら あき
2013.1.18

藤田 想央
ふじた そお
2017.1.13

越前 紗和
えちぜん さわ
2015.9.14

南雲 心希
なぐも このみ
2015.3.25

山下 桜
やました さくら
2014.6.18

宮島 うみ
みやじま うみ
2014.11.3

髙橋 ひなた
たかはし ひなた
2014.6.2

咲間 花
さくま はな
2014.7.9

小林 空
こばやし そら
2017.2.1

高橋 ののか
たかはし ののか
2016.5.26

成田 葵
なりた あおい
2016.7.5

HOKKAIDO CONSADOLE HIGASHIKAWA U-12

東川U-12

北海道コンサドーレ東川 アンダー12

髙井 海瑠
たかい かいる
2012.6.16

鈴木 來 フィデリス
すずき らい ふぃでりす
2013.1.19

下内 蒼翔
しもうち あおと
2012.5.19

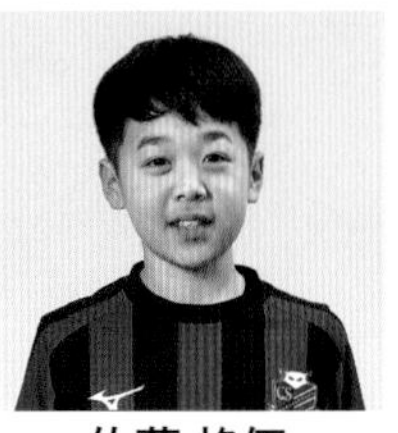
佐藤 柊伍
さとう しゅうご
2012.11.13

木村 大智
きむら だいち
2012.5.6

木下 晟吾
きのした せいご
2012.7.2

岩崎 颯太
いわさき そうた
2013.8.25

阿部 楓悟
あべ ふうご
2013.9.14

本多 音々
ほんだ ねね
2012.8.14

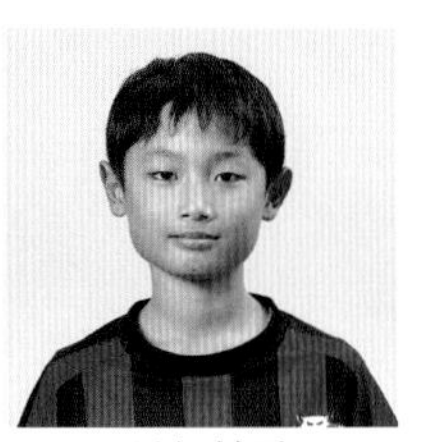
尾崎 篤弥
おざき あつや
2012.11.18

堀江 夏輝
ほりえ なつき
2012.5.1

中田 莫山
なかた ばくざん
2012.6.16

溝口 彩斗
みぞぐち あやと
2013.6.13

鶴田 結士
つるた ゆいと
2014.2.28

須見 奏仁
すみ かなと
2013.11.1

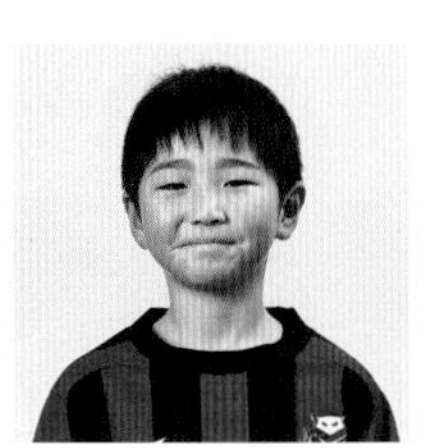
新谷 太一
しんや たいち
2013.8.29

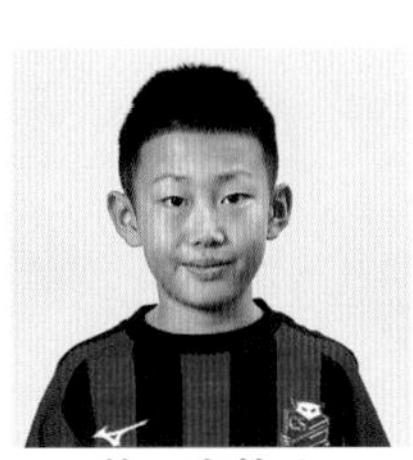
佐々木悠人
ささき ゆうと
2014.2.10

佐々木亨次朗
ささき なおじろう
2013.4.15

岸田 啓汰
きしだ けいた
2015.3.30

菊地 裕五
きくち ゆうご
2014.6.14

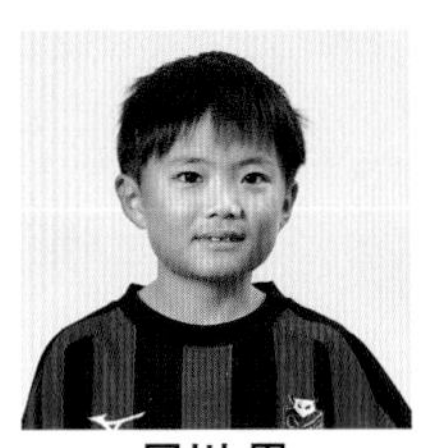
尼川 周
あまかわ しゅう
2015.3.27

渡部 碧斗
わたなべ あおと
2014.2.13

龍後 壮磨
りゅうご そうま
2013.9.30

山口 遥輝
やまぐち はるき
2013.4.12

前田 理都
まえだ りと
2014.5.5

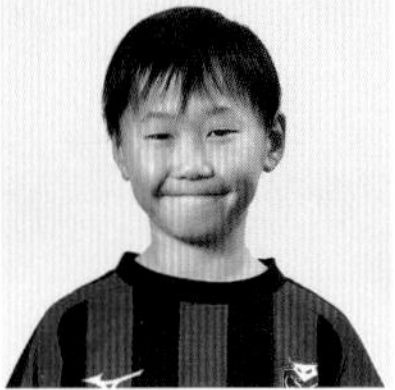
星野 琥祇
ほしの らいき
2014.11.17

正垣玲三郎
しょうがき れいざぶろう
2014.7.18

下内 路翔
しもうち るか
2014.9.19

下大薗 律
しもおおぞの りつ
2014.11.20

佐藤侠太郎
さとう きょうたろう
2014.11.15

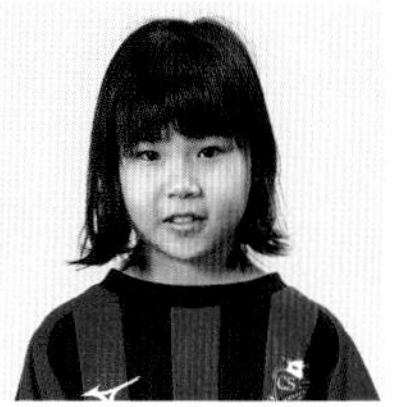
阿部 いち楓
あべ いちか
2015.6.25

木屋 琳月
きや りつき
2015.7.14

佐藤悠之丞
さとう ゆうのすけ
2015.6.1

佐藤 冴空
さとう がく
2015.12.10

桜庭 丈
さくらば じょう
2015.9.13

横山 楽
よこやま らく
2014.5.9

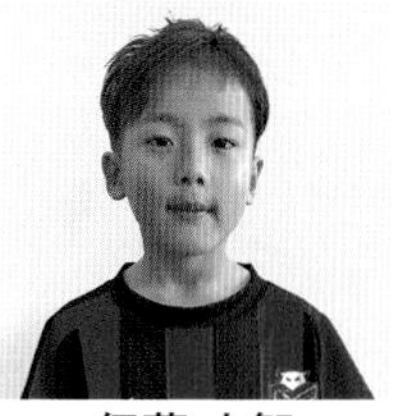
伊藤 大智
いとう たいち
2016.10.31

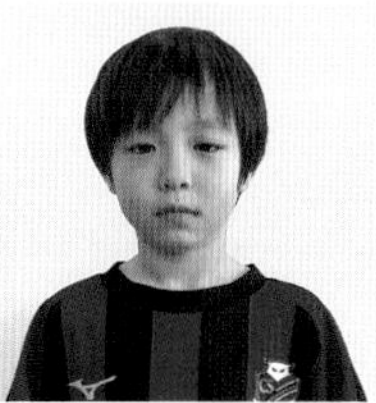
片山 朝陽
かたやま あさひ
2016.9.22

丸本 晴琉
まるもと はる
2016.7.12

中村 奏斗
なかむら かなと
2016.5.26

髙橋 謙太
たかはし けんた
2017.3.26

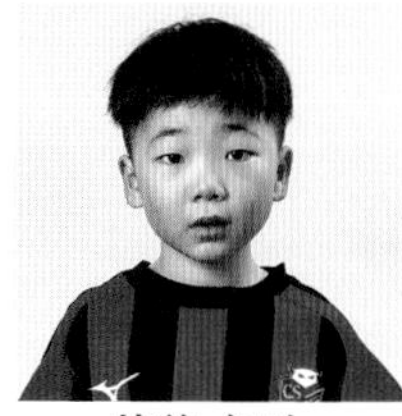
龍後 伊吹
りゅうご いぶき
2016.1.27

平田 脩翔
ひらた しゅうと
2017.9.12

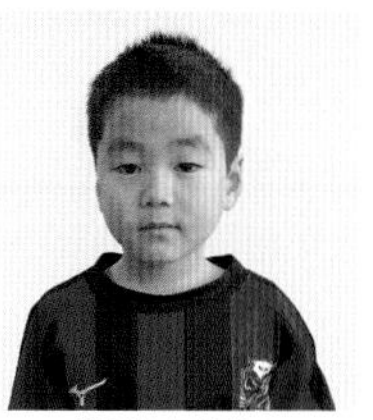
佐藤 剛亮
さとう ごうすけ
2018.2.3

栗澤 諒冴
くりさわ あさひ
2018.1.7

HOKKAIDO
CONSADOLE
KUSHIRO U-12

釧路U-12

北海道コンサドーレ釧路 アンダー12

齋藤 楽
さいとう らく
2012.8.1

齊藤 巧将
さいとう よしまさ
2012.7.7

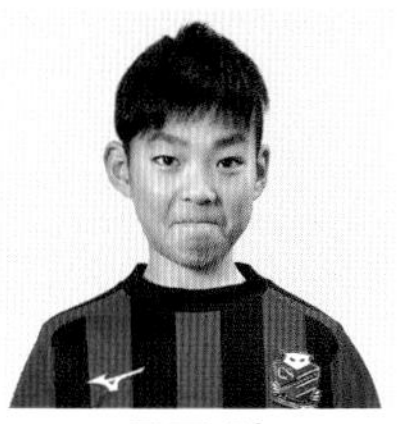
長岡 諒
ながおか りょう
2012.7.14

安部 巧真
あべ たくま
2012.5.13

都築 蒼
つづき あおい
2012.4.27

佐藤 絢斗
さとう あやと
2012.11.22

三品 霧丸
みしな きりまる
2012.11.27

蔵本 和功
くらもと わく
2012.7.24

久保田 晃彗
くぼた こうせい
2012.12.27

小野寺 快斗
おのでら かいと
2013.3.25

江良 飛来
えら たすく
2012.4.5

山本 陽斗
やまもと はると
2012.7.6

小西 悠翔
こにし はると
2013.10.24

小栗 滉斗
おぐり ひろと
2013.5.22

松野 蒼良
まつの そら
2013.8.28

末松 忠
すえまつ じょう
2013.5.30

舘内 岳
たてうち がく
2012.9.17

萬年 陽翔
まんねん はると
2012.10.25

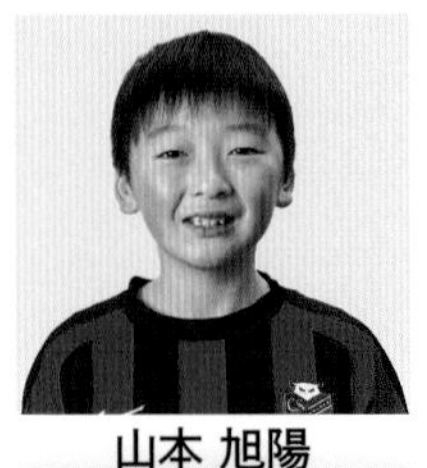
山本 旭陽
やまもと あさひ
2013.10.7

鈴木 透空
すずき とうら
2013.12.13

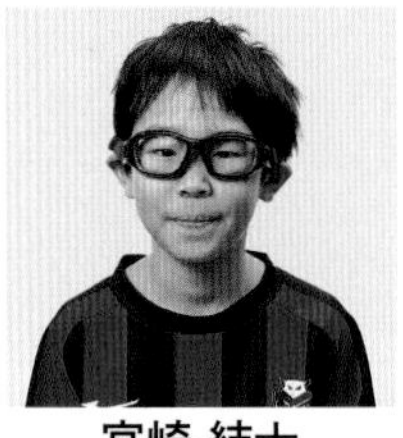
宮崎 結士
みやざき ゆいと
2013.7.5

吉田 琥太郎
よしだ こたろう
2013.5.13

岩井 豪志
いわい ごうし
2013.8.8

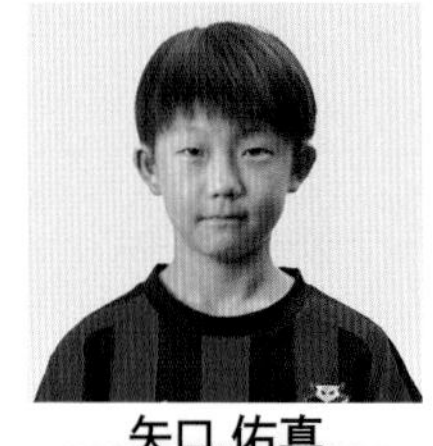
矢口 佑真
やぐち ゆうま
2013.7.30

合林 輝流
ごうばやし きりゅう
2014.7.25

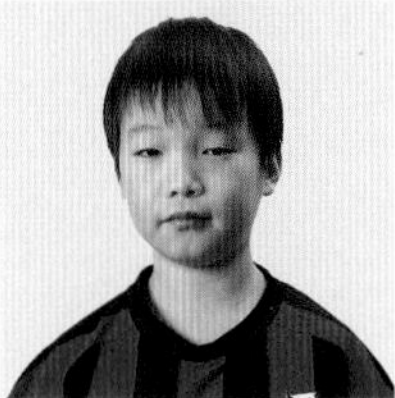
福澤 藍士
ふくざわ あいと
2014.5.11

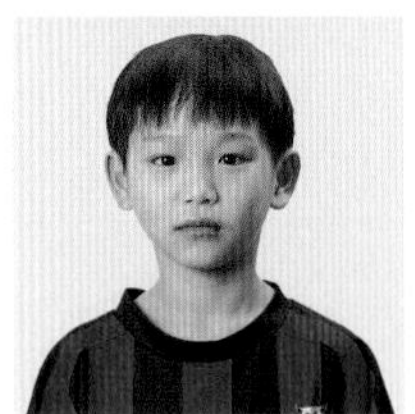
森戸 奏稀
もりと そうま
2015.3.24

藤田 一飛
ふじた いっと
2013.7.28

門田 大智
かどた たいち
2015.3.26

田崎 大惺
たざき たいせい
2013.7.25

眞下 凌空
ました りく
2015.4.24

松野 吏玖
まつの りく
2016.3.31

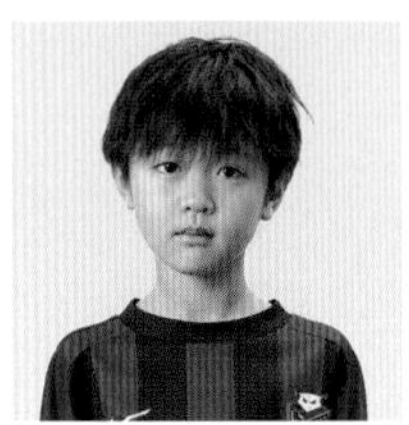
石塚 渉武
いしづか あゆむ
2015.8.26

萬年 歩華
まんねん あゆか
2015.4.13

長岡 李奈
ながおか りな
2015.5.25

髙野 聖也
たかの せいや
2014.7.24

池田 湊
いけだ みなと
2016.7.3

村瀬 裕一
むらせ ゆういち
2015.6.20

西渕 羽玖
にしぶち わく
2016.2.28

齊藤 世敏
さいとう つぐとし
2015.7.28

北村 友樹也
きたむら ゆきや
2015.6.15

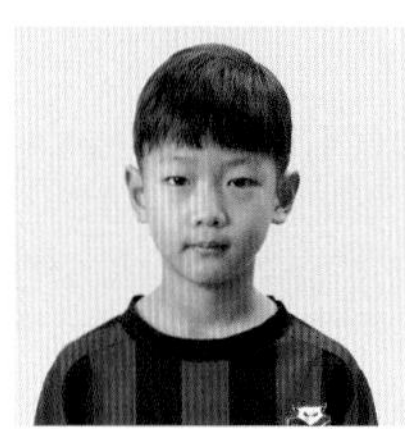
磯部 隼也
いそべ しゅんや
2015.11.28

江良 颯真
えら ふうま
2016.5.9

米内山 陽心
よないやま ひなと
2016.8.5

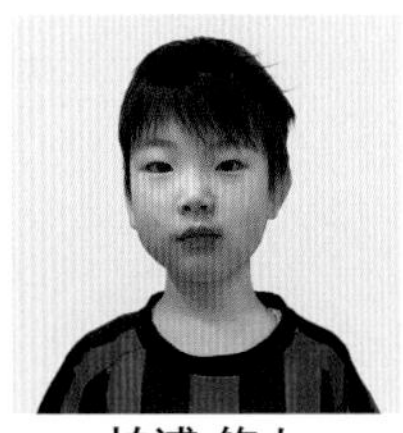
柏浦 悠人
かしうら ゆうじん
2016.4.4

阿部 丞之介
あべ じょうのすけ
2016.5.20

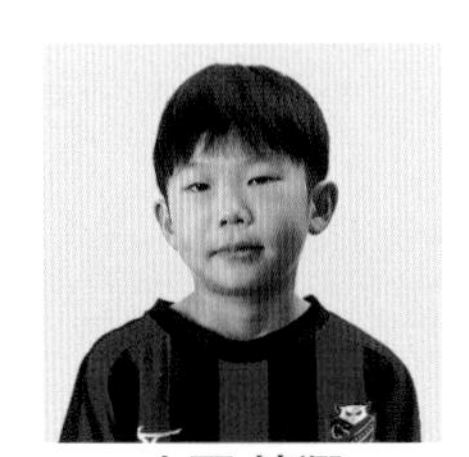
小西 惇翔
こにし しゅんと
2016.9.25

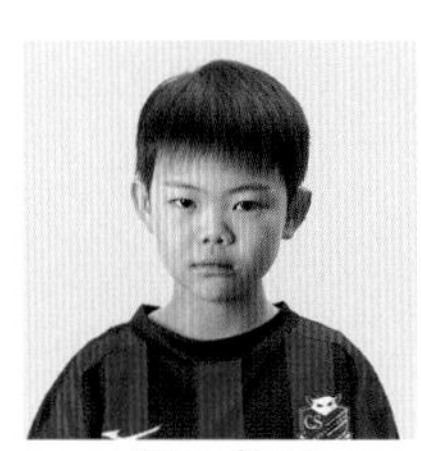
澤田 悠月
さわだ ゆづき
2016.8.8

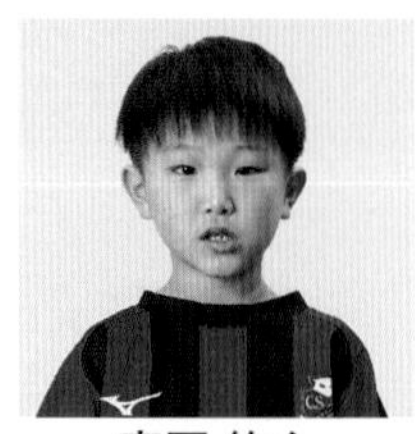
森戸 絢心
もりと けんしん
2016.10.15

川端 隼耀
かわばた しゅんひ
2017.3.21

小川 大翔
おがわ ひろと
2016.4.19

HOKKAIDO CONSADOLE MURORAN U-12

室蘭U-12

北海道コンサドーレ室蘭 アンダー12

浦本 悠翔
うらもと ゆうと
2013.1.31

寺田 樹央
てらだ みきお
2012.6.21

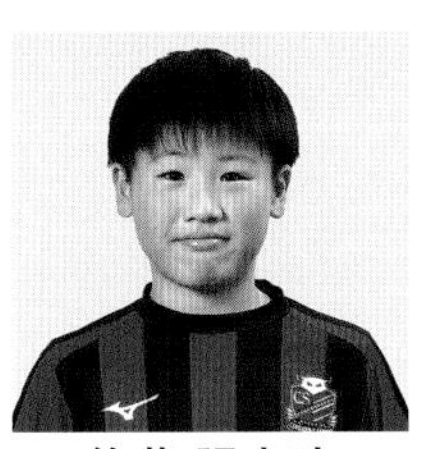
佐藤 陽之助
さとう ようのすけ
2012.5.19

鈴木 晴大
すずき はる
2012.9.2

樋渡 龍星
ひわたし りゅうせい
2012.6.27

斎藤 武蔵
さいとう むさし
2012.11.7

安田 結翔
やすだ ゆいと
2013.3.27

齋藤 瑛音
さいとう えいと
2012.7.26

島守 大翔
しまもり だいと
2012.5.8

原 幹大
はら かんた
2013.9.18

上澤田 竜佑
かみさわだ りゅう
2012.5.14

須藤 蒼央
すどう あお
2012.6.8

服部 晃陽
はっとり あさひ
2013.10.21

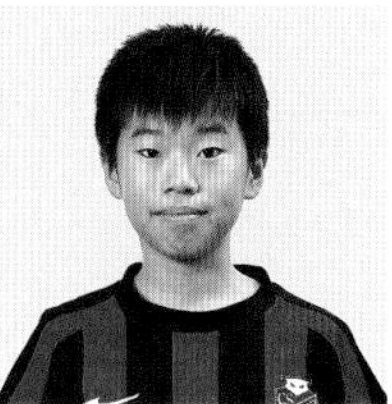
林 蓮汰
はやし れんた
2013.8.9

三好 真弘
みよし まひろ
2013.4.30

生方 唯愛
うぶかた いちか
2013.4.14

岩倉 暖
いわくら はる
2013.7.28

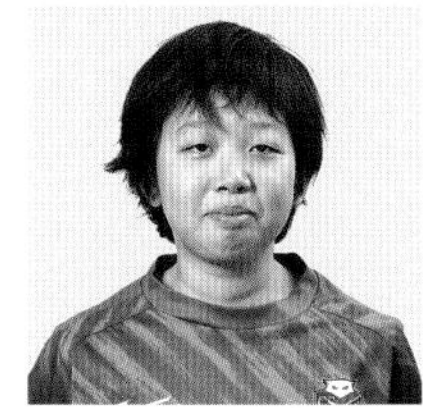
中村 颯真
なかむら そうま
2012.5.30

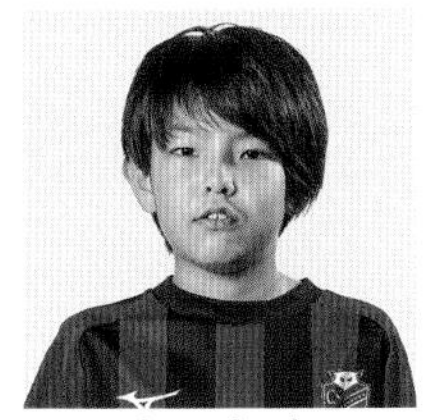
岩田 拓実
いわた たくみ
2014.8.20

松崎 翔空
まつざき とあ
2015.1.14

本間 幹大
ほんま かんた
2015.1.19

後藤 彩斗
ごとう あやと
2014.8.1

打矢 咲太
うちや さくた
2013.4.9

藤田 奏人
ふじた かなと
2013.12.18

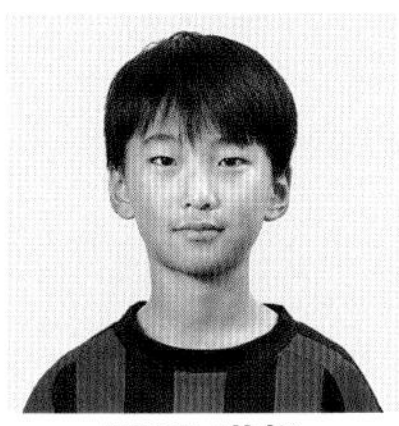
門澤 瑛都
かどさわ えいと
2015.3.27

青柳 瑛人
あおやぎ えいと
2014.6.22

須藤 悠日
すどう はるひ
2015.1.16

神永 慎士朗
かみなが しんじろう
2014.10.27

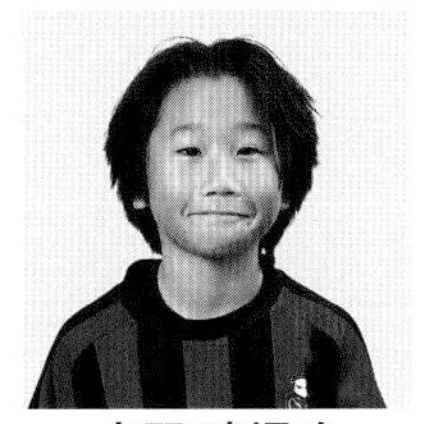
水野 璃輝斗
みずの りひと
2014.6.7

中村 琉也
なかむら りゅうや
2014.4.23

三枝 遥真
さえぐさ はるま
2015.8.31

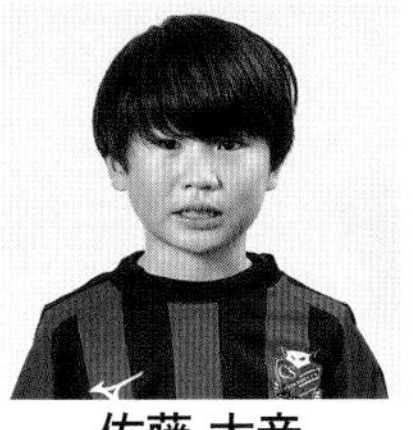
佐藤 太音
さとう たいと
2015.7.21

宮川 楓叶
みやかわ ふうと
2015.8.18

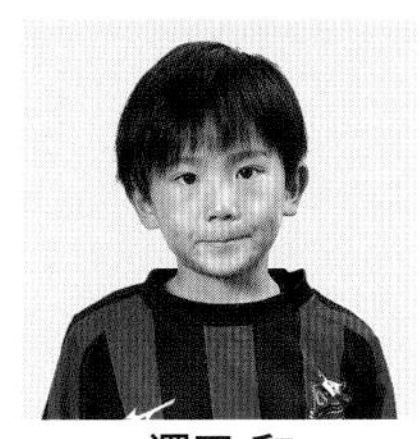
澤田 和
さわだ やまと
2015.8.6

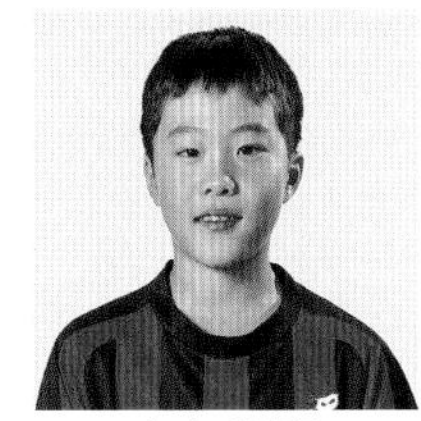
中山 旺亮
なかやま おうすけ
2015.5.8

中﨑 陽奏
なかざき ひなた
2015.10.17

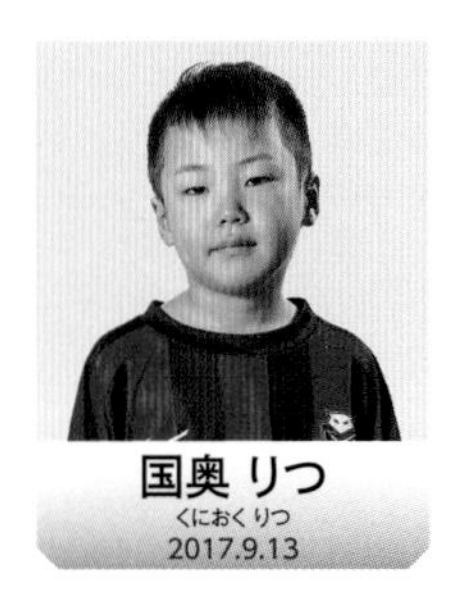

国奥 りつ
くにおく りつ
2017.9.13

草薙 洸汰
くさなぎ こうた
2016.8.13

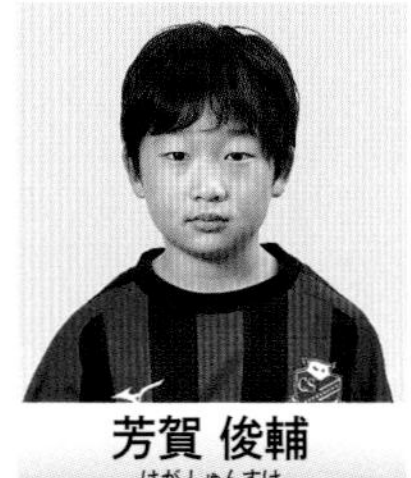

芳賀 俊輔
はが しゅんすけ
2016.5.15

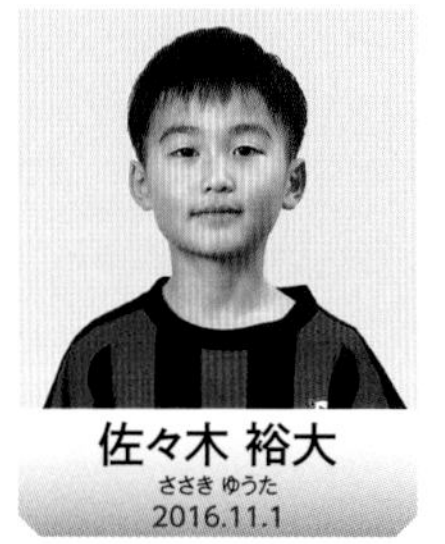

佐々木 裕大
ささき ゆうた
2016.11.1

寺嶋 頼我
てらしま らいが
2015.5.15

山本 海翔
やまもと うみと
2015.6.17

小松 晃太朗
こまつ こうたろう
2017.6.16

中山 航旗
なかやま こうき
2017.12.25

札幌U-15 2023年度 試合結果

■2023JリーグU-14ポラリスリーグ

▼開催日		▼対戦相手	▼スコア
第1節	7月26日(水)	ベガルタ仙台ジュニアユース	3-5
第2節	8月1日(火)	いわてグルージャ盛岡ジュニアユース	3-0
第3節	8月2日(水)	ヴァンラーレ八戸FC U-15	8-1
第4節	8月8日(火)	いわてグルージャ盛岡ジュニアユース	3-0
第5節	8月10日(木)	モンテディオ山形ジュニアユース村山	0-3
第6節	10月22日(日)	北海道コンサドーレ旭川U-15	0-3
第7節	11月3日(金・祝)	モンテディオ山形ジュニアユース村山	3-4
第8節	11月4日(土)	ベガルタ仙台ジュニアユース	2-2
第9節	11月18日(土)	ヴァンラーレ八戸FC U-15	3-0
第10節	11月19日(日)	北海道コンサドーレ旭川U-15	2-1

■第37回 日本クラブユースサッカー選手権(U-15)

▼開催日		▼対戦相手	▼スコア
GS第1節	8月15日(火)	ベガルタ仙台ジュニアユース	3-2
GS第2節	8月16日(水)	横浜FCジュニアユース	0-3
GS第3節	8月17日(木)	FC今治U-15	1-2

■高円宮杯 JFA 第35回全日本U-15サッカー選手権大会

▼開催日		▼対戦相手	▼スコア
1回戦	12月16日(土)	愛媛FC U-15	0-1

旭川U-15 2023年度 試合結果

■2023JリーグU-14ポラリスリーグ

▼開催日		▼対戦相手	▼スコア
第1節	7月27日(木)	ベガルタ仙台ジュニアユース	2-2
第2節	8月7日(月)	モンテディオ山形ジュニアユース村山	3-8
第3節	8月9日(水)	いわてグルージャ盛岡	0-1
第4節	10月15日(日)	ヴァンラーレ八戸FC U-15	3-0
第5節	10月22日(日)	北海道コンサドーレ札幌U-15	3-0
第6節	11月3日(金・祝)	ベガルタ仙台ジュニアユース	0-1
第7節	11月4日(土)	モンテディオ山形ジュニアユース村山	3-1
第8節	11月11日(土)	いわてグルージャ盛岡	4-0
第9節	11月12日(日)	ヴァンラーレ八戸FC U-15	0-2
第10節	11月19日(日)	北海道コンサドーレ札幌U-15	1-2

■JCYインターシティトリムカップ(U-15)EAST2023

▼開催日		▼対戦相手	▼スコア
グループリーグ第1戦	8月6日(日)	福島ユナイテッドFC U-15	0-3
グループリーグ第2戦	8月7日(月)	UスポーツクラブU-15	0-2
グループリーグ第3戦	8月7日(月)	ジェフユナイテッド千葉U-15	0-1

HOKKAIDO CONSADOLE SAPPORO ACADEMY STAFFS 2024

北海道コンサドーレ札幌アカデミー スタッフ 2024

■ダイレクター
石川 直樹
生年月日/1985年9月13日
出身地/千葉県

■ヘッドオブコーチ
財前 恵一
生年月日/1968年6月17日
出身地/室蘭市

■オペレーション兼札幌U-10〜7
雁来会場担当
堀井 健仁
生年月日/1978年6月26日
出身地/札幌市

■サポートスタッフ
青山 剛
生年月日/1974年6月1日
出身地/静岡県

■トレーナー
松倉 裕樹
生年月日/1994年12月14日
出身地/青森県

■フィジカルコーチ
山田 修市
生年月日/1992年7月5日
出身地/京都府

■GKコーチチーフ兼
GKコーチ(U-18担当)
阿部 勝弘
生年月日/1977年5月5日
出身地/石狩市

■GKコーチ(札幌U-15〜13担当)
トップチームGKコーチ兼任
高木 貴弘
生年月日/1982年7月1日
出身地/石川県

■GKコーチ(札幌U-12〜7担当)
相川 雄介
生年月日/1983年8月16日
出身地/当別町

■旭川チーフ兼GKコーチ
(旭川・東川担当)
曳地 裕哉
生年月日/1990年9月2日
出身地/札幌市

■U-18チーフ兼U-18担当(コーチ)
倉持 卓史
生年月日/1996年7月11日
出身地/札幌市

■U-18担当(監督)
森下 仁之
生年月日/1967年12月9日
出身地/静岡県

■U-18担当(コーチ)
大野 貴史
生年月日/1978年5月22日
出身地/大阪府

■U-18担当(コーチ)
柴田 慎吾
生年月日/1985年7月13日
出身地/東京都

■札幌U-15チーフ兼U-15担当
中村 拓朗
生年月日/1983年6月25日
出身地/札幌市

■札幌U-14担当
森川 拓巳
生年月日/1977年7月11日
出身地/静岡県

■札幌U-13担当
藤田 征也
生年月日/1987年6月2日
出身地/札幌市

■札幌U-12チーフ兼
札幌U-12担当
(札幌U-10〜7雁来会場担当兼任)
木崎 拓也
生年月日/1984年10月18日
出身地/札幌市

■札幌U-12サブチーフ兼
札幌U-10〜7ばんけい会場担当
鈴木 健士
生年月日/1992年2月4日
出身地/札幌市

■札幌U-11担当
(札幌U-10〜7雁来会場担当兼任)
小山内 貴哉
生年月日/1993年6月15日
出身地/札幌市

■札幌U-10〜7ばんけい会場担当
飛澤 開
生年月日/1992年12月2日
出身地/札幌市

■札幌Girls担当
山田 脩人
生年月日/2002年5月29日
出身地/札幌市

■旭川U-15担当
(東川U-12〜7コーチ兼任)
山下 泰明
生年月日/1993年5月23日
出身地/美瑛町

■旭川U-14担当
(東川U-12〜7コーチ兼任)
宮本 恭兵
生年月日/1992年5月27日
出身地/旭川市

■旭川U-13担当
(東川U-12〜7コーチ兼任)
喜多 俊介
生年月日/2001年6月7日
出身地/士別市

■東川U-12担当
(旭川U-15〜13コーチ兼任)
近藤 将人
生年月日/1992年3月5日
出身地/旭川市

■東川U-10担当
(旭川U-15〜13コーチ兼任)
松山 育司
生年月日/1959年4月3日
出身地/静岡県

■釧路チーフ兼釧路U-15担当
安田 一行
生年月日/1977年6月30日
出身地/釧路市

■釧路U-13担当兼
スクールコーチ
高橋 勇気
生年月日/1982年5月28日
出身地/釧路市

■釧路U-12担当兼
スクールコーチ
手塚 泰象
生年月日/1975年7月26日
出身地/八雲町

■室蘭チーフ兼室蘭U-15担当
清川 浩行
生年月日/1967年6月3日
出身地/函館市

※そのほかの釧路担当、室蘭担当のコーチングスタッフに関しては、2023年度の活動スタッフがベースとなりますが、後日公表いたします。

人気漫画『キャプテン翼』に登場する、ふらの市(現富良野市がモデル)出身のキャラクター「松山光選手」をメインキャラクターとしてスタートした『松山光プロジェクト』は、今シーズンで11年目を迎えます。
今シーズンより「松山光選手」は海外移籍というチャレンジをすることとなりましたが、北の大地から「松山光選手」のような高い技術・メンタリティーを兼ね備え、日本を代表し、世界に通用する選手を数多く育成するという目的に変更はございません。
集まった支援金は引き続き、選手の「育成費」「強化費」に使用いたします。昨年は、U-12からの生え抜きである出間思努選手がU-18よりトップチームへ昇格しました。U-15に関しては、札幌がクラブユースと高円宮杯全国大会出場。釧路がフットサル全国大会出場。個人では、川崎幹大選手が、第50回モンテギュー国際大会、U16 インターナショナルドリームカップ2023 JAPANに選出。佐々木瑛汰選手がEAFF U15 男子選手権2023に選出されております。
これからも「北海道とともに、世界へ」のクラブスローガンのもと、北の大地から世界へ羽ばたく若手選手を多く輩出していけるよう、本プロジェクトにご賛同いただきますよう、ご協力をお願いいたします。

出間思努選手

プロジェクトパートナー募集概要

募集期間 **2024年3月10日〜2025年1月31日**
※1年ごとの更新

有効期間 **〜2025年1月31日**

登録金額 【スタンダード】 **11,000円(税込み)/1口**
※お一人さま何口でもお申し込みいただけます

【サポート】 **1,000円(税込み)/1口**
※特典はステッカーのみ。申込みはホームゲームスタジアム内特設ブースのみ

お申し込み方法

- クラブオフィシャルオンラインストアでの申込み(クレジットカード決済)
- 専用申込用紙を使用しての郵便振替
- 2024明治安田J1リーグ ホームゲームスタジアム内特設ブースでの申込み、支払(現金のみ)
  ※1口1,000円(サポート)の申込みは、ホームゲームスタジアム内特設ブースに限られます

松山光スタンプカード

- 松山光スタンプカードは、ホームゲームスタジアム内特設ブースにて配布いたします。
- 【スタンダード】1口11,000円につき、スタンプ11個押印いたします。
- 【サポート】1口1,000円につき、スタンプ1個押印いたします。11個集まると【スタンダード】となります。
- クラブオフィシャルオンラインストアでの申込み(クレジットカード決済)をされた方と専用申込用紙を使用して郵便振替をご利用された方は、お支払いを証明できるものをお持ちいただきますと、押印いたします。
- 紛失などの場合は再配布いたしますが、それまでのスタンプは無効となります。
- スタンプカードは2025年1月31日まで有効です。

高橋陽一先生よりコメント

この度、松山くんがイングランドへ海外移籍をすることになりました。
北海道での経験をいかした、海外での活躍を楽しみにしていてください。
また、今後も松山光プロジェクトは続きます。
彼のように世界へ羽ばたく選手がこの北海道から次々と生まれることを期待して、子供たちへのご支援を宜しくお願いします。

2023プロジェクトメンバー

※掲載を希望された方のみ（2023年12月31日現在）

（順不同）

- 和子
- かなぴえろ
- こだてはこだて
- ダイ
- レオ・コンサ
- 稲毛 堅
- 古谷 功
- 工藤 友揮
- 高橋 誠二
- 作田 大輔
- 三浦 香織
- 山﨑 成夫
- 山﨑 由紀子
- 酒井 秀一
- 秋田 具紀
- 上ヶ島 精一
- 森 雅樹
- 西片 忍
- 大宮 千人
- 竹原 一博
- 竹田 健
- 田中 祐輔
- 島田 雅史
- 白井 忠之
- 備 敏幸
- 立花 啓子
- 齋藤 肇
- 吉岡 正俊
- 斉藤 晃
- 北友 偉美
- 高橋 利幸
- 白鳥 喜裕
- 豊田 靖史
- 髙橋 雄二
- 夏井 眞砂子
- 柴田 祥吾
- 佐藤 照幸
- 堤 崇
- 宮坂 元博
- 川上 納
- 山田 透
- 村上 裕輔
- 栗木 順子
- 澤 幸伸
- 宮﨑 俊行
- 夕張サッカー協会 三浦
- 高橋 淳
- 菅原 憲一
- 河野 藤子
- ほっと12
- 川辺 勢子
- 桂田 竜司
- 松本 誠
- 山本 亨
- 藤嶋 卓哉
- 藤嶋 洋輔
- 藤嶋 武史
- 北川 由紀子
- 鈴木 光彰
- 喜多 正人
- 澤見 昇二
- 大矢 宏太郎
- 平川 則男
- 榊田 博康
- 北海道コンサドーレ札幌遠軽地区後援会
- 池野 一枝
- 池野 良一
- 武石 隆夫
- 佐々木 昭
- 笹谷 美奈
- 石橋 みどり
- 中島 昭
- 渡辺 一郎
- 橋本 正義
- 佐藤 恒和
- 谷口 恭
- 斗賀山 茂
- 新居 正治
- 信田 有俊
- 森岡 和子
- 松下 光雄
- 竹中 泰則
- Northern Rock
- 千葉 誠也
- 山下 公一朗
- 千葉 孝
- 矢木 千賀子
- 白石 江里子
- 片岡 八重子
- 佐藤 裕則
- 工藤 ひろこ
- 木下 真宏
- 松本 和篤
- 小山 敏樹
- 岡田 一良
- 速水 崇
- 杉山 正一
- Redブックス
- 寺田 寛恵
- 伊藤 篤史
- タカノトオル
- 高橋 恵太
- 片山 陽介
- 増田 祥子
- 桶谷 明弘
- 松下 達広
- 金森 大二
- 島本 宣幸
- 白取 由光
- 阿部 小百合
- 阿部 良樹
- 斉藤 太嘉男
- 中西 悟
- 今井 久子

特典

- 2024年プロジェクトオリジナルミニタペストリー、オリジナルステッカー　MIZUNOオリジナルポーチの進呈
- クラブオフィシャルHPでの活動報告
- MIZUNOオリジナルポシェットの進呈

※スタンダード5口以上、サポート55口の登録に限ります

支援金の用途

- 集まった支援金は選手の「育成費」「強化費」に使用し、年代別代表やA代表に選出され世界で戦える選手の育成に使用します。

過去の主な活動実績

- U-18出間思努選手のトップチーム昇格
- 全拠点への支援物資提供
- 札幌U-15がクラブユースと高円宮杯全国大会出場
- 釧路U-15がフットサル全国大会出場
- 川崎幹大選手、第50回モンテギュー国際大会、U16 インターナショナルドリームカップ2023 JAPANに選出
- 佐々木瑛汰選手、EAFF U15 男子選手権2023に選出

お問い合わせ

㈱コンサドーレ パートナー事業部　TEL011-777-5310

コンサドーレ北海道スポーツクラブ

一般社団法人コンサドーレ北海道スポーツクラブは、サッカークラブであるコンサドーレ札幌が、サッカークラブの枠を越え、道内の地域活性化やスポーツを通じた子どもたちの心身の育成、生涯スポーツの実現やコミュニティの創出を目指し立ち上げました。地域の自治体や行政と手を取り合い、様々なスポーツを取り入れた総合型地域スポーツクラブとして、北海道を元気にしていければと考えています。

■ サッカースクール

2001年に始まったサッカースクールは、道内29会場で1,000名を超える子どもたちにサッカーを楽しむ機会を提供しています。クラブOBなどのコーチ達とコンサドーレサッカースクールで一緒にサッカーを楽しみましょう！

■ バドミントン（北海道コンサドーレ札幌バドミントンチーム）

2017年発足。2022年からS/Jリーグに参入して、日本一を目指すと共に、世界で戦える・子どもたちに夢を与えられる選手を育成していき、地域に根差した必要とされるチーム作りを考えております。

バドミントンスクール

バドミントンスクールは2017年に始まりました。バドミントンを「したい」、「うまくなりたい」という皆さまと一緒に、選手でもあるコーチたちも日々成長しています。未経験の方も大歓迎です。コンサドーレバドミントンスクールでバドミントンを楽しみましょう！

■ カーリング（北海道コンサドーレ札幌カーリングチーム）

全農日本カーリング選手権大会2024で3年ぶり4回目の優勝を果たし、2024年3月にスイスで開催される男子カーリング世界選手権大会へ日本代表として出場します。2018年の チーム設立以来、「北海道とともに、世界へ」のスローガンのもと、北海道・日本を代表して世界を相手に挑戦し続けています。

⬆Official WebSite

■ 女子サッカー（北海道リラ・コンサドーレ）

TOPチームは昨年、日本クラブユース女子サッカー大会（U-18）北海道大会で優勝、北海道女子サッカーリーグで準優勝を果たすなど、着実にレベルアップを図り全国レベルまで来ております。日本の女子サッカーのトップリーグである「なでしこリーグ」参入を目指すとともに、世界で戦える選手を育成していきたいと考えています。

■ コンサドールズ『月下美人』

『月下美人』は、60歳以上の元気な女性を対象としたシニアチアリーディングクラブです。もともとはコンサドーレ札幌のオフィシャルダンスドリルチーム「コンサドールズ」と一緒に試合を盛り上げる1日だけの人気イベント企画でしたが、2011年より通年のスクールとしてスタート。無理なく体を動かして、コンサドールズとともにクラブを盛り上げるお手伝いをお願いします！

HOKKAIDO CONSADOLE SAPPORO BADMINTON TEAM

北海道コンサドーレ札幌 バドミントンチーム

HOKKAIDO CONSADOLE SAPPORO BADMINTON

1999.7.15 壮瞥町 齊藤 大樹 SAITO Hiroki 1

2000.12.30 大阪府 大出 竜輝 OIDE Tatsuki 2

1998.9.24 大阪府 山澤 直貴 YAMAZAWA Naoki 3

1999.1.27 京都府 本田 大樹 HONDA Taiki 4

1992.6.29 栃木県 大越 泉 OKOSHI Izumi 6

1997.3.28 青森県 三浦 將誓 MIURA Shosei 8

1999.9.18 長崎県 辻 凌也 TSUJI Ryoya 11

1980.11.19 札幌市 吉田 仁 YOSHIDA Jin 監督

HOKKAIDO CONSADOLE SAPPORO CURLING TEAM

北海道コンサドーレ札幌 カーリングチーム

1980.1.6 北見市 阿部 晋也 ABE Shinya

1988.2.10 長野県 清水 徹郎 SHIMIZU Tetsuro

2002.9.5 札幌市 大内 遥斗 OUCHI Haruto

2002.10.13 札幌市 敦賀 爽太 TSURUGA Souta

コーチ

1977.11.3 北見市 敦賀 信人 TSURUGA Makoto

HOKKAIDO LILAS CONSADOLE
北海道リラ・コンサドーレ

近田 夏歩
こんだ なつほ
2003.7.24

今立 のどか
いまだて のどか
2002.7.1

垣野 令佳
かきの れいか
2000.1.26

本間 詩帆
ほんま しほ
1998.12.2

吉家 ありさ
よしいえ ありさ
1997.3.5

澤野 帆乃佳
さわの ほのか
2006.2.7

中尾 咲綺
なかお さき
2005.12.2

玉置 璃音
たまおき りのん
2005.9.27

髙橋 來碧
たかはし くるみ
2005.6.6

野坂 美咲
のざか みさき
2004.11.16

一ノ瀬 茉月
いちのせ まつき
2008.3.27

髙橋 彩羽
たかはし いろは
2007.8.1

加藤 紗穂
かとう さほ
2007.5.27

中里 綾花
なかさと あやか
2006.4.21

中嶋 美悠
なかじま みゆ
2006.4.1

小池 ひかり
こいけ ひかり
2008.8.17

松原 茉生
まつばら まい
2008.8.8

本間 夢衣菜
ほんま ゆいな
2008.5.19

髙橋 凜
たかはし りん
2008.4.22

小林 陽菜
こばやし ひな
2008.4.17

石田 ひなの
いしだ ひなの
2009.5.30

山 梨咲子
やま りさこ
2009.5.1

千葉 心
ちば こころ
2009.4.26

田中 ひなた
たなか ひなた
2008.12.22

シューマッカー フェイス
しゅーまっかー ふぇいす
2008.9.4

丸山 璃々
まるやま りり
2009.11.26

宮内 綾花
みやうち あやか
2009.11.20

野村 心夏
のむら ここな
2009.11.6

鍋谷 心愛
なべや ここな
2009.8.31

星野 優杏
ほしの ゆあ
2009.8.3

竹原 芽生
たけはら めい
2010.10.13

白髭 玲衣
しらひげ れい
2010.8.11

青木 小羽
あおき こはね
2010.6.26

松原 怜生
まつばら れい
2010.5.27

近藤 結空
こんどう ゆあ
2010.1.30

坂本 芽依
さかもと めい
2011.6.15

佐藤 乃那
さとう のな
2011.6.12

近藤 真由
こんどう まゆ
2011.1.6

熊原 椿乃
くまはら はるの
2010.11.22

牧野 菜々
まきの なな
2010.10.30

窪田 椛乃
くぼた かの
2011.11.9

澤野 咲希子
さわの さきこ
2011.11.22

岸田 人咲
きしだ えみ
2011.8.6

藤野 柚希
ふじの ゆずき
2011.6.27

齊藤 來々
さいとう らら
2011.6.24

■ダイレクター
浮田 あきな
1986年4月21日生 出身地／釧路市

■監督
佐々木 滋
1982年5月6日生 出身地／東京都

■GKコーチ
今岡 亮介
1993年4月28日生 出身地／士別市

北海道リラ・コンサドーレ 2023年度 試合結果

■第5回 日本クラブユース 女子サッカー大会(U-18)

▼開催日		▼対戦相手	▼スコア
第1節	7月31日(月)	JFAアカデミー福島	0-9
第2節	8月1日(火)	日テレ・東京ヴェルディメニーナ	0-8
第3節	8月3日(木)	ちふれASエルフェン埼玉マリU-18	1-11

■2023プレナスなでしこリーグ2部入替戦予選大会

▼開催日		▼対戦相手	▼スコア
第1節	9月21日(木)	リリーウルフ.F石川	0-4
第2節	9月23日(土)	SEISA OSAレイア湘南FC	0-4

■高円宮妃杯 JFA第28回全日本U-15女子サッカー選手権大会

▼開催日		▼対戦相手	▼スコア
1回戦	12月9日(土)	AC.gloriagirls	1-4

コンサポーターに聞いてみた！

北海道コンサドーレ札幌の２０２４シーズンが開幕しました。
そこで、コンサを愛するサポーターの皆さんに今季のチームへの期待、これまでの思い出などを答えてもらいました。
ベテランサポーターも初心者も、コンサの話題で盛り上がっていただけましたら幸いです。
なお、詳しい試合結果は１１３ページ以降のDATAをご参照ください。

Q ２０２４シーズン。どんなところに注目していますか？

●新戦力がどんどん加入してきて、新しいコンサのスタイルが楽しみ。特に鈴木武蔵選手に注目している

●負けたとしても、見ていて面白い試合をしてほしい。勝っても負けても得点シーンをたくさん見たい

●近年にない選手の入れ替えの多さに不安もあるが、期待が上回る。若い力の台頭が楽しみ

●移籍組、新卒組を含めた新加入選手の成長。実力のある選手がチームを離れてしまったが、どれだけ埋められるか、超えていけるか

●まずはJ1残留を早く決めてほしい。そしてカップ戦ではベスト4以上

●昨季は、ずっとコンサにいた選手がスタメンにいることが多く、いい意味でも悪い意味でも、「よくみるコンサドーレサッカー」だった。メンバーも大幅に変わった今季は、昨季まで在籍していたメンバーに加え、新戦力の良さを生かす新しい化学反応があると思う。新たな「ミシャフットボール」を期待している

●ミシャ政権7年目。今年こそクラブ史上最高成績を期待

●Jリーグを守備的サッカーが席巻するように思われるが、ミシャサッカーの超攻撃的スタイルの哲学がどのように打ち破るのか楽しみ

●若手&新加入選手の活躍。毎年のことだが、クラブの成績は若手&新加入選手がどれだけ活躍できるかにかかっている

Q 今年活躍しそうなイチオシの選手とその理由は？

▼中村桐耶選手

●どうしても道産子に目がいく

●ゴールに向かう姿勢、前への推進力、突破力が魅力。ブレイクのシーズンになるはず

▼スパチョーク選手

●1月のアジアカップでも活躍し、コンサドーレでももっと活躍してほしい

▼鈴木武蔵選手

●また札幌でプレーしてくれるのが楽しみ。実力は分かっているので活躍してくれること間違いなし

▼西野奨太選手

●クラブ最年少デビューから3年。年々進歩を遂げていることは短い出場時間でも感じられる。田中駿汰選手が抜けたことで出場機会も増えるので、一気に伸びるのでは

▼大森真吾選手

●昨シーズンはセンターフォワード（CF）を固定できなかった。中央でタメを作れなかったことで、攻撃が単調になることが多かった。今年はけがなくプレーをして、ゴールはもちろん、ポストプレーや動き出しでチームを助けられる不動のFWになってほしい

●プロ初ゴールのあのロングシュートを見たら、何かやってくれそうな気がする。ミシャさん使ってください！

▶ 2021年10月2日
G大阪戦（パナスタ）

●アウェーで、その上、ガンバ側の30年記念試合で、相手の雰囲気が高まっている中の試合だった。開始早々、相手のミスを見逃さず先制。そこからはミシャコンサらしいフットボールで攻守ともにガンバを圧倒。結果、内容ともに今まで見てきたコンサでのベストゲームだった

【2023年6月3日 柏戦】壮絶な打ち合いの末に勝利を決め、喜ぶ札幌イレブン

【2019年10月26日 川崎F戦】ルヴァン杯決勝の後半アディショナルタイム、同点弾を決めた深井（右から2人目）

▶ 2022年10月1日
川崎F戦（札幌厚別）

●点の取り合いとなったが、最後に小柏剛選手のダメ押しゴールで勝利し、とっても感動した

●小柏選手のポテンシャルが完全に覚醒した。シーソーゲームを制し、厚別で25年ぶりの川崎F戦の勝利

▶ 2023年6月3日
柏戦（三協F柏）

●打ち合いといえば、この試合。「リードしては、追いつかれる」を繰り返し、リードして迎えた後半アディショナルタイムに、またしても追いつかれてしまう。しかし、そこから粘り強く試合を進め、再びゴールネットを揺らしたが、リスタートが無効とされ、ノーゴールに。さらに田中駿汰選手のヘディングでもう一度ゴールを揺らすが、絶妙の折り返しのヘディングをした宮澤裕樹選手がオフサイドポジションの判定。しかし、そこにVARが介入し、判定は一転してゴールに。両チーム合わせて9得点、ペトロヴィッチ監督の言う、まさにスペクタクルなゲームだった

これまでの試合で、いちばんシビレた試合は?

▶ 1996年6月13日
鳥栖戦（厚別）

●コンサドーレの本拠地厚別での初めての試合。ほとんどの観客がプロサッカーの生観戦に慣れてなく、自分も含めて何をしていいのか分からず、ただ黙って試合を見ていた。ロスタイムでペレイラ選手のFKが決まると、全員が立ち上がって、周囲の人たちと抱き合って喜びを分かち合った。この試合で、自分はサッカーファンからコンサドーレのサポーターになった。その後を考えると人生を変えた試合と言っても過言でない

▶ 1997年5月25日
川崎戦（厚別）

●Jリーグ昇格を賭けた両雄の対決。FWバルデス選手がロスタイムの同点ゴールと、延長戦でのVゴールを決めて奇跡の勝利をもたらした。サッカー応援の醍醐味を知り、コアサポと呼ばれる一員になったと言えるのは、この試合から

●1対3で負けていたのに後半ロスタイムと延長戦でバルデス選手が3得点して、逆転勝ち。この試合でコンサドーレのファンになった

▶ 2007年12月1日
水戸戦（札幌ドーム）

●上位チームの成績が僅差で、昇格・優勝争いがもつれ込んで迎えたホーム最終戦。昇格も順位も最終戦の結果次第となった。スタジアムを埋め尽くすサポーターで異様な熱気。両チーム死力を尽くした試合展開の末、逆転勝利と他チームの結果でJ1昇格とJ2優勝をもぎ取った。スタジアムを埋め尽くすサポーターの歓喜はものすごく、誰彼構わずハイタッチをして喜び、感動と喜びで涙していたのが記憶に残っている

▶ 2011年12月3日
FC東京戦（札幌ドーム）

●当日の観衆は39243人。勝てば昇格、負ければJ2残留という最終戦。昇格が決まり、見知らぬサポーターたちと酔いつぶれた

▶ 2015年11月1日
千葉戦（札幌ドーム）

●後半1対2でリードされているなか、入ったと思ったシュートも審判はノーゴールの判定。抗議するも、判定は変わらず。だが、そこから空気が一変し、選手・サポーターが一つになったような雰囲気になり、すぐに同点に追いつき、終了間際に逆転。劇的な展開にとても興奮した

▶ 2016年7月3日
横浜FC戦（函館）

●故郷函館での開催。コンサの選手が、函館山が見えるピッチで試合をしているのが不思議な感覚だった。北海道新幹線カラーの記念ユニも貴重

▶ 2016年8月7日
清水戦（札幌ドーム）

●J1昇格のライバルである清水相手に前半で2点先行して、余裕のある展開。後半に立て続けに決められ同点に追いつかれたが、ラストプレーでゴールを決めて勝ち切った。この試合でJ1昇格を確信した

【2016年11月12日 千葉戦】後半アディショナルタイム、内村が右足のボレーシュートで逆転弾を決める

▶ 2016年11月12日
千葉戦（フクアリ）

●後半アディショナルタイム、河合竜二選手からのロングボールを、「まさかここから打つか」というタイミングでシュートした内村圭宏選手のビューティフルゴール。昇格を手繰り寄せた価値あるゴールを決めたのは、苦難の時代を支えたベテラン選手だった

●試合後、札幌サポーターは、レプリカユニのまま繰り出し、東京駅の上がりと下りのエレベーターで札幌サポとガッツポーズをしてすれ違った

●それまで快調に勝ち点を伸ばしていたので、昇格を決めた後の消化試合になるかと思いきや、まさかの絶対に負けられない試合に。内村選手の「伝説のゴール」でJ1昇格を大きく引き寄せることができた

●河合選手からの内村選手のアディショナルタイム劇的ゴールでの逆転勝利。これがなかったら今頃どうなっていたか…

●J1昇格がほぼ決まった試合。今でも都倉賢選手と内村選手のゴールシーンを鮮明に覚えている

▶ 2017年7月8日
大宮戦（NACK）

●J1昇格1年目で、残留争いの大宮に負けると降格圏に落ちる正念場のアウェーゲーム。福森晃斗選手の2発のFKがなければ今頃どうなっていたか・・・

▶ 2019年10月26日
川崎F戦（埼玉）

●埼玉スタジアムのホームゴール裏を埋めた札幌サポーターの威容。劇的な展開。深井一希選手の同点弾で気を失いそうになった

●妻と二人で現地観戦するために予約した往路の航空機便が、試合前日にまさかの運休。すでに他の便はすべて満席で、何度見返しても空席は出ず、その日の夜は二人で残念会を開催し就寝した。しかし、夜中にふと目を覚まし、調べ直すと、なんと空席が2席! 慌てて妻を起こして、深夜3時から二人で大騒ぎをしながら旅支度をして、なんとか埼スタまでたどり着いた。試合も見られて、Jリーグウオッチャー平畠啓史さんにも会えて、ホント良かった～

●初タイトルまであと一歩まで迫ったPK戦は忘れることはない

●現地で観戦! 何も語らなくても分かるでしょう、最高の試合だった

【2007年12月1日 水戸戦】J2優勝とJ1昇格を決めて声援に応える札幌の選手たち

歴代選手で、印象に残っている選手とその理由は？

▼バルデス選手
（1997年〜1998年在籍）

●1997年にJリーグ昇格を決めたコンサドーレの主力として活躍したFW。この年は圧巻の40得点。出れば必ず得点を決めていた印象。僕らにとっては神さま・仏さま・バルデスさまだった

▼エメルソン選手
（2000年在籍）

●2000年、岡田コンサドーレのJ1昇格の立役者。その圧倒的なスピードに目を見張った。今もあのスピードを超える選手はいないと思っている

●スピードはもちろん、走るときのストライドの大きさが異様で、両足が同時に地面を離れているようだった

▼ウィル選手
（2001年・2003年途中まで在籍）

●ワンステップであれだけのキックができることに驚いた。「フリーキックってあんなに簡単にゴールに入ってしまうものなのか」と思わされた

▼小野伸二選手
（2014年途中〜2019年途中、2021年〜2023年在籍）

●いてくれるだけでうれしかった

●やっぱり伸二さん。あの、あの「小野伸二」が札幌に来るとは思ってもみなかった

▼野々村芳和選手
（2000年〜2001年在籍）

●当時、サッポロファクトリーの某ショップにて、佐藤洋平選手といたところに遭遇。初めてサインをもらった選手だった。まさか社長、チェアマンになるとは

▼横野純貴選手
（2008年〜2012年途中、2013年在籍）

●体が強く、どこからでも強くシュートを打てた。コンサからレンタル移籍先のコンケーンFC（タイ）での角度のないところから決めたシュートは、未だに記憶に焼き付いている。人としても選手としても尊敬できる人だった

▼上里一将選手
（2004年〜2010年、2013年〜2016年在籍）

●宮古島出身では初めてのJリーガー。2010年のホーム柏戦で決めたFKは圧巻だった。ちなみに当時、柏のゴールを守っていたのは菅野孝憲選手

▼今野泰幸選手
（2001年〜2003年在籍）

●札幌でプロのキャリアを始め、W杯本戦でもプレーしたから。高卒1年目からレギュラーで違いを見せていた。J2降格したのにチームに残ってくれた

▼フッキ選手（2006年在籍）

●ものすごくパワフルで自分勝手で感情丸出し。相手を突き飛ばしながらのドリブルは圧巻だった

▼ダヴィ選手
（2007年〜2008年在籍）

●日本に来てから成長し、うまくなったブラジル人。クラブの目利きの確かさを証明した

▼高嶺朋樹選手
（2020年〜2022年在籍）

●絶対に倒れない体幹を利用した対人守備では、ディレイではなくボールを取り切る。攻撃ではプレスに来た相手をはがすドリブルに加え、鋭いサイドチェンジができる。理想的なボランチだった。また帰ってきてほしい

▼ホベルッチ選手
（2003年〜2003年途中まで在籍）

●とにかく上手かった。左足からのFKの正確さは、さすが元ブラジル代表だと思った

▼高木琢也選手
（2000年在籍）

●アジアの大砲！ 1シーズンだけだったが、広島時代から好きな選手だったので、札幌に移籍してきたのにはビックリ

▼曽田雄志選手
（2001年〜2009年在籍）

●2002年11月30日の広島戦、最終節でのJ最後のVゴール、2009年11月29日の横浜FC戦で三浦知良選手に励まされてのPKなど、思い出は尽きない

●元祖ミスターコンサドーレ。頭の良さ、個性的な性格、すべてのポジションを経験したことがあるとか、涙の引退ゴールとか、ドラマチックなサッカー人生が印象に残っている

▼藤田征也選手
（2006年〜2010年在籍）

●とても足が速く、サイドを颯爽と駆け上がる姿がかっこよかった

▼村田達哉選手
（1996年〜2000年在籍）

●闘志あふれるプレースタイルと、明るく面白いキャラクターのギャップが素敵だった

▼クライトン選手
（2008年〜2009年途中まで在籍）

●「クライトンに任せておけばいいや〜」と言う感じでボールを任せっきり。ゲームも任せっきり。とにかく一人でめちゃくちゃ働いていた

【2019年10月26日 川崎F戦】準優勝した札幌イレブンに大声援を送る札幌サポーター

コンサドーレの魅力はどんなところにありますか？

●一にも二にも**北海道のクラブ**というところ

●たくさん点を取ってくれる**プレースタイル**

●地元**北海道に根付き**、地元の選手を**獲得、育成**しているところ

●北海道でプロサッカー選手を夢見る**少年少女たち**を**応援**し、**育成**していること

●**我が街のチーム！** 正直、クラブが存在するだけで良い（タイトル取れたらもっと良い）

●勝っても負けても**サポーターが優しい**ところ

●**フロント**も**スタッフ**も**選手**も**サポーター**も、クラブに関わる全ての人が**クラブと北海道を愛している**

1996年3月2日に「コンサドーレ札幌」のチーム名が決まり、今年で28年。これからもクラブ、サポーター一丸となって「北海道コンサドーレ札幌」を盛り上げていきましょう。なお、「コンササポーターに聞いてみた!」は、森浩義（本書ライター）、吉田弥生（本書ライター）、加藤正巳さん、小松望さん、佐藤歩さん、中野隆幸さんほか3人のサポーターの回答をもとに作成いたしました。

最終年間順位

順位	チーム	勝点	試合	勝	負	1st勝点	2nd勝点	得失点差
1	鹿島アントラーズ	74	34	26	8	32	42	36
2	ジュビロ磐田	78	34	26	8	39	39	68
3	清水エスパルス	70	34	25	9	39	31	36
4	横浜マリノス	64	34	22	12	32	32	31
5	名古屋グランパス	63	34	23	11	33	30	24
6	浦和レッズ	61	34	22	12	28	33	22
7	横浜フリューゲルス	51	34	19	15	26	25	6
8	柏レイソル	47	34	18	16	22	25	−5
9	セレッソ大阪	44	34	15	19	23	21	−23
10	サンフレッチェ広島	43	34	16	18	19	24	−7
11	ベルマーレ平塚	42	34	16	18	20	22	−13
12	ヴェルディ川崎	39	34	13	21	30	9	−6
13	京都パープルサンガ	39	34	15	19	16	23	−16
14	コンサドーレ札幌	35	34	12	22	11	24	−17
15	ガンバ大阪	30	34	12	22	17	13	−14
16	ジェフユナイテッド市原	25	34	9	25	21	4	−26
17	ヴィッセル神戸	25	34	9	25	9	16	−44
18	アビスパ福岡	21	34	8	26	7	14	−52

※年間1、2位はチャンピンシップで決定
※J1参入決定戦は、1997、1998年の2シーズンの成績をポイント化した下位5チームと、JFLのJリーグ準会員2チームで行われる予定だったが、横浜フリューゲルスが消滅、JFLで参入戦参加資格を得られたのが1チームのみだったため、Jリーグ下位4チーム（福岡、神戸、市原、札幌）とJリーグ準会員1チーム（川崎フロンターレ）によって争われた。

1998 選手出場記録 ■監督 ウーゴ フェルナンデス→石井 肇

背番号	ポジション	選手名	Jリーグ 試合	Jリーグ 得点	カップ戦 試合	カップ戦 得点	天皇杯 試合	天皇杯 得点
1	GK	ディド	34	0	3	0	0	0
2	DF	田渕 龍二	31	0	4	0	3	0
3	DF	ペレイラ	11	0	3	0	0	0
4	DF	梶野 智	23	1	3	0	2	0
5	DF	木山 隆之	16	0	1	0	1	0
6	MF	太田 貴光	14	2	0	0	0	0
7	MF	後藤 義一	25	1	1	0	0	0
8	MF	バウテル	21	3	1	0	0	0
9	FW	バルデス	31	21	4	1	2	0
10	MF	マラドーナ	28	5	4	1	0	0
11	FW	有馬 賢二	10	2	3	1	1	0
12	GK	加藤 竜二	0	0	1	0	3	0
13	FW	深川 友貴	24	2	0	0	3	1
14	DF	古川 毅	22	0	4	1	2	0
15	DF	村田 達哉	18	1	4	0	3	0
16	FW	黄川田賢司	20	1	0	0	1	0
17	MF	村主 博正	20	1	1	0	0	0
18	FW	吉原 宏太	34	11	4	1	3	1
19	DF	渡辺 卓	14	1	4	0	0	0
20	DF	大野 貴史	17	1	0	0	2	0
21	GK	赤池 保幸	0	0	0	0	0	0
22	MF	浅沼 達也	0	0	0	0	0	0
23	MF	時岡 宏昌	8	0	4	0	1	0
24	MF	鳥居塚伸人	10	0	2	0	0	0
25	FW	山橋 貴史	0	0	1	0	0	0
26	MF	岡田 直彦	0	0	0	0	0	0
27	MF	棚田 伸	8	3	0	0	3	1
28	DF	埜下 荘司	3	0	0	0	3	0
29	FW	関 浩二	4	0	0	0	3	2

1999

1999 J2

節	開催日	対戦相手	スコア	会場	観客数
1	3/14（日）	大分	0●1	大分	3,741
2	3/21（日・祝）	大宮	2○1	大宮	5,609
3	3/28（日）	鳥栖	2■3v	室蘭	6,204
4	4/4（日）	仙台	1△1	仙台	13,569
5	4/11（日）	新潟	0●1	新潟	4,588
6	4/18（日）	川崎F	0●2	等々力	5,058
7	4/25（日）	山形	3○2	室蘭	4,317
8	4/29（木・祝）	FC東京	1●2	西が丘	6,148
9	5/2（日）	甲府	6○0	厚別	15,318
10	5/5（水・祝）	大宮	1○0	厚別	7,235
11	5/9（日）	鳥栖	2△2	鳥栖	5,797
12	5/16（日）	仙台	3○0	厚別	10,307
13	5/22（土）	新潟	1○0	新潟	8,849
14	5/29（土）	川崎F	1△1	厚別	11,274
15	6/27（日）	山形	1△1	山形県	2,350
16	7/4（日）	FC東京	0●1	厚別	11,783
17	7/9（金）	甲府	1△1	小瀬	3,807
18	7/17（土）	大分	1v□0	厚別	10,259
19	8/1（日）	仙台	2○0	厚別	11,717
20	8/7（土）	新潟	1△1	厚別	5,637
21	8/15（日）	大分	3v□2	厚別	12,820
22	8/23（月）	山形	4○1	山形県	3,940
23	8/29（日）	FC東京	4○1	厚別	17,427
24	9/5（日）	鳥栖	1○0	鳥栖	4,834
25	9/10（金）	川崎F	0●2	等々力	13,168
26	9/15（水・祝）	甲府	4○0	厚別	15,193
27	9/19（日）	大宮	0●1	大宮	5,042
28	9/26（日）	新潟	1●2	厚別	13,216
29	10/2（土）	大分	0●2	大分	3,933
30	10/11（月・休）	山形	2○0	厚別	9,457
31	10/17（日）	FC東京	1○0	江戸川	4,605
32	10/24（日）	鳥栖	1○0	厚別	9,363
33	10/31（日）	川崎F	1■2v	厚別	13,738
34	11/6（土）	甲府	3○0	小瀬	2,676
35	11/14（日）	大宮	0●1	厚別	13,536
36	11/21（日）	仙台	0●1	仙台	16,535

1999 Jリーグヤマザキナビスコカップ

回戦・戦	開催日	対戦相手	スコア	会場	観客数
1①	4/7（水）	福岡	1○0	室蘭	1,854
1②	4/14（水）	福岡	0●3	博多球	4,022

ホーム総入場者数 197,752人（平均10,986人）

第79回天皇杯

回戦	開催日	対戦相手	スコア	会場	観客数
1	11/28（日）	阪南大	2○1	長居2	1,586
2	12/5（日）	マインドハウスTC	3○0	室蘭	1,798
3	12/12（日）	福岡	0●1	博多球	2,473

1998

1998 Jリーグ

1stステージ

節	開催日	対戦相手	スコア	会場	観客数
1	3/21（土）	清水	1●4	日本平	12,436
2	3/25（水）	鹿島	1●3	仙台	14,682
3	3/28（土）	柏	1★1	柏	6,340
4	4/4（土）	G大阪	1○0	室蘭	8,169
5	4/11（土）	横浜M	0●4	三ツ沢	9,214
6	4/15（水）	浦和	2○0	仙台	12,171
7	4/18（土）	名古屋	1●2	瑞穂陸	8,173
8	4/25（土）	平塚	3★3	室蘭	11,518
9	4/29（水・祝）	磐田	0●4	磐田	13,846
10	5/2（土）	V川崎	1●3	室蘭	6,079
11	5/5（火・祝）	神戸	3○2	神戸ユ	6,004
12	5/9（土）	市原	3v□2	室蘭	5,118
13	7/25（土）	横浜F	2★2	三ツ沢	5,104
14	7/29（水）	C大阪	3●4	厚別	17,689
15	8/1（土）	広島	3●4	広島ス	5,411
16	8/5（水）	福岡	1●2	厚別	11,103
17	8/8（土）	京都	2●4	西京極	4,130

2ndステージ

節	開催日	対戦相手	スコア	会場	観客数
1	8/22（土）	C大阪	3○1	長居	7,239
2	8/29（土）	広島	2○0	厚別	8,517
3	9/5（土）	福岡	0●1	博多球	8,567
4	9/12（土）	京都	2○0	厚別	10,192
5	9/15（火・祝）	清水	1■2v	厚別	10,406
6	9/19（土）	鹿島	2●3	カシマ	15,184
7	9/23（水・祝）	柏	3○2	厚別	11,183
8	9/26（土）	G大阪	0●1	万博	3,688
9	10/3（土）	横浜M	0●2	厚別	19,251
10	10/14（水）	浦和	1●2	駒場	17,580
11	10/17（土）	名古屋	3○2	厚別	10,052
12	10/21（水）	平塚	2★2	平塚	4,381
13	10/24（土）	磐田	1●6	厚別	19,739
14	10/31（土）	V川崎	2○1	等々力	6,263
15	11/3（火・祝）	神戸	3○0	厚別	12,154
16	11/7（土）	市原	3○1	市原	3,287
17	11/14（土）	横浜F	1●4	厚別	15,172

1998 J1参入決定戦

節	開催日	対戦相手	スコア	会場	観客数
2	11/22（日）	神戸	1●2	神戸ユ	14,613
3	11/26（木）	神戸	0●2	室蘭	4,525
4	12/2（水）	福岡	0●1	博多球	12,526
5	12/5（土）	福岡	0●3	室蘭	8,372

ホーム総入場者数 203,195人（平均11,953人）

1998 Jリーグヤマザキナビスコカップ

予選Cグループ

節	開催日	対戦相手	スコア	会場	観客数
1	5/16（土）	清水	0●2	日本平	8,781
2	5/23（土）	G大阪	2●5	万博	3,410
3	5/30（土）	横浜F	3○2	室蘭	3,352
5	6/6（土）	川崎F	0●2	室蘭	4,093

第78回天皇杯

回戦	開催日	対戦相手	スコア	会場	観客数
2	12/9（水）	ブリメーロ	1○0	びんご	733
3	12/13（日）	神戸	2□1	神戸ユ	1,471
4	12/20（日）	磐田	2●3	群馬県	10,100

1998 Jリーグ順位表

1stステージ

順位	チーム	勝点	試合	90勝	V勝	PK勝	負	得点	失点	得失点差
1	ジュビロ磐田	39	17	13	0	0	4	52	18	34
2	清水エスパルス	39	17	13	0	0	4	32	14	18
3	名古屋グランパスエイト	33	17	9	3	0	5	37	21	16
4	横浜マリノス	32	17	10	1	0	6	39	21	18
5	鹿島アントラーズ	32	17	10	1	0	6	41	28	13
6	ヴェルディ川崎	30	17	10	0	0	7	34	25	9
7	浦和レッズ	28	17	8	1	2	6	30	23	7
8	横浜フリューゲルス	26	17	7	2	1	7	33	32	1
9	セレッソ大阪	23	17	7	1	0	9	36	47	−11
10	柏レイソル	22	17	6	1	2	8	32	35	−3
11	ジェフユナイテッド市原	21	17	7	0	0	10	31	31	0
12	ベルマーレ平塚	20	17	5	2	1	9	27	34	−7
13	サンフレッチェ広島	19	17	5	2	0	10	22	33	−11
14	ガンバ大阪	17	17	4	2	1	10	27	29	−2
15	京都パープルサンガ	16	17	4	2	0	11	20	33	−13
16	コンサドーレ札幌	11	17	3	1	0	13	28	44	−16
17	ヴィッセル神戸	9	17	3	0	0	14	20	48	−28
18	アビスパ福岡	7	17	2	0	1	14	22	47	−25

2ndステージ

順位	チーム	勝点	試合	90勝	V勝	PK勝	負	得点	失点	得失点差
1	鹿島アントラーズ	42	17	12	3	0	2	38	15	23
2	ジュビロ磐田	39	17	13	0	0	4	55	21	34
3	浦和レッズ	33	17	11	0	0	6	32	17	15
4	横浜マリノス	32	17	10	1	0	6	40	27	13
5	清水エスパルス	31	17	8	3	1	5	39	21	18
6	名古屋グランパスエイト	30	17	9	1	1	6	34	26	8
7	横浜フリューゲルス	25	17	8	0	1	8	37	32	5
8	柏レイソル	25	17	8	0	1	8	24	26	−2
9	サンフレッチェ広島	24	17	7	1	1	8	23	19	4
10	コンサドーレ札幌	24	17	8	0	0	9	29	30	−1
11	京都パープルサンガ	23	17	6	2	1	8	27	30	−3
12	ベルマーレ平塚	22	17	7	0	1	9	26	32	−6
13	セレッソ大阪	21	17	7	0	0	10	20	32	−12
14	ヴィッセル神戸	16	17	5	0	1	11	25	41	−16
15	アビスパ福岡	14	17	4	1	0	12	11	38	−27
16	ガンバ大阪	13	17	3	2	0	12	20	32	−12
17	ヴェルディ川崎	9	17	3	0	0	14	13	28	−15
18	ジェフユナイテッド市原	7	17	1	0	1	15	18	44	−26

1997

1997 JFL

節	開催日	対戦相手	スコア	会場	観客数
1	4/20（日）	水戸	2○0	笠松	2,438
2	4/27（日）	ジャトコ	3○0	愛鷹	2,482
3	5/4（日）	NTT関東	1○0	室蘭	8,442
4	5/11（日）	大分	2○1	鳥栖	1,269
5	5/15（木）	大塚	5○1	厚別	8,091
6	5/18（日）	仙台	1○0	宮城県	3,206
7	5/25（日）	川崎	4v□3	厚別	10,531
8	6/1（日）	西濃運輸	3○0	厚別	6,238
9	6/7（土）	東京ガス	0★0	江戸川	2,624
10	6/13（金）	本田技研	1○0	厚別	13,245
11	6/21（土）	鳥栖	2○0	鳥栖	4,821
12	6/27（金）	山形	3○0	厚別	10,229
13	7/6（日）	デンソー	6○1	刈谷	1,667
14	7/12（土）	甲府	3○0	厚別	10,272
15	7/20（日）	福島	5○2	Jヴィ	5,120
16	8/17（日）	水戸	6○1	帯広	5,609
17	8/22（金）	福島	2○0	厚別	7,412
18	8/28（木）	甲府	0●2	小瀬	1,045
19	8/31（日）	仙台	3○0	厚別	15,318
20	9/4（木）	川崎F	4v□3	等々力	5,819
21	9/7（日）	西濃運輸	2○1	長良川	354
22	9/18（木）	東京ガス	2○1	厚別	13,218
23	9/21（日）	本田技研	1●2	都田	2,103
24	9/28（日）	鳥栖	4○0	釧路	8,031
25	10/2（木）	山形	1●4	山形県	1,586
26	10/5（日）	デンソー	1○0	厚別	10,518
27	10/12（日）	大塚	2○0	徳島	1,330
28	10/22（水）	大分	2○1	厚別	17,492
29	10/26（日）	NTT関東	5○3	大宮	4,235
30	10/29（水）	ジャトコ	1○0	厚別	8,535

ホーム総入場者数153,181人（平均10,212人）

1997 Jリーグヤマザキナビスコカップ

節	開催日	対戦相手	スコア	会場	観客数
1	3/8（土）	G大阪	3△3	万博	10,514
2	3/15（土）	V川崎	2△2	長崎県	4,823
3	3/19（水）	横浜M	3○1	三ツ沢	5,121
4	3/22（土）	V川崎	2△2	等々力	6,940
5	3/26（水）	横浜M	1●2	長良川	2,913
6	3/29（土）	G大阪	1○0	水前寺	2,881
準決勝①	10/15（水）	鹿島	1●2	厚別	12,983
準決勝②	10/18（土）	鹿島	0●7	カシマ	14,579

第77回天皇杯

回戦	開催日	対戦相手	スコア	会場	観客数
1	11/30（日）	鹿児島実業高	2○1	鴨池	3,215
2	12/7（日）	アステール青森	4○1	姫路	1,512
3	12/14（日）	市原	0●1	市原	2,885

1997 JFL順位表

順位	チーム	勝点	試合	勝	負	得点	失点	得失点差
1	コンサドーレ札幌	76	30	26	4	77	26	51
2	東京ガス	68	30	24	6	70	30	40
3	川崎フロンターレ	67	30	23	7	87	36	51
4	本田技研	65	30	23	7	60	37	23
5	モンテディオ山形	56	30	19	11	57	36	21
6	ヴァンフォーレ甲府	52	30	19	11	59	41	18
7	大塚	41	30	14	16	50	45	5
8	ブランメル仙台	40	30	15	15	37	43	−6
9	NTT関東	39	30	14	16	48	49	−1
10	福島FC	38	30	13	17	38	54	−16
11	サガン鳥栖	32	30	13	17	38	49	−11
12	大分トリニティ	29	30	11	19	42	64	−22
13	デンソー	27	30	11	19	29	49	−20
14	西濃運輸	15	30	5	25	24	67	−43
15	ジャトコ	11	30	6	24	25	70	−45
16	水戸ホーリーホック	10	30	4	26	24	69	−45

1997 選手出場記録 ■監督 ウーゴ フェルナンデス

背番号	ポジション	選手名	JFL 試合	JFL 得点	カップ戦 試合	カップ戦 得点	天皇杯 試合	天皇杯 得点
1	GK	ディド	26	0	8	0	3	0
2	DF	田渕 龍二	29	1	6	0	3	0
3	DF	ペレイラ	27	1	5	0	3	2
4	DF	古川 毅	11	0	2	0	3	0
5	MF	朝倉 徳明	9	0	2	0	3	0
6	MF	太田 貴光	24	1	6	0	0	0
7	MF	後藤 義一	29	3	8	2	3	0
8	MF	浅沼 達也	7	0	6	0	0	0
9	FW	バルデス	29	40	8	8	1	0
10	MF	マラドーナ	28	10	8	0	1	0
11	FW	新村 泰彦	14	0	6	2	0	0
12	DF	富樫 剛一	13	1	8	0	0	0
13	DF	中吉 裕司	10	0	2	0	0	0
14	DF	渡辺 卓	29	3	7	0	3	1
15	DF	村田 達哉	27	3	7	0	3	0
16	MF	鳥居塚伸人	18	2	6	1	2	0
17	FW	黄川田賢司	8	0	3	0	3	0
18	FW	吉原 宏太	15	8	2	0	3	2
19	MF	小野 甲介	0	0	0	0	0	0
20	MF	吉成 大	6	0	0	0	2	0
21	GK	赤池 保幸	0	0	0	0	0	0
22	DF	土田 哲也	0	0	2	0	0	0
23	MF	時岡 宏昌	0	0	1	0	2	0
24	MF	金子 真人	0	0	0	0	0	0
25	MF	岡田 直彦	1	0	2	0	0	0
26	DF	鮎貝 秀彦	0	0	0	0	0	0
27	DF	大野 貴史	0	0	0	0	0	0
28	FW	山橋 貴史	19	1	0	0	0	0
29	GK	工藤 英章	0	0	0	0	0	0
30	GK	森 敦彦	5	0	0	0	0	0
31	MF	石塚 啓次	10	2	2	0	0	0

1996

1996 JFL

節	開催日	対戦相手	スコア	会場	観客数
1	4/21（日）	福島FC	4○1	郡山	6,133
2	4/28（日）	富士通川崎	1●3	等々力	6,013
3	5/5（日）	コスモ四日市	1■2v	町田	966
4	5/12（日）	山形	2★2	山形県	1,387
5	5/16（木）	甲府	2v□1	平塚	615
6	5/19（日）	大分	2v□1	室蘭	6,079
7	5/26（日）	本田技研	2■3v	都田	2,886
8	6/2（日）	神戸	2○1	花咲	5,943
9	6/9（日）	大塚	2○1	徳島	1,874
10	6/13（木）	鳥栖	3v□2	厚別	7,119
11	6/16（日）	東京ガス	1▲1	栃木	1,393
12	6/23（日）	日本電装	3v□2	厚別	6,774
13	6/30（日）	西濃運輸	2v□1	豊田	544
14	7/7（日）	仙台	3○0	厚別	10,024
15	7/14（日）	NTT関東	2v□1	駒場	2,791
16	8/18（日）	福島	3○1	厚別	6,559
17	8/25（日）	山形	2○0	厚別	7,542
18	8/29（木）	甲府	0●1	小瀬	916
19	9/1（日）	大分	2○1	佐伯	1,313
20	9/12（木）	本田技研	3v□2	厚別	7,544
21	9/15（日）	神戸	1●5	神戸ユ	10,069
22	9/22（日）	大塚	2○1	室蘭	3,206
23	9/26（木）	鳥栖	2●4	鳥栖	6,554
24	9/29（日）	東京ガス	0●1	帯広	4,190
25	10/3（木）	デンソー	2●4	刈谷	360
26	10/6（日）	西濃運輸	1○0	厚別	4,112
27	10/13（日）	仙台	4○2	宮城陸	3,845
28	10/17（木）	NTT関東	3○0	厚別	4,468
29	10/20（日）	コスモ四日市	0●1	四日市	1,040
30	10/27（日）	富士通川崎	1○0	厚別	7,859

ホーム総入場者数83,000人（1試合平均5,533人）

第76回天皇杯

回戦	開催日	対戦相手	スコア	会場	観客数
1	11/3（日）	和歌山大	3○0	紀三井寺	817
2	11/10（日）	五戸町役場	4○0	室蘭	1,001
3	11/17（日）	清水	0●1	日本平	6,169

1996 JFL順位表

順位	チーム	勝点	試合	勝	負	得点	失点	得失点差
1	本田技研	75	30	25	5	83	35	48
2	ヴィッセル神戸	75	30	25	5	78	32	46
3	東京ガス	73	30	24	6	63	28	35
4	鳥栖フューチャーズ	62	30	20	10	68	43	25
5	コンサドーレ札幌	62	30	20	10	60	43	17
6	ブランメル仙台	56	30	18	12	67	52	15
7	大塚	55	30	18	12	56	41	15
8	モンテディオ山形	49	30	16	14	45	49	−4
9	富士通川崎	45	30	15	15	48	45	3
10	大分トリニティ	39	30	13	17	42	52	−10
11	ヴァンフォーレ甲府	33	30	11	19	50	56	−6
12	コスモ四日市	33	30	11	19	31	59	−28
13	NTT関東	23	30	7	23	36	55	−19
14	福島FC	22	30	7	23	30	63	−33
15	デンソー	16	30	5	25	40	90	−50
16	西濃運輸	15	30	5	25	28	82	−54

1996 選手出場記録 ■監督 高橋 武夫

背番号	ポジション	選手名	JFL 試合	JFL 得点	天皇杯 試合	天皇杯 得点
0	DF	ペレイラ	23	7	3	0
1	GK	茶木 裕司	11	0	3	0
2	DF	平川 弘	5	0	0	0
3	DF	富樫 剛一	14	0	1	0
4	DF	平岡 宏章	7	0	0	0
5	MF	朝倉 徳明	9	0	1	0
6	MF	太田 貴光	5	0	1	0
7	MF	後藤 義一	28	3	3	1
8	FW	加藤 剛	23	4	1	0
9	FW	パベル	16	5	3	1
10	MF	オテーロ	15	6	0	0
11	FW	ルボシュ	6	1	0	0
11	MF	アルシンド	5	1	0	0
12	MF	財前 恵一	4	0	0	0
13	MF	吉田 裕幸	0	0	0	0
14	MF	新明 正広	8	0	0	0
15	DF	村田 達哉	27	1	3	0
16	DF	中吉 裕司	14	1	3	1
17	MF	ヨゼフ	7	2	2	0
17	MF	松山 博明	0	0	0	0
18	MF	足立 恵蔵	2	0	0	0
20	DF	三浦 雅之	5	0	0	0
21	DF	油 弘幸	1	0	0	0
22	GK	小池 大樹	0	0	0	0
23	MF	木島 敦	15	2	2	0
24	FW	川合 孝治	26	8	2	0
26	DF	後藤 静臣	22	0	3	0
27	FW	村田 信行	0	0	0	0
28	GK	新町 光寛	0	0	0	0
29	MF	浅沼 達也	26	4	3	1
30	DF	川浦 淳之	0	0	0	0
31	DF	岩崎 健二	0	0	0	0
32	MF	菊地 勲	0	0	0	0
33	DF	渡邉 晋	8	1	0	0
34	DF	土田 哲也	3	0	0	0
35	MF	沖田 淳	0	0	0	0
36	MF	牧田 一幸	0	0	0	0
37	FW	笠原 恵太	0	0	0	0
38	FW	吉原 宏太	24	6	3	1
39	MF	吉成 大	2	0	0	0
40	MF	小野 甲介	4	1	0	0
41	MF	松山 大地	0	0	0	0
43	GK	白井 淳	19	0	0	0
45	FW	金 鍾成	20	4	2	2

※戦績表の黄色地はホームゲーム

2002 J1順位表

1stステージ

順位	チーム	勝点	試合	90勝	V勝	分	負	得点	失点	得失点差
1	ジュビロ磐田	36	15	9	4	1	1	39	17	22
2	横浜F・マリノス	33	15	8	3	3	1	28	11	17
3	名古屋グランパスエイト	29	15	9	1	0	5	28	18	10
4	ガンバ大阪	27	15	8	1	1	5	35	19	16
5	鹿島アントラーズ	27	15	9	0	0	6	21	18	3
6	京都パープルサンガ	24	15	5	4	1	5	26	18	8
7	清水エスパルス	24	15	5	3	3	4	17	19	−2
8	ジェフユナイテッド市原	23	15	6	1	3	5	22	23	−1
9	ベガルタ仙台	20	15	6	1	0	8	23	27	−4
10	FC東京	17	15	5	0	2	8	23	27	−4
11	浦和レッズ	14	15	3	2	1	9	21	24	−3
12	東京ヴェルディ1969	13	15	2	3	1	9	15	24	−9
13	ヴィッセル神戸	12	15	3	1	1	10	12	22	−10
14	柏レイソル	11	15	3	1	0	11	20	31	−11
15	サンフレッチェ広島	10	15	3	0	1	11	14	26	−12
16	コンサドーレ札幌	6	15	2	0	0	13	15	35	−20

2ndステージ

順位	チーム	勝点	試合	90勝	V勝	分	負	得点	失点	得失点差
1	ジュビロ磐田	35	15	9	4	0	2	33	13	20
2	ガンバ大阪	27	15	7	3	0	5	24	13	11
3	鹿島アントラーズ	26	15	8	1	0	6	25	21	4
4	東京ヴェルディ1969	24	15	6	2	2	5	26	19	7
5	FC東京	22	15	6	2	0	7	20	19	1
6	横浜F・マリノス	22	15	5	3	1	6	16	16	0
7	京都パープルサンガ	22	15	6	2	0	7	18	24	−6
8	浦和レッズ	21	15	4	4	1	6	20	14	6
9	柏レイソル	21	15	6	0	3	6	18	17	1
10	ヴィッセル神戸	19	15	5	1	2	7	21	22	−1
11	ジェフユナイテッド市原	18	15	6	0	0	9	16	19	−3
12	清水エスパルス	17	15	5	1	0	9	16	24	−8
13	名古屋グランパスエイト	16	15	5	0	1	9	21	23	−2
14	サンフレッチェ広島	16	15	4	1	2	8	18	21	−3
15	ベガルタ仙台	12	15	3	1	1	10	17	30	−13
16	コンサドーレ札幌	9	15	2	1	1	11	15	29	−14

最終年間順位

順位	チーム	勝点	試合	90勝	V勝	分	負	得点	失点	得失点差
1	ジュビロ磐田	71	30	18	8	1	3	72	30	42
2	横浜F・マリノス	55	30	13	6	4	7	44	27	17
3	ガンバ大阪	54	30	15	4	1	10	59	32	27
4	鹿島アントラーズ	53	30	17	1	0	12	46	39	7
5	京都パープルサンガ	46	30	11	6	1	12	44	42	2
6	名古屋グランパスエイト	45	30	14	1	1	14	49	41	8
7	ジェフユナイテッド市原	41	30	12	1	3	14	38	42	−4
8	清水エスパルス	41	30	10	4	3	13	33	43	−10
9	FC東京	39	30	11	2	2	15	43	46	−3
10	東京ヴェルディ1969	37	30	8	5	3	14	41	43	−2
11	浦和レッズ	35	30	7	6	2	15	41	38	3
12	柏レイソル	32	30	9	1	3	17	38	48	−10
13	ベガルタ仙台	32	30	9	2	1	18	40	57	−17
14	ヴィッセル神戸	31	30	8	2	3	17	33	44	−11
15	サンフレッチェ広島	26	30	7	1	3	19	32	47	−15
16	コンサドーレ札幌	15	30	4	1	1	24	30	64	−34

2002 選手出場記録 ■監督 柱谷哲二→ラドミロ・イバンチェビッチ→張外龍

背番号	ポジション	選手名	J1 試合	J1 得点	カップ戦 試合	カップ戦 得点	天皇杯 試合	天皇杯 得点
	GK	佐藤 洋平	27	0	6	0	1	0
	DF	田渕 龍二	10	0	6	0	0	0
	DF	森 秀昭	1	0	0	0	1	0
	MF	今野 泰幸	22	0	2	0	1	0
	MF	ジャディウソン	17	0	0	0	0	0
	DF	マクサンドロ	3	0	0	0	0	0
	DF	大森 健作	29	0	6	0	0	0
	MF	酒井 直樹	17	1	3	0	0	0
	MF	ビジュ	26	1	0	0	1	0
	FW	ロブソン	5	0	0	0	0	0
	FW	森山 泰行	4	0	0	0	0	0
	MF	山瀬 功治	14	4	2	0	0	0
	FW	磯山 和司	5	0	0	0	0	0
	FW	小島 宏美	5	0	2	1	0	0
	MF	平間 智和	15	0	6	0	0	0
	DF	古川 毅	16	0	6	0	0	0
	MF	森下 仁志	29	2	6	0	1	0
	FW	深川 友貴	14	1	5	0	1	0
	FW	小倉 隆史	27	7	6	1	1	0
	FW	曽田 雄志	23	4	6	0	1	0
	MF	中尾 康二	0	0	4	0	0	0
	MF	和波 智広	25	0	2	1	0	0
	GK	藤ヶ谷陽介	4	0	0	0	0	0
	DF	吉川 京輔	9	0	3	0	0	0
	FW	相川 進也	4	2	1	0	0	0
	MF	奈良 安剛	1	0	0	0	0	0
	FW	新居 辰基	5	2	3	0	1	0
	MF	吉瀬 広志	1	0	6	0	0	0
	FW	田澤 勇気	1	0	0	0	0	0
	FW	バーヤック	13	3	0	0	1	0
	GK	井上 敦史	0	0	0	0	0	0
	GK	阿部 哲也	0	0	0	0	0	0
	MF	西田 吉洋	16	1	0	0	1	0
	DF	佐藤 尽	19	1	0	0	1	0
	MF	松川 友明	4	0	0	0	0	0

最終年間順位

順位	チーム	勝点	試合	90勝	V勝	分	負	得点	失点	得失点差
1	鹿島アントラーズ	54	30	15	4	1	10	57	42	15
2	ジュビロ磐田	71	30	18	8	1	3	63	26	37
3	ジェフユナイテッド市原	50	30	14	3	2	11	60	54	6
4	清水エスパルス	49	30	11	8	0	11	62	45	17
5	名古屋グランパスエイト	49	30	12	5	3	10	56	45	11
6	柏レイソル	43	30	12	2	3	13	58	46	12
7	ガンバ大阪	42	30	12	2	2	14	50	48	2
8	FC東京	41	30	10	3	5	12	47	47	0
9	サンフレッチェ広島	37	30	11	2	0	17	61	60	1
10	浦和レッズ	36	30	10	1	4	15	44	46	−2
11	コンサドーレ札幌	34	30	9	1	5	15	43	50	−7
12	ヴィッセル神戸	33	30	8	1	7	14	41	52	−11
13	横浜F・マリノス	30	30	7	2	5	16	32	44	−12
14	東京ヴェルディ1969	30	30	8	2	2	18	38	57	−19
15	アビスパ福岡	27	30	7	2	2	19	35	56	−21
16	セレッソ大阪	23	30	5	3	2	20	41	70	−29

※年間1、2位はチャンピオンシップで決定

2001 選手出場記録 ■監督 岡田 武史

背番号	ポジション	選手名	J1 試合	J1 得点	カップ戦 試合	カップ戦 得点	天皇杯 試合	天皇杯 得点
	GK	佐藤 洋平	29	0	2	0	0	0
	DF	田渕 龍二	29	0	2	0	0	0
	DF	森 秀昭	23	0	1	0	0	0
	DF	森川 拓巳	15	0	2	0	1	0
	DF	名塚 善寛	18	0	1	0	1	0
	DF	大森 健作	29	0	2	0	1	0
	MF	野々村芳和	22	0	1	0	0	0
	MF	ビジュ	24	1	2	0	1	0
	FW	ウィル	26	24	2	2	0	0
	MF	アウミール	14	0	1	0	0	0
	FW	播戸 竜二	27	9	1	0	1	0
	FW	深川 友貴	11	0	1	0	0	0
	DF	古川 毅	13	0	1	0	1	0
	MF	森下 仁志	13	0	0	0	1	0
	MF	瀬戸 春樹	2	0	2	0	0	0
	FW	黄川田賢司	13	0	1	0	1	1
	MF	大黒 将志	4	0	2	0	0	0
	MF	山瀬 功治	24	3	0	0	1	0
	MF	伊藤優津樹	14	1	2	0	1	0
	MF	和波 智広	20	2	1	0	1	0
	GK	藤ヶ谷陽介	1	0	0	0	1	0
	DF	吉川 京輔	0	0	0	0	0	0
	FW	曽田 雄志	9	0	0	0	0	0
	MF	奈良 安剛	0	0	0	0	0	0
	MF	中尾 康二	3	0	0	0	0	0
	MF	今野 泰幸	17	0	1	0	1	1
	FW	遠国 信也	0	0	0	0	0	0
	MF	アダウト	7	2	0	0	0	0
	GK	井上 敦史	0	0	0	0	0	0
	GK	小林 弘記	0	0	0	0	0	0
	FW	堀井 岳也	6	1	0	0	0	0

2002

2002 J1

1stステージ

節	開催日	対戦相手	スコア	会場	観客数
1	3/3(日)	広島	1●5	広島ビ	11,299
2	3/9(土)	仙台	0●1	高知陸	7,236
3	3/17(日)	磐田	0●4	磐田	13,268
4	3/31(日)	名古屋	3○0	瑞穂陸	11,279
5	4/6(土)	柏	1●4	柏	9,161
6	4/13(土)	京都	1■2v	室蘭	10,203
7	4/20(土)	鹿島	1●3	函館	14,128
8	7/13(土)	神戸	0●1	神戸ユ	8,810
9	7/20(土·祝)	浦和	1■2v	国立	28,054
10	7/24(水)	横浜FM	2■3v	札幌ド	25,528
11	7/28(日)	FC東京	1●3	国立	20,326
12	8/3(土)	清水	2●3	札幌ド	26,815
13	8/7(水)	市原	0●2	市原	4,628
14	8/10(土)	G大阪	1○0	厚別	17,193
15	8/17(土)	東京V	1■2v	札幌ド	26,393

2ndステージ

節	開催日	対戦相手	スコア	会場	観客数
1	8/31(土)	柏	2△2	厚別	14,128
2	9/7(土)	京都	0●1	西京極	6,637
3	9/15(日·祝)	神戸	1●2	札幌ド	21,517
4	9/18(水)	横浜FM	0■1v	横浜国	12,947
5	9/21(土)	浦和	1●2	札幌ド	21,435
6	9/29(日)	磐田	0■1v	札幌ド	32,416
7	10/5(土)	清水	0●3	日本平	14,119
8	10/12(土)	FC東京	0●4	厚別	11,921
9	10/19(土)	G大阪	1●2	万博	5,677
10	10/23(水)	市原	1○0	札幌ド	14,295
11	10/27(日)	鹿島	2■3v	カシマ	17,428
12	11/9(土)	東京V	2■3v	東京	10,943
13	11/17(日)	名古屋	1○0	札幌ド	21,759
14	11/23(土·祝)	仙台	0●2	仙台	19,424
15	11/30(土)	広島	5v□4	札幌ド	22,131

ホーム総入場者数 278,098人(平均19,140人)

2002 Jリーグヤマザキナビスコカップ

予選Aグループ

節	開催日	対戦相手	スコア	会場	観客数
1	4/27(土)	柏	0●1	柏の葉	6,199
2	4/30(火)	磐田	0△0	厚別	11,317
3	5/3(金·祝)	仙台	0●1	仙台	16,641
4	5/6(月·休)	仙台	1△1	函館	8,263
5	5/9(木)	磐田	1●3	磐田	6,823
6	5/12(日)	柏	1○0	室蘭	5,643

第82回天皇杯

回戦	開催日	対戦相手	スコア	会場	観客数
3	12/15(日)	大分	0●5	大分	5,046

2000 選手出場記録 ■監督 岡田 武史

背番号	ポジション	選手名	J2 試合	J2 得点	カップ戦 試合	カップ戦 得点	天皇杯 試合	天皇杯 得点
1	GK	佐藤 洋平	37	0	2	0	3	0
2	DF	田渕 龍二	36	1	2	0	3	0
3	DF	森 秀昭	33	2	1	0	4	1
4	DF	大野 貴史	6	0	0	0	1	0
5	DF	名塚 善寛	29	3	1	0	2	0
6	DF	大森 健作	38	1	2	0	4	0
7	MF	野々村芳和	36	2	2	0	4	1
8	MF	ビジュ	33	6	1	0	4	1
9	FW	エメルソン	34	31	1	0	0	0
10	MF	アウミール	40	1	2	0	3	1
11	FW	播戸 竜二	30	15	1	0	1	1
13	FW	深川 友貴	13	1	2	0	2	0
14	DF	古川 毅	26	0	2	0	3	0
15	DF	村田 達哉	7	0	1	0	2	0
16	FW	黄川田賢司	30	5	1	1	0	0
17	MF	清水 範久	7	0	0	0	1	1
17	MF	村主 博正	4	0	1	0	0	0
18	FW	高木 琢也	17	0	1	0	3	1
19	MF	伊藤優津樹	33	0	1	0	1	1
20	DF	小松崎 保	8	0	1	0	0	0
21	GK	藤ヶ谷陽介	0	0	0	0	0	0
22	DF	池内 友彦	12	0	0	0	4	1
23	MF	佐賀 一平	2	0	0	0	1	0
24	MF	河村 優	2	0	1	0	2	0
25	MF	中尾 康二	1	0	0	0	1	1
26	FW	桜井 孝司	4	0	0	0	0	0
27	FW	遠国 信也	0	0	0	0	1	0
28	MF	山瀬 功治	14	2	1	0	3	0
29	GK	井上 敦史	0	0	0	0	1	0
30	GK	小林 弘記	3	0	0	0	0	0

2001

2001 J1

1stステージ

節	開催日	対戦相手	スコア	会場	観客数
1	3/10(土)	C大阪	2○1	長居	11,359
2	3/17(土)	柏	2○1	高知陸	6,276
3	3/31(土)	広島	0●1	広島ビ	6,694
4	4/7(土)	東京V	2○0	室蘭	9,289
5	4/14(土)	神戸	0△0	神戸ユ	11,742
6	4/29(日·祝)	G大阪	1○0	函館	15,288
7	5/3(木·祝)	清水	2●5	日本平	18,664
8	5/6(日)	FC東京	1●2	丸亀	6,142
9	5/12(土)	鹿島	2○1	厚別	19,920
10	5/19(土)	磐田	1■2v	磐田	12,979
11	6/16(土)	名古屋	2△2	厚別	19,525
12	6/23(土)	浦和	0●2	駒場	19,277
13	7/7(土)	市原	2■3v	厚別	16,728
14	7/14(土)	福岡	2○0	博多球	12,106
15	7/21(土)	横浜FM	1△1	札幌ド	39,319

2ndステージ

節	開催日	対戦相手	スコア	会場	観客数
1	8/11(土)	鹿島	1●2	カシマ	21,848
2	8/18(土)	FC東京	2●5	札幌ド	32,975
3	8/25(土)	横浜FM	2■3v	横浜国	16,247
4	9/8(土)	福岡	3■4v	厚別	14,113
5	9/15(土·祝)	清水	3v□2	札幌ド	35,725
6	9/22(土)	G大阪	0△0	万博	7,507
7	9/29(土)	神戸	5○2	厚別	15,112
8	10/13(土)	東京V	1○0	東京	10,803
9	10/17(水)	広島	4○2	厚別	12,443
10	10/20(土)	磐田	1●2	厚別	18,917
11	10/31(水)	名古屋	0●2	瑞穂陸	8,714
12	11/3(土·祝)	浦和	1△1	札幌ド	38,639
13	11/10(土)	市原	0●2	市原	4,473
14	11/17(土)	柏	0●1	柏	10,819
15	11/24(土)	C大阪	0●1	札幌ド	39,156

ホーム総入場者数 333,425人(平均22,228人)

2001 Jリーグヤマザキナビスコカップ

節	開催日	対戦相手	スコア	会場	観客数
1①	4/4(水)	大分	0●2	大分陸	4,419
1②	4/18(水)	大分	2○1	室蘭	2,439

第81回天皇杯

回戦	開催日	対戦相手	スコア	会場	観客数
3	12/9(日)	川崎	2●3	富山	3,101

2001 J1順位表

1stステージ

順位	チーム	勝点	試合	90勝	V勝	分	負	得点	失点	得失点差
1	ジュビロ磐田	36	15	9	4	1	1	32	12	20
2	ジェフユナイテッド市原	27	15	7	3	0	5	35	26	9
3	名古屋グランパスエイト	27	15	5	5	2	3	29	20	9
4	清水エスパルス	26	15	6	4	0	5	28	18	10
5	ガンバ大阪	25	15	7	2	0	6	29	22	7
6	柏レイソル	22	15	6	2	0	7	29	23	6
7	浦和レッズ	21	15	6	1	1	7	24	22	2
8	コンサドーレ札幌	21	15	6	0	3	6	20	21	−1
9	FC東京	21	15	5	3	0	7	18	19	−1
10	ヴィッセル神戸	19	15	5	1	2	7	16	20	−4
11	鹿島アントラーズ	18	15	5	1	1	8	21	23	−2
12	アビスパ福岡	14	15	4	1	0	10	13	25	−12
13	サンフレッチェ広島	13	15	3	2	0	10	25	33	−8
14	セレッソ大阪	11	15	3	0	2	10	22	31	−9
15	横浜F・マリノス	11	15	3	0	2	10	13	24	−11
16	東京ヴェルディ1969	10	15	2	2	0	11	16	31	−15

2ndステージ

順位	チーム	勝点	試合	90勝	V勝	分	負	得点	失点	得失点差
1	鹿島アントラーズ	36	15	10	3	0	2	36	19	17
2	ジュビロ磐田	35	15	9	4	0	2	31	14	17
3	サンフレッチェ広島	24	15	8	0	0	7	36	27	9
4	清水エスパルス	23	15	5	4	0	6	34	27	7
5	ジェフユナイテッド市原	23	15	7	0	2	6	25	28	−3
6	名古屋グランパスエイト	22	15	7	0	1	7	27	25	2
7	柏レイソル	21	15	6	0	3	6	29	23	6
8	FC東京	20	15	5	0	5	5	29	28	1
9	東京ヴェルディ1969	20	15	6	0	2	7	22	26	−4
10	横浜F・マリノス	19	15	4	2	3	6	19	20	−1
11	ガンバ大阪	17	15	5	0	2	8	21	26	−5
12	浦和レッズ	15	15	4	0	3	8	20	24	−4
13	ヴィッセル神戸	14	15	3	0	5	7	25	32	−7
14	コンサドーレ札幌	13	15	3	1	2	9	23	29	−6
15	アビスパ福岡	13	15	3	1	2	9	22	31	−9
16	セレッソ大阪	12	15	2	3	0	10	19	39	−20

1999 J2順位表

順位	チーム	勝点	試合	90勝	V勝	引分	負	得点	失点	得失点差
1	川崎フロンターレ	73	36	20	5	3	8	69	34	35
2	FC東京	64	36	19	2	3	12	51	35	16
3	大分トリニータ	63	36	18	3	3	12	62	42	20
4	アルビレックス新潟	58	36	16	4	2	14	46	40	6
5	コンサドーレ札幌	55	36	15	2	6	13	54	35	19
6	大宮アルディージャ	51	36	14	4	1	17	47	44	3
7	モンテディオ山形	48	36	14	1	4	17	47	53	−6
8	サガン鳥栖	37	36	11	1	2	22	52	64	−12
9	ベガルタ仙台	31	36	7	3	4	22	30	58	−28
10	ヴァンフォーレ甲府	18	36	4	1	4	27	32	85	−53

1999 選手出場記録 ■監督 岡田 武史

背番号	ポジション	選手名	J2 試合	J2 得点	カップ戦 試合	カップ戦 得点	天皇杯 試合	天皇杯 得点
1	GK	佐藤 洋平	35	0	2	0	3	0
2	DF	田渕 龍二	35	1	2	0	3	0
3	DF	埜下 荘司	2	0	0	0	0	0
4	DF	梶野 智	26	0	0	0	1	0
5	DF	名塚 善寛	32	3	2	0	0	0
6	MF	栗田泰次郎	8	1	1	0	0	0
7	MF	棚田 伸	32	1	2	0	1	0
8	MF	クレーベル	1	0	0	0	0	0
8	MF	ビジュ	19	2	0	0	3	1
9	FW	ジネイ	3	0	0	0	0	0
9	FW	リカルジーニョ	5	1	2	0	0	0
10	MF	アシス	29	8	2	0	2	1
11	FW	関 浩二	25	6	1	0	2	1
12	GK	加藤 竜二	0	0	0	0	0	0
13	FW	深川 友貴	36	5	2	1	3	1
14	DF	古川 毅	31	1	2	0	3	0
15	DF	村田 達哉	30	0	2	0	3	0
16	FW	黄川田賢司	21	0	1	0	1	0
17	MF	村主 博正	25	3	1	0	2	0
18	FW	吉原 宏太	32	15	2	0	2	0
19	MF	時岡 宏昌	0	0	0	0	0	0
20	DF	大野 貴史	23	2	1	0	1	0
21	GK	藤ヶ谷陽介	2	0	0	0	0	0
22	DF	池内 友彦	7	2	0	0	3	0
23	MF	佐賀 一平	4	0	0	0	1	0
24	MF	河村 優	11	0	2	0	0	0
25	MF	岡田 直彦	0	0	0	0	1	0
26	FW	桜井 孝司	4	0	0	0	3	0
27	DF	井手口 純	1	0	0	0	3	1
28	FW	林 晃平	2	0	0	0	0	0

2000

2000 J2

節	開催日	対戦相手	スコア	会場	観客数
1	3/12(日)	鳥栖	4○0	鳥栖	3,800
2	3/20(月·祝)	甲府	3○0	小瀬	3,231
4	3/30(木)	新潟	3○0	室蘭	3,162
5	4/2(日)	仙台	2○1	仙台	6,308
7	4/15(土)	大分	0△0	大分	3,741
8	4/23(日)	山形	0●2	函館	11,272
9	4/30(日)	水戸	2○0	ひたちなか	3,715
10	5/4(木·祝)	湘南	2v□1	厚別	19,450
11	5/8(月)	大宮	2○0	大宮	3,706
12	5/14(日)	鳥栖	2○0	厚別	10,513
13	5/18(木)	甲府	2○1	厚別	8,539
15	5/27(土)	新潟	1○0	新潟	5,076
16	6/1(木)	仙台	3○1	厚別	8,622
17	6/4(日)	浦和	1○0	駒場	19,222
18	6/10(土)	大分	2v□1	厚別	12,389
19	6/17(土)	山形	1○0	山形県	4,251
20	6/21(水)	水戸	3○0	厚別	11,356
21	6/25(日)	湘南	2○1	平塚	6,006
22	7/2(日)	大宮	2○1	厚別	13,808
23	7/9(日)	新潟	2v□1	厚別	12,366
6	7/16(日)	浦和	1△1	室蘭	10,146
24	7/22(土)	仙台	2○0	仙台	13,189
25	7/29(土)	浦和	2○1	厚別	19,825
26	8/2(水)	大分	0●1	大分	5,871
27	8/5(土)	山形	1○0	厚別	11,471
28	8/12(土)	水戸	2○0	ひたちなか	2,610
29	8/19(土)	湘南	1△1	厚別	16,215
30	8/26(土)	大宮	2○0	大宮	7,469
31	9/3(日)	鳥栖	1●2	厚別	13,155
32	9/11(月)	甲府	2○0	小瀬	1,042
34	9/24(日)	仙台	1○0	厚別	10,901
35	9/28(木)	浦和	2v□1	駒場	16,068
36	10/1(日)	大分	2○1	厚別	14,815
37	10/8(日)	山形	0△0	山形県	3,397
38	10/15(日)	水戸	5○0	厚別	17,823
39	10/21(土)	湘南	3○0	平塚	7,428
40	10/29(日)	大宮	2○0	厚別	19,863
41	11/5(日)	鳥栖	0●2	鳥栖	6,107
42	11/12(日)	甲府	1△1	厚別	12,515
44	11/19(日)	新潟	2○1	新潟	4,368

※第6節は有珠山噴火のため日程変更
ホーム総入場者数 258,206人(平均12,910人)

2000 Jリーグヤマザキナビスコカップ

節	開催日	対戦相手	スコア	会場	観客数
1①	4/19(水)	G大阪	1●2	万博	2,591
1②	5/24(水)	G大阪	0●1	厚別	10,808

第80回天皇杯

回戦	開催日	対戦相手	スコア	会場	観客数
1	11/25(土)	フォルトナFC	2○0	群馬県	3,250
2	12/3(日)	草津東高	6○0	室蘭	1,966
3	12/10(日)	京都	1○0	西京極	3,205
4	12/17(日)	横浜FM	1■2	愛媛県	6,134

2000 J2順位表

順位	チーム	勝点	試合	90勝	V勝	分	負	得点	失点	得失点差
1	コンサドーレ札幌	94	40	27	4	5	4	71	22	49
2	浦和レッズ	82	40	23	5	3	9	82	40	42
3	大分トリニータ	81	40	26	0	3	11	80	38	42
4	大宮アルディージャ	68	40	21	2	1	16	55	49	6
5	ベガルタ仙台	55	40	15	4	2	19	60	69	−9
6	サガン鳥栖	48	40	13	2	5	20	41	52	−11
7	アルビレックス新潟	46	40	11	4	5	20	54	63	−9
8	湘南ベルマーレ	43	40	12	3	1	24	59	71	−12
9	水戸ホーリーホック	43	40	9	6	4	21	37	61	−24
10	モンテディオ山形	33	40	9	2	2	27	40	61	−21
11	ヴァンフォーレ甲府	18	40	5	0	3	32	31	84	−53

2006

2006 J2

節	開催日	対戦相手	スコア	会場	観客数
1	3/4（土）	鳥栖	1○0	鳥栖	15,572
2	3/11（土）	水戸	0●1	札幌ド	16,858
3	3/18（土）	山形	1○0	山形県	6,149
4	3/21（火・祝）	愛媛	1●2	愛媛陸	4,214
5	3/25（土）	横浜FC	0●1	室蘭	5,065
7	4/5（水）	草津	3○0	札幌ド	12,654
8	4/8（土）	神戸	2○1	神戸ウイ	8,233
9	4/15（土）	湘南	4○1	札幌ド	14,102
10	4/18（火）	徳島	0△0	鳴門	2,221
11	4/22（土）	柏	1●2	函館	6,608
12	4/29（土・祝）	東京V	0●2	西が丘	4,239
13	5/3（水・祝）	仙台	1△1	厚別	11,319
14	5/6（土）	水戸	1●3	笠松	3,268
15	5/14（日）	神戸	1●6	厚別	6,903
16	5/17（水）	鳥栖	2△2	札幌ド	10,124
18	5/27（土）	柏	1●2	柏	8,594
19	6/3（土）	山形	2△2	札幌ド	12,425
20	6/7（水）	草津	2△2	群馬陸	2,116
21	6/10（土）	徳島	4○2	札幌ド	11,828
22	6/17（土）	仙台	2○0	ユアスタ	13,162
23	6/21（水）	横浜FC	2○1	三ツ沢	3,479
24	6/24（土）	東京V	4○0	厚別	8,494
25	7/1（土）	湘南	1●2	平塚	4,794
26	7/8（土）	愛媛	3○1	札幌ド	14,065
27	7/12（水）	柏	2○1	厚別	6,943
28	7/16（日）	鳥栖	0●4	鳥栖	6,648
29	7/22（土）	草津	2△2	厚別	6,869
30	7/26（水）	東京V	2○1	味スタ	5,455
31	7/29（土）	湘南	1●5	厚別	7,600
32	8/6（日）	徳島	0△0	鳴門	3,360
33	8/11（金）	愛媛	0●1	愛媛陸	3,671
34	8/19（土）	仙台	3○1	厚別	7,489
36	8/26（土）	横浜FC	1●2	厚別	12,185
37	9/2（土）	山形	0△0	山形県	5,906
38	9/9（土）	神戸	1△1	神戸ウイ	9,687
39	9/13（水）	水戸	3○1	厚別	5,364
40	9/16（土）	仙台	0△0	ユアスタ	13,914
41	9/23（土・祝）	湘南	6○1	平塚	5,156
42	9/27（水）	徳島	6○0	厚別	3,896
44	10/14（土）	山形	1△1	厚別	6,366
45	10/18（水）	横浜FC	0●3	三ツ沢	5,011
46	10/21（土）	神戸	1●4	札幌ド	18,547
47	10/29（日）	草津	2○0	群馬陸	4,219
48	11/11（土）	愛媛	1△1	札幌ド	13,493
49	11/18（土）	水戸	1○0	笠松	3,526
50	11/23（木・祝）	東京V	2○0	札幌ド	17,930
51	11/26（日）	柏	3○2	柏	11,471
52	12/2（土）	鳥栖	0●2	札幌ド	14,349

※第6、第17、第35、第43節は札幌の試合なし
ホーム総入場者数　251,476人（平均10,478人）

第86回天皇杯

回戦	開催日	対戦相手	スコア	会場	観客数
3	10/8（日）	新日鉄大分	3○1	室蘭	2,353
4	11/8（水）	千葉	1○0	フクアリ	4,389
5	12/9（土）	新潟	2☆2	フクアリ	5,235
準々決勝	12/23（土）	甲府	2○0	ユアスタ	5,537
準決勝	12/29（金）	G大阪	1●2	エコパ	7,038

2006 J2順位表

順位	チーム	勝点	試合	勝	分	負	得点	失点	得失点差
1	横浜FC	93	48	26	15	7	61	32	29
2	柏レイソル	88	48	27	7	14	84	60	24
3	ヴィッセル神戸	86	48	25	11	12	78	53	25
4	サガン鳥栖	79	48	22	13	13	64	49	15
5	ベガルタ仙台	77	48	21	14	13	75	43	32
6	コンサドーレ札幌	72	48	20	12	16	77	67	10
7	東京ヴェルディ1969	71	48	21	8	19	69	75	−6
8	モンテディオ山形	65	48	17	14	17	68	57	11
9	愛媛FC	53	48	14	11	23	51	63	−12
10	水戸ホーリーホック	51	48	14	9	25	48	69	−21
11	湘南ベルマーレ	49	48	13	10	25	61	87	−26
12	ザスパ草津	42	48	9	15	24	54	86	−32
13	徳島ヴォルティス	35	48	8	11	29	43	92	−49

2006 選手出場記録　■監督　柳下 正明

背番号	ポジション	選手名	J2		天皇杯	
			試合	得点	試合	得点
1	GK	林　卓人	38	0	1	0
2	MF	岡田　佑樹	0	0	0	0
3	DF	西澤　淳二	10	0	3	0
4	DF	曽田　雄志	35	1	5	0
5	DF	池内　友彦	22	3	0	0
6	DF	西嶋　弘之	25	1	4	0
7	MF	和波　智広	21	0	2	0
8	MF	砂川　誠	43	7	4	2
9	FW	石井　謙伍	37	9	4	0
10	FW	フッキ	38	25	3	1
11	FW	相川　進也	35	9	4	4
12	FW	中山　元気	23	4	3	0
13	MF	鈴木　智樹	31	2	1	0
15	DF	加賀　健一	44	4	5	1
16	MF	大塚　真司	39	2	3	0
17	FW	清野　智秋	3	0	0	0
18	MF	芳賀　博信	46	0	4	0
19	MF	関　隆倫	29	1	1	0
20	MF	上里　一将	22	1	3	0
21	MF	金子　勇樹	19	0	4	0
22	MF	川崎健太郎	4	0	4	0
23	DF	千葉　貴仁	18	0	0	0
24	DF	野本　安啓	0	0	0	0
25	MF	藤田　征也	30	0	4	0
26	GK	阿部　哲也	0	0	0	0
27	MF	西　大伍	0	0	0	0
28	GK	高原　寿康	4	0	0	0
29	MF	西谷　正也	39	5	3	0
30	MF	セバスティアン	1	0	0	0
31	GK	佐藤　優也	6	0	4	0

2005

2005 J2

節	開催日	対戦相手	スコア	会場	観客数
1	3/5（土）	甲府	2△2	小瀬	6,640
2	3/13（土）	鳥栖	0●1	札幌ド	17,607
3	3/19（土）	草津	4○1	群馬サ	3,572
4	3/26（土）	仙台	0●3	札幌ド	12,127
5	4/3（日）	水戸	0●2	笠松	3,351
6	4/9（土）	湘南	0△0	札幌ド	10,939
7	4/16（土）	京都	0△0	鴨池	7,437
8	4/23（土）	福岡	1△1	札幌ド	9,767
9	4/30（土）	徳島	1△1	鳴門	5,689
10	5/4（水・祝）	横浜FC	1○0	札幌ド	14,229
11	5/7（土）	山形	0●3	山形県	4,528
12	5/14（土）	水戸	2○0	厚別	6,807
13	5/21（土）	湘南	3○0	平塚	5,220
14	5/28（土）	草津	3○1	厚別	7,693
15	6/4（土）	仙台	0●4	仙台	13,754
16	6/11（土）	徳島	0△0	札幌ド	12,675
17	6/18（土）	福岡	3○0	博多球	8,830
18	6/25（土）	横浜FC	2○1	日産ス	12,849
19	7/2（土）	山形	0●2	厚別	8,497
20	7/9（土）	甲府	3○1	厚別	7,614
21	7/13（水）	鳥栖	1○0	鳥栖	6,951
22	7/16（土）	京都	0●1	室蘭	5,750
23	7/30（土）	徳島	1△1	鳴門	4,012
24	8/2（火）	横浜FC	1●2	札幌ド	20,374
25	8/6（土）	草津	2○1	群馬陸	6,613
26	8/13（土）	仙台	2○1	厚別	9,345
28	8/26（金）	水戸	0●1	笠松	2,172
29	8/31（水）	湘南	2○0	札幌ド	13,056
30	9/4（日）	甲府	1○0	小瀬	7,753
31	9/10（土）	鳥栖	0●3	厚別	8,906
27	9/14（水）	山形	0●1	山形県	3,342
32	9/18（日）	福岡	1●3	厚別	7,314
33	9/24（土）	京都	0●4	西京極	9,426
34	10/1（土）	徳島	2○0	厚別	5,323
35	10/5（水）	横浜FC	1△1	西が丘	4,331
36	10/15（土）	湘南	0△0	平塚	5,510
37	10/22（土）	山形	3○1	函館	4,959
38	10/29（土）	仙台	2△2	仙台	15,028
39	11/6（日）	水戸	1△1	札幌ド	14,604
40	11/13（日）	福岡	0●3	博多球	9,269
41	11/19（土）	京都	3△3	札幌ド	14,654
42	11/23（水・祝）	甲府	2●4	札幌ド	17,608
43	11/26（土）	鳥栖	2○0	鳥栖	8,107
44	12/3（土）	草津	2○1	札幌ド	15,087

※第27節は雷雨のため日程変更
ホーム総入場者数　244,935人（平均11,133人）

第85回天皇杯

回戦	開催日	対戦相手	スコア	会場	観客数
3	10/9（日）	佐川急便東京SC	0●2	室蘭	2,984

2005 J2順位表

順位	チーム	勝点	試合	勝	分	負	得点	失点	得失点差
1	京都パープルサンガ	97	44	30	7	7	89	40	49
2	アビスパ福岡	78	44	21	15	8	72	43	29
3	ヴァンフォーレ甲府	69	44	19	12	13	78	64	14
4	ベガルタ仙台	68	44	19	11	14	66	47	19
5	モンテディオ山形	64	44	16	16	12	54	45	9
6	コンサドーレ札幌	63	44	17	12	15	54	57	−3
7	湘南ベルマーレ	54	44	13	15	16	46	59	−13
8	サガン鳥栖	52	44	14	10	20	58	58	0
9	徳島ヴォルティス	52	44	12	16	16	60	76	−16
10	水戸ホーリーホック	52	44	13	13	18	41	57	−16
11	横浜FC	45	44	10	15	19	48	64	−16
12	ザスパ草津	23	44	5	8	31	26	82	−56

2005 選手出場記録　■監督　柳下 正明

背番号	ポジション	選手名	J2		天皇杯	
			試合	得点	試合	得点
1	GK	林　卓人	33	0	1	0
2	MF	岡田　佑樹	38	2	1	0
3	DF	西澤　淳二	19	0	0	0
4	DF	曽田　雄志	40	1	1	0
5	DF	池内　友彦	33	11	1	0
6	DF	西嶋　弘之	23	0	0	0
7	MF	和波　智広	38	1	1	0
8	MF	砂川　誠	37	4	1	0
9	FW	堀井　岳也	11	2	0	0
10	MF	三原　廣樹	20	1	1	0
11	FW	相川　進也	34	9	1	0
12	FW	中山　元気	39	4	0	0
14	DF	田畑　昭宏	32	2	0	0
15	DF	加賀　健一	31	0	1	0
16	MF	鈴木　智樹	20	0	1	0
17	FW	清野　智秋	28	10	1	0
18	MF	桑原　剛	0	0	0	0
19	MF	上里　一将	23	2	0	0
20	MF	権東　勇介	11	0	0	0
21	MF	金子　勇樹	27	0	1	0
22	DF	上田　常幸	0	0	0	0
23	MF	徐　暁飛	11	0	0	0
24	MF	野田　達郎	0	0	0	0
25	FW	石井　謙伍	17	1	1	0
26	GK	阿部　哲也	1	0	0	0
27	GK	蛯沢　匠吾	0	0	0	0
28	GK	高原　寿康	10	0	0	0
29	MF	西谷　正也	10	1	1	0
30	FW	デルリス	19	1	0	0
—	MF	藤田　征也	1	0	0	0

2004

2004 J2

節	開催日	対戦相手	スコア	会場	観客数
1	3/13（土）	甲府	2△2	札幌ド	18,308
2	3/20（土・祝）	大宮	0△0	埼玉	8,009
3	3/27（土）	仙台	1○0	札幌ド	14,279
4	4/3（土）	湘南	1△1	平塚	6,025
5	4/10（土）	山形	0●1	室蘭	5,534
6	4/17（土）	横浜FC	1△1	札幌ド	12,824
7	4/25（日）	水戸	1●2	笠松	3,551
8	4/29（木・祝）	京都	0●2	西京極	9,174
9	5/2（日）	福岡	1●2	厚別	10,073
10	5/5（水・祝）	川崎	0●2	厚別	9,403
11	5/9（日）	鳥栖	1●2	鳥栖	2,921
12	5/15（土）	横浜FC	1●2	三ツ沢	3,504
13	5/19（水）	水戸	1●2	厚別	6,086
14	5/22（土）	山形	1●2	山形県	4,162
15	5/29（土）	湘南	1△1	札幌ド	11,443
16	6/5（土）	仙台	1△1	仙台	17,382
17	6/12（土）	大宮	1●2	厚別	7,656
18	6/19（土）	甲府	1●2	小瀬	10,121
19	6/23（水）	川崎	0●6	等々力	8,054
20	6/27（日）	鳥栖	1●2	厚別	7,526
21	7/4（日）	京都	0●2	函館	5,945
22	7/10（土）	福岡	1○0	博多球	13,255
23	7/24（土）	横浜FC	0△0	札幌ド	11,054
24	7/27（火）	水戸	1△1	笠松	5,894
25	7/31（土）	山形	1●2	厚別	6,738
26	8/8（日）	湘南	1△1	平塚	5,233
27	8/11（水）	川崎	1●3	厚別	7,352
28	8/14（土）	鳥栖	1○0	鳥栖	2,808
29	8/21（土）	京都	2●4	西京極	6,683
30	8/25（水）	福岡	0●2	厚別	5,086
31	8/29（日）	甲府	0●2	厚別	6,728
32	9/4（土）	大宮	0●1	大宮	4,090
33	9/11（土）	仙台	1○0	札幌ド	13,121
34	9/18（土）	山形	0●1	山形県	6,142
35	9/23（木・祝）	水戸	2○1	厚別	6,677
36	9/26（日）	横浜FC	1△1	夢の島	2,403
37	10/2（土）	京都	0△0	厚別	5,682
38	10/16（土）	福岡	0●1	博多球	8,411
39	10/23（土）	湘南	0△0	厚別	5,061
40	10/30（土）	仙台	1△1	仙台	12,023
41	11/6（土）	鳥栖	1△1	札幌ド	11,792
42	11/20（土）	川崎	0●2	等々力	7,151
43	11/23（火・祝）	大宮	0●1	札幌ド	19,873
44	11/27（土）	甲府	0△0	小瀬	7,146

ホーム総入場者数　208,241人（平均9,466人）

第84回天皇杯

回戦	開催日	対戦相手	スコア	会場	観客数
3	10/10（日）	ホンダロック	2□1	室蘭	2,764
4	11/14（日）	市原	2□1	室蘭	3,128
5	12/12（日）	大分	1○0	熊本	5,712
準々決勝	12/19（日）	磐田	0■1	丸亀	8,205

2004 J2順位表

順位	チーム	勝点	試合	勝	分	負	得点	失点	得失点差
1	川崎フロンターレ	105	44	34	3	7	104	38	66
2	大宮アルディージャ	87	44	26	9	9	63	38	25
3	アビスパ福岡	76	44	23	7	14	56	41	15
4	モンテディオ山形	71	44	19	14	11	58	51	7
5	京都パープルサンガ	69	44	19	12	13	65	53	12
6	ベガルタ仙台	59	44	15	14	15	62	66	−4
7	ヴァンフォーレ甲府	58	44	15	13	16	51	46	5
8	横浜FC	52	44	10	22	12	42	50	−8
9	水戸ホーリーホック	37	44	6	19	19	33	60	−27
10	湘南ベルマーレ	36	44	7	15	22	39	64	−25
11	サガン鳥栖	35	44	8	11	25	32	66	−34
12	コンサドーレ札幌	30	44	5	15	24	30	62	−32

2004 選手出場記録　■監督　柳下 正明

背番号	ポジション	選手名	J2		天皇杯	
			試合	得点	試合	得点
1	GK	藤ヶ谷陽介	41	0	4	0
2	MF	岡田　佑樹	26	0	3	0
3	DF	西澤　淳二	36	0	4	0
4	DF	曽田　雄志	38	2	4	0
5	DF	佐藤　尽	14	0	0	0
6	DF	西嶋　弘之	10	0	4	0
7	DF	大森　健作	13	0	0	0
7	MF	三原　廣樹	4	0	0	0
8	MF	砂川　誠	34	2	4	0
9	FW	堀井　岳也	33	1	4	2
10	MF	中尾　康二	20	0	0	0
11	FW	相川　進也	40	7	3	1
12	FW	新居　辰基	27	3	0	0
13	DF	田畑　昭宏	38	3	4	0
14	MF	吉瀬　広志	15	0	0	0
15	MF	市村　篤司	34	1	0	0
16	MF	尾崎　祐司	0	0	0	0
17	DF	河端　和哉	1	0	0	0
18	MF	鈴木　智樹	27	0	0	0
19	MF	和波　智広	33	0	4	0
20	MF	鎌田　安啓	0	0	0	0
21	DF	上田　常幸	0	0	0	0
22	FW	斉川　雄介	1	0	0	0
23	MF	上里　一将	17	0	4	1
24	MF	桑原　剛	14	0	1	0
25	GK	阿部　哲也	4	0	0	0
26	GK	蛯沢　匠吾	0	0	0	0
27	FW	清野　智秋	44	9	4	0
28	MF	金子　勇樹	8	1	3	0
29	MF	斉藤　勇志	0	0	0	0
30	MF	権東　勇介	25	1	4	1

2003

2003 J2

節	開催日	対戦相手	スコア	会場	観客数
1	3/15（土）	横浜FC	1●3	札幌ド	23,590
2	3/22（土）	山形	3○2	山形県	5,875
3	3/29（土）	水戸	2●4	札幌ド	13,198
4	4/5（土）	新潟	1○0	新潟陸	10,674
5	4/9（水）	大宮	1△1	大宮	3,106
6	4/12（土）	福岡	5○0	室蘭	5,674
7	4/19（土）	甲府	1●2	小瀬	4,875
8	4/26（土）	広島	0●2	札幌ド	15,920
9	4/29（火・祝）	鳥栖	0●1	鳥栖	3,315
10	5/5（月・祝）	川崎F	0△0	厚別	12,190
11	5/10（土）	湘南	2○0	平塚	5,599
12	5/14（水）	横浜FC	0△0	三ツ沢	2,514
13	5/17（土）	山形	1○0	厚別	8,521
14	5/24（土）	水戸	1△1	水戸	4,072
15	5/31（土）	新潟	2○0	札幌ド	14,248
16	6/6（金）	川崎F	0●1	等々力	6,505
17	6/14（土）	湘南	1△1	厚別	8,086
18	6/18（水）	広島	1△1	広島ス	3,932
19	6/21（土）	甲府	3△3	札幌ド	13,177
20	6/28（土）	福岡	0△0	博多球	6,300
21	7/2（水）	大宮	6○2	札幌ド	10,209
22	7/5（土）	鳥栖	3○0	厚別	8,041
23	7/19（土）	湘南	2○0	平塚	6,016
24	7/26（土）	山形	1●2	山形県	3,882
25	7/30（水）	横浜FC	2△2	厚別	8,578
26	8/2（土）	新潟	1●5	新潟ス	31,665
27	8/10（日）	川崎F	1△1	札幌ド	18,087
28	8/16（土）	甲府	1△1	小瀬	5,330
29	8/23（土）	福岡	1●2	函館	5,899
30	8/30（土）	大宮	0●3	大宮	4,891
31	9/3（水）	広島	1●2	厚別	7,664
32	9/6（土）	鳥栖	1○0	鳥栖	3,303
33	9/13（土）	水戸	1○0	厚別	5,852
34	9/20（土）	甲府	0●2	厚別	8,092
35	9/23（火・祝）	福岡	0●1	博多球	11,488
36	9/27（土）	湘南	1●2	札幌ド	14,298
37	10/4（土）	広島	0●1	広島ビ	11,608
38	10/11（土）	鳥栖	4○1	厚別	6,508
39	10/18（土）	川崎F	0●1	等々力	7,119
40	10/25（土）	大宮	0●1	室蘭	3,653
41	11/1（土）	新潟	2△2	厚別	7,544
42	11/9（日）	水戸	0△0	笠松	2,674
43	11/16（日）	山形	4○1	札幌ド	17,832
44	11/23（日・祝）	横浜FC	0●2	横浜国	8,005

ホーム総入場者数　236,861人（平均10,766人）

第83回天皇杯

回戦	開催日	対戦相手	スコア	会場	観客数
1	11/30（日）	尽誠学園高	8○0	丸亀	1,893
2	12/7（日）	静岡産業大	3□2	室蘭	1,876
3	12/14（日）	G大阪	1●3	万博	2,781

2003 J2順位表

順位	チーム	勝点	試合	勝	分	負	得点	失点	得失点差
1	アルビレックス新潟	88	44	27	7	10	80	40	40
2	サンフレッチェ広島	86	44	25	11	8	65	35	30
3	川崎フロンターレ	85	44	24	13	7	88	47	41
4	アビスパ福岡	71	44	21	8	15	67	62	5
5	ヴァンフォーレ甲府	69	44	19	12	13	58	46	12
6	大宮アルディージャ	61	44	18	7	19	52	61	−9
7	水戸ホーリーホック	56	44	15	11	18	37	41	−4
8	モンテディオ山形	55	44	15	10	19	52	60	−8
9	コンサドーレ札幌	52	44	13	13	18	57	56	1
10	湘南ベルマーレ	44	44	11	11	22	33	53	−20
11	横浜FC	42	44	10	12	22	49	88	−39
12	サガン鳥栖	20	44	3	11	30	40	89	−49

2003 選手出場記録　■監督　ジョアン・カルロス→張外龍

背番号	ポジション	選手名	J2		天皇杯	
			試合	得点	試合	得点
1	GK	佐藤　洋平	7	0	0	0
2	MF	森下　仁志	37	1	3	0
3	DF	森　秀昭	4	0	0	0
4	MF	今野　泰幸	26	2	0	0
5	DF	佐藤　尽	28	4	2	0
6	DF	大森　健作	14	0	0	0
7	MF	酒井　直樹	10	0	0	0
8	MF	ビタウ	22	5	0	0
8	MF	ベット	7	1	0	0
9	FW	アンドラジーニャ	22	6	3	2
9	FW	ウィル	4	4	0	0
10	MF	ホベルッチ	17	5	0	0
10	MF	ウリダ	13	1	0	0
11	FW	相川　進也	11	0	2	1
13	MF	平間　智和	8	0	0	0
14	DF	西澤　淳二	21	1	0	0
15	FW	森山　泰行	5	0	0	0
16	FW	堀井　岳也	41	8	3	2
17	FW	新居　辰基	35	3	0	0
18	DF	曽田　雄志	38	4	3	1
19	MF	中尾　康二	24	0	0	0
20	MF	和波　智広	35	4	3	1
21	GK	藤ヶ谷陽介	37	0	3	0
22	DF	吉川　京輔	14	0	0	0
23	MF	砂川　誠	34	6	3	2
24	MF	河村　優	1	0	0	0
25	MF	西田　吉洋	16	0	0	0
26	MF	吉瀬　広志	0	0	0	0
27	MF	三原　廣樹	17	0	3	0
28	DF	田畑　昭宏	7	0	2	0
29	GK	井上　敦史	0	0	0	0
30	GK	阿部　哲也	0	0	0	0
31	MF	尾崎　祐司	0	0	3	0
32	MF	市村　篤司	5	0	3	1
33	MF	岡田　佑樹	16	1	2	0
34	DF	川口　卓哉	21	0	0	0
35	DF	河端　和哉	1	0	0	0
—	MF	鈴木　智樹	—	—	3	1
—	MF	藤田　征也	—	—	1	0

2010

2010 J2

節	開催日	対戦相手	スコア	会場	観客数
1	3/7 (日)	鳥栖	1△1	ベアスタ	8,971
2	3/13 (土)	福岡	0●3	札幌ド	21,071
3	3/21 (日・祝)	栃木	1○0	栃木グ	4,752
4	3/28 (日)	岡山	2○0	札幌ド	11,805
5	4/4 (日)	岐阜	0●3	長良川	5,133
6	4/11 (日)	柏	1△1	札幌ド	13,002
8	4/25 (日)	水戸	1●2	札幌ド	11,430
9	4/29 (木・祝)	甲府	1●4	小瀬	11,779
10	5/2 (日)	熊本	0△0	水前寺	6,806
11	5/5 (水・祝)	東京V	0△0	札幌ド	13,268
12	5/9 (日)	北九州	1○0	本城	4,061
13	5/16 (日)	大分	2△2	室蘭	7,208
14	5/22 (土)	徳島	0△0	鳴門大塚	4,363
15	5/30 (日)	富山	3○1	厚別	7,614
16	6/5 (土)	草津	1△1	正田スタ	9,382
17	6/13 (日)	愛媛	2△2	函館	6,967
18	7/18 (日)	千葉	3○0	フクアリ	15,716
19	7/25 (日)	横浜FC	1●2	札幌ド	26,875
20	7/30 (金)	岡山	0●1	カンスタ	11,290
21	8/7 (土)	北九州	2○0	厚別	6,703
22	8/15 (日)	東京V	1●2	国立	7,405
23	8/21 (土)	栃木	0△0	厚別	6,817
24	8/29 (日)	愛媛	1●2	ニンスタ	4,146
25	9/11 (土)	大分	2○1	鴨池	4,594
26	9/19 (日)	鳥栖	0●1	厚別	6,888
27	9/23 (木・祝)	柏	1●5	柏	6,916
28	9/26 (日)	岐阜	0△0	厚別	5,429
30	10/16(土)	甲府	1△1	厚別	6,010
31	10/24(日)	富山	2○0	富山	8,412
32	10/31(日)	草津	0●1	厚別	5,731
33	11/7 (日)	千葉	1○0	札幌ド	12,656
34	11/14(日)	水戸	1△1	Ksスタ	3,056
35	11/20(土)	横浜FC	0●1	日産ス	8,433
36	11/23(火・祝)	徳島	1○0	札幌ド	9,507
37	11/27(土)	福岡	0△0	レベスタ	14,713
38	12/4 (土)	熊本	4○0	札幌ド	14,299

※第7節、第29節は札幌の試合なし
ホーム総入場者数　193,280人(平均10,738人)

第90回天皇杯

回戦	開催日	対戦相手	スコア	会場	観客数
2	9/5 (日)	グルージャ盛岡	4○1	厚別	2,776
3	10/9 (土)	名古屋	1●2	瑞穂陸	3,087

2010 J2順位表

順位	チーム	勝点	試合	勝	分	負	得点	失点	得失点差
1	柏レイソル	80	36	23	11	2	71	24	47
2	ヴァンフォーレ甲府	70	36	19	13	4	71	40	31
3	アビスパ福岡	69	36	21	6	9	63	34	29
4	ジェフユナイテッド千葉	61	36	18	7	11	58	37	21
5	東京ヴェルディ	58	36	17	7	12	47	34	13
6	横浜FC	54	36	16	6	14	54	47	7
7	ロアッソ熊本	54	36	14	12	10	39	43	−4
8	徳島ヴォルティス	51	36	15	6	15	51	47	4
9	サガン鳥栖	51	36	13	12	11	42	41	1
10	栃木SC	50	36	14	8	14	46	42	4
11	愛媛FC	48	36	12	12	12	34	34	0
12	ザスパ草津	48	36	14	6	16	36	48	−12
13	コンサドーレ札幌	46	36	11	13	12	37	38	−1
14	FC岐阜	45	36	13	6	17	32	45	−13
15	大分トリニータ	41	36	10	11	15	39	49	−10
16	水戸ホーリーホック	38	36	8	14	14	29	45	−16
17	ファジアーノ岡山	32	36	8	8	20	27	51	−24
18	カターレ富山	28	36	8	4	24	39	71	−32
19	ギラヴァンツ北九州	15	36	1	12	23	20	65	−45

2010 選手出場記録　■監督　石崎 信弘

背番号	ポジション	選手名	J2 試合	J2 得点	天皇杯 試合	天皇杯 得点
1	GK	佐藤　優也	3	0	1	0
2	DF	吉弘　充志	19	0	2	0
3	DF	藤山　竜仁	31	0	1	0
4	DF	石川　直樹	31	0	2	0
5	DF	箕輪　義信	0	0	0	0
6	DF	西嶋　弘之	33	5	2	0
7	MF	藤田　征也	30	3	1	0
8	MF	砂川　誠	27	1	2	1
9	FW	中山　雅史	12	0	1	0
10	MF	宮澤　裕樹	28	2	2	0
11	FW	近藤　祐介	26	3	1	1
13	FW	内村　圭宏	28	5	1	0
15	DF	趙　晟桓	0	0	0	0
16	MF	李　漢宰	2	0	0	0
17	MF	岡本　賢明	17	2	2	2
18	MF	芳賀　博信	35	0	2	0
19	FW	キリノ	17	2	0	0
20	MF	上里　一将	28	4	1	0
21	GK	高原　寿康	34	0	1	0
22	DF	岩沼　俊介	19	0	0	0
23	FW	横野　純貴	10	0	2	0
25	DF	堀田　秀平	2	0	0	0
26	FW	上原　慎也	9	0	0	0
27	MF	古田　寛幸	23	5	1	0
28	GK	曳地　裕哉	0	0	0	0
29	MF	朴　鎮琇	2	0	0	0
30	GK	松原　修平	0	0	0	0
31	FW	三上　陽輔	10	3	1	0
32	MF	高木　純平	19	1	2	1
33	MF	荒野　拓馬	2	0	0	0

2009

2009 J2

節	開催日	対戦相手	スコア	会場	観客数
1	3/8 (日)	仙台	0●1	札幌ド	21,908
2	3/15 (日)	鳥栖	2○1	ベアスタ	6,572
3	3/22 (日)	甲府	1●2	小瀬	11,252
4	3/25 (水)	湘南	0●1	札幌ド	10,786
5	3/29 (日)	岡山	1○1	岡山	5,435
6	4/5 (日)	熊本	0●4	熊本	4,653
7	4/12 (日)	富山	1△1	札幌ド	10,579
8	4/15 (水)	草津	2○1	正田スタ	2,338
9	4/19 (日)	C大阪	4○1	札幌ド	11,035
10	4/26 (日)	横浜FC	1○0	ニッパ球	5,489
11	4/29 (水・祝)	愛媛	3○2	札幌ド	11,242
12	5/2 (土)	福岡	0△0	レベスタ	8,552
13	5/5 (火・祝)	栃木	3○2	札幌ド	15,696
14	5/10 (日)	徳島	3△3	鳴門大塚	3,319
15	5/16 (土)	岐阜	3○0	札幌ド	10,371
16	5/20 (水)	水戸	0△0	笠松	1,697
17	5/24 (日)	東京V	1△1	厚別	10,002
18	5/30 (土)	甲府	0△0	厚別	6,359
19	6/3 (水)	栃木	1○0	熊谷陸	1,819
20	6/7 (日)	鳥栖	1●2	札幌ド	9,899
21	6/14 (日)	徳島	1△1	厚別	5,708
22	6/21 (日)	湘南	2●3	平塚	9,374
23	6/24 (水)	横浜FC	1△1	厚別	7,266
24	6/27 (土)	仙台	1△1	宮城ス	17,983
25	7/4 (土)	水戸	0●1	札幌ド	22,707
26	7/8 (水)	愛媛	2○1	ニンスタ	1,744
27	7/11 (土)	熊本	0●1	厚別	6,376
28	7/18 (土)	草津	1●2	函館	5,353
29	7/22 (水)	富山	0△0	富山	3,008
30	7/25 (土)	岡山	4○2	厚別	5,742
31	8/2 (日)	C大阪	0●3	長居	16,575
32	8/5 (水)	福岡	3○0	厚別	7,188
33	8/9 (日)	東京V	2○1	味スタ	6,591
34	8/16 (日)	岐阜	2○0	長良川	4,070
35	8/22 (土)	鳥栖	3△3	札幌ド	17,292
36	8/30 (日)	草津	5○2	正田スタ	3,680
37	9/2 (水)	水戸	1△1	厚別	7,042
38	9/6 (日)	愛媛	3○2	厚別	7,613
39	9/13 (日)	甲府	1●2	小瀬	11,553
40	9/20 (日)	福岡	1○0	室蘭	5,824
41	9/23 (水・祝)	岡山	1○0	岡山	8,367
42	9/27 (日)	湘南	2○0	厚別	8,935
43	10/4 (日)	熊本	0△0	熊本	4,140
44	10/7 (水)	C大阪	0●1	厚別	7,035
45	10/17(土)	徳島	0●3	鳴門大塚	4,096
46	10/21(水)	栃木	1○0	厚別	5,112
47	10/25(日)	仙台	0●1	ユアスタ	16,515
48	11/8 (日)	富山	1△1	厚別	6,843
49	11/22(日)	岐阜	4○2	長良川	7,843
50	11/29(日)	横浜FC	3○1	札幌ド	21,463
51	12/5 (土)	東京V	2△2	味スタ	7,560

ホーム総入場者数　265,376人(平均10,207人)

第89回天皇杯

回戦	開催日	対戦相手	スコア	会場	観客数
2	10/11(日)	鳥取	2○1	厚別	3,171
3	10/31(土)	清水	0●2	日本平	5,101

2009 J2順位表

順位	チーム	勝点	試合	勝	分	負	得点	失点	得失点差
1	ベガルタ仙台	106	51	32	10	9	87	39	48
2	セレッソ大阪	104	51	31	11	9	100	53	47
3	湘南ベルマーレ	98	51	29	11	11	84	52	32
4	ヴァンフォーレ甲府	97	51	28	13	10	76	46	30
5	サガン鳥栖	88	51	25	13	13	71	51	20
6	コンサドーレ札幌	79	51	21	16	14	74	61	13
7	東京ヴェルディ	74	51	21	11	19	68	61	7
8	水戸ホーリーホック	73	51	21	10	20	70	79	−9
9	徳島ヴォルティス	72	51	19	15	17	67	52	15
10	ザスパ草津	65	51	18	11	22	64	76	−12
11	アビスパ福岡	65	51	17	14	20	52	71	−19
12	FC岐阜	62	51	16	14	21	62	72	−10
13	カターレ富山	61	51	15	16	20	48	58	−10
14	ロアッソ熊本	58	51	16	10	25	66	82	−16
15	愛媛FC	47	51	12	11	28	54	80	−26
16	横浜FC	44	51	11	11	29	43	70	−27
17	栃木SC	37	51	8	13	30	38	77	−39
18	ファジアーノ岡山	36	51	8	12	31	40	84	−44

2009 選手出場記録　■監督　石崎 信弘

背番号	ポジション	選手名	J2 試合	J2 得点	天皇杯 試合	天皇杯 得点
1	GK	佐藤　優也	5	0	0	0
2	DF	吉弘　充志	41	0	2	0
3	DF	柴田　慎吾	2	0	1	0
4	DF	曽田　雄志	1	1	0	0
5	DF	箕輪　義信	0	0	0	0
6	DF	西嶋　弘之	47	5	2	1
7	MF	藤田　征也	47	3	0	0
8	MF	砂川　誠	46	3	2	0
9	FW	石井　謙伍	16	1	1	0
10	MF	クライトン	23	4	0	0
11	MF	ハファエル	17	3	2	0
13	FW	宮澤　裕樹	43	5	2	0
14	FW	中山　元気	26	1	2	0
15	MF	ダニルソン	41	6	2	0
16	DF	趙　晟桓	36	0	0	0
17	GK	荒谷　弘樹	30	0	0	0
18	MF	岡本　賢明	23	4	0	0
19	MF	芳賀　博信	34	1	2	0
20	FW	キリノ	48	19	2	1
21	MF	上里　一将	48	6	1	0
22	GK	高原　寿康	16	0	2	0
23	MF	西　大伍	41	7	1	0
24	MF	岩沼　俊介	5	1	0	0
25	FW	横野　純貴	5	0	0	0
26	DF	堀田　秀平	0	0	0	0
27	FW	上原　慎也	25	3	1	0
28	MF	古田　寛幸	19	0	1	0
29	GK	曳地　裕哉	0	0	0	0
30	DF	石川　直樹	20	1	1	0

2008

2008 J1

節	開催日	対戦相手	スコア	会場	観客数
1	3/8 (土)	鹿島	0●4	カシマ	28,152
2	3/15 (土)	横浜FM	1●2	札幌ド	25,225
3	3/30 (日)	柏	2○1	柏	10,048
4	4/2 (水)	川崎F	0●2	札幌ド	14,377
5	4/5 (土)	FC東京	0●1	味スタ	20,180
6	4/12 (土)	磐田	2○1	札幌ド	15,240
7	4/19 (土)	神戸	1△1	ホムスタ	11,126
8	4/26 (土)	新潟	0●1	札幌ド	13,055
9	4/29 (火・祝)	浦和	2●4	埼玉	48,031
10	5/3 (土・祝)	京都	0●1	西京極	12,467
11	5/6 (火・休)	東京V	1●3	札幌ド	16,508
12	5/10 (土)	大宮	2○1	NACK	6,399
13	5/17 (土)	名古屋	1●3	札幌ド	16,631
14	6/29 (日)	G大阪	2●4	万博	14,039
15	7/5 (土)	清水	2△2	厚別	10,282
16	7/13 (日)	千葉	3○0	フクアリ	12,494
17	7/16 (水)	大分	0△0	厚別	9,512
18	7/20 (日)	神戸	1△1	厚別	12,222
19	7/27 (日)	新潟	1●2	東北電ス	35,388
20	8/9 (土)	大宮	1●2	厚別	9,682
21	8/17 (日)	京都	1●2	札幌ド	16,338
22	8/24 (日)	横浜FM	0●1	ニッパ球	9,583
23	8/27 (水)	G大阪	3△3	厚別	7,010
24	9/13 (土)	清水	1●3	日本平	15,395
25	9/20 (土)	千葉	2●3	厚別	9,018
26	9/23 (火・祝)	大分	2●3	鴨池	9,376
27	9/28 (日)	FC東京	1●2	厚別	8,741
28	10/5 (日)	磐田	0●5	ヤマハ	10,984
29	10/19(日)	柏	0●2	厚別	8,343
30	10/26(日)	川崎F	1●3	等々力	16,145
31	11/8 (土)	浦和	1●2	札幌ド	28,901
32	11/23(日・祝)	東京V	1△1	味スタ	9,201
33	11/30(日)	名古屋	1●3	瑞穂陸	19,890
34	12/6 (土)	鹿島	0●1	札幌ド	26,220

ホーム総入場者数　247,305人(平均14,547人)

2008 Jリーグヤマザキナビスコカップ

〔予選Cグループ〕

節	開催日	対戦相手	スコア	会場	観客数
1	3/20 (木・祝)	柏	1△1	柏の葉	4,838
2	3/23 (日)	川崎	2○1	室蘭	5,387
3	4/16 (水)	千葉	0△0	フクアリ	7,495
4	5/25 (日)	千葉	1●2	函館	5,297
5	5/31 (土)	川崎	0●2	等々力	9,710
6	6/8 (日)	柏	0●3	札幌ド	10,296

第88回天皇杯

回戦	開催日	対戦相手	スコア	会場	観客数
4	11/2 (日)	横浜FM	0●1	ニッパ球	5,728

2008 J1順位表

順位	チーム	勝点	試合	勝	分	負	得点	失点	得失点差
1	鹿島アントラーズ	63	34	18	9	7	56	30	26
2	川崎フロンターレ	60	34	18	6	10	65	42	23
3	名古屋グランパス	59	34	17	8	9	48	35	13
4	大分トリニータ	56	34	16	8	10	33	24	9
5	清水エスパルス	55	34	16	7	11	50	42	8
6	FC東京	55	34	16	7	11	50	46	4
7	浦和レッズ	53	34	15	8	11	50	42	8
8	ガンバ大阪	50	34	14	8	12	46	49	−3
9	横浜F・マリノス	48	34	13	9	12	43	32	11
10	ヴィッセル神戸	47	34	12	11	11	39	38	1
11	柏レイソル	46	34	13	7	14	48	45	3
12	大宮アルディージャ	43	34	12	7	15	36	45	−9
13	アルビレックス新潟	42	34	11	9	14	32	46	−14
14	京都サンガF.C.	41	34	11	8	15	37	46	−9
15	ジェフユナイテッド千葉	38	34	10	8	16	36	53	−17
16	ジュビロ磐田	37	34	10	7	17	40	48	−8
17	東京ヴェルディ	37	34	10	7	17	38	50	−12
18	コンサドーレ札幌	18	34	4	6	24	36	70	−34

2008 選手出場記録　■監督　三浦 俊也

背番号	ポジション	選手名	J1 試合	J1 得点	カップ戦 試合	カップ戦 得点	天皇杯 試合	天皇杯 得点
1	GK	佐藤　優也	15	0	5	0	1	0
2	DF	吉弘　充志	9	0	5	0	0	0
3	DF	西澤　淳二	18	0	1	0	0	0
4	DF	曽田　雄志	3	0	1	0	0	0
5	DF	池内　友彦	20	2	2	0	1	0
6	DF	西嶋　弘之	21	2	2	1	1	0
7	MF	藤田　征也	19	0	3	0	0	0
8	MF	砂川　誠	32	1	6	1	1	0
9	FW	石井　謙伍	9	0	3	0	0	0
10	FW	ダヴィ	26	16	5	0	1	0
11	FW	ノナト	1	0	1	0	0	0
11	FW	アンデルソン	16	4	0	0	1	0
13	FW	中山　元気	22	1	1	0	1	0
14	MF	鈴木　智樹	0	0	0	0	0	0
15	MF	クライトン	30	2	6	1	0	0
16	MF	大塚　真司	7	0	0	0	0	0
17	MF	岡本　賢明	13	0	5	0	0	0
18	MF	芳賀　博信	26	0	5	0	0	0
19	DF	坪内　秀介	30	0	6	0	0	0
20	MF	上里　一将	12	0	1	0	1	0
21	DF	平岡　康裕	14	0	3	1	0	0
22	MF	西　大伍	27	3	6	0	1	0
23	MF	岩沼　俊介	0	0	0	0	0	0
24	MF	西谷　正也	21	0	4	0	0	0
25	FW	宮澤　裕樹	6	1	2	0	0	0
26	FW	横野　純貴	1	0	0	0	0	0
27	GK	高木　貴弘	20	0	1	0	0	0
28	MF	ディビッドソン純マーカス	17	0	2	0	1	0
29	DF	堀田　秀平	0	0	0	0	0	0
30	GK	高原　寿康	0	0	0	0	0	0
32	DF	柴田　慎吾	14	3	4	0	1	0
33	MF	鄭　容臺	11	0	2	1	0	0
34	FW	エジソン	0	0	1	0	0	0
35	DF	箕輪　義信	12	0	0	0	0	0

2007

2007 J2

節	開催日	対戦相手	スコア	会場	観客数
1	3/3 (土)	京都	0●2	西京極	7,788
2	3/10 (土)	鳥栖	1○0	札幌ド	13,568
3	3/17 (土)	徳島	3○0	鳴門	3,167
4	3/21 (水・祝)	湘南	0△0	札幌ド	13,279
5	3/25 (日)	山形	1○0	NDスタ	3,932
6	3/31 (土)	C大阪	1○0	室蘭	4,990
7	4/8 (日)	仙台	1△1	ユアスタ	16,493
8	4/11 (水)	福岡	0△0	西が丘	2,161
9	4/15 (日)	水戸	2○0	笠松	2,385
10	4/22 (日)	東京V	4○3	札幌ド	18,385
12	4/28 (土)	愛媛	1○0	札幌ド	13,781
13	5/3 (木・祝)	草津	1●2	群馬陸	5,051
14	5/6 (日)	仙台	1○0	厚別	12,070
15	5/13 (日)	C大阪	1○0	長居2	6,272
16	5/19 (土)	水戸	3○0	札幌ド	15,251
17	5/23 (水)	湘南	2○1	平塚	3,872
18	5/27 (日)	福岡	2○1	博多球	7,445
19	6/2 (土)	京都	2○0	厚別	8,370
20	6/10 (日)	鳥栖	1○0	鳥栖	9,617
21	6/13 (水)	愛媛	1●2	愛媛陸	2,079
22	6/16 (土)	徳島	1△1	厚別	8,103
23	6/24 (日)	東京V	1○0	味スタ	12,903
24	6/27 (水)	草津	2△2	札幌ド	13,458
26	7/7 (土)	山形	1△1	厚別	8,378
27	7/11 (水)	福岡	2○1	厚別	6,220
29	7/21 (土)	東京V	2△2	厚別	8,720
30	7/25 (水)	仙台	2○0	ユアスタ	14,517
31	7/28 (土)	鳥栖	1△1	厚別	7,496
32	8/5 (日)	草津	3○0	群馬陸	5,532
33	8/11 (土)	C大阪	3○0	札幌ド	17,453
34	8/16 (木)	京都	3○2	西京極	5,809
35	8/19 (日)	湘南	1●2	室蘭	6,591
36	8/26 (日)	山形	1○0	NDスタ	4,069
37	8/30 (木)	水戸	1●2	笠松	1,779
38	9/2 (日)	愛媛	1△1	函館	6,464
39	9/5 (水)	徳島	0●3	鳴門大塚	1,802
40	9/15 (土)	仙台	0●1	札幌ド	22,303
41	9/22 (土)	湘南	0●3	平塚	5,370
42	9/26 (水)	山形	3○0	厚別	5,940
43	9/30 (日)	東京V	1●5	味スタ	11,833
44	10/10(水)	C大阪	0●1	長居	5,578
45	10/13(土)	草津	2○1	厚別	6,273
46	10/20(土)	福岡	1○0	博多球	14,666
47	10/24(水)	徳島	1○0	札幌ド	10,733
48	10/27(土)	愛媛	1○0	愛媛陸	4,079
49	11/11(日)	鳥栖	0●1	鳥栖	7,680
50	11/18(日)	京都	2△2	札幌ド	32,599
52	12/1 (土)	水戸	2○1	札幌ド	28,090

※第11節、第25節、第39節、第51節は札幌の試合なし
※第28節は日程変更
ホーム総入場者数　290,676人(平均12,112人)

第87回天皇杯

回戦	開催日	対戦相手	スコア	会場	観客数
3	10/7 (日)	TDK　SC	1★1	厚別	4,177

2007 J2順位表

順位	チーム	勝点	試合	勝	分	負	得点	失点	得失点差
1	コンサドーレ札幌	91	48	27	10	11	66	45	21
2	東京ヴェルディ1969	89	48	26	11	11	90	57	33
3	京都サンガF.C.	86	48	24	14	10	80	59	21
4	ベガルタ仙台	83	48	24	11	13	70	52	18
5	セレッソ大阪	80	48	24	8	16	72	55	17
6	湘南ベルマーレ	77	48	23	8	17	72	55	17
7	アビスパ福岡	73	48	22	7	19	77	61	16
8	サガン鳥栖	72	48	21	9	18	63	66	−3
9	モンテディオ山形	58	48	15	13	20	46	56	−10
10	愛媛FC	45	48	12	9	27	39	66	−27
11	ザスパ草津	42	48	7	21	20	42	71	−29
12	水戸ホーリーホック	34	48	8	10	30	32	70	−38
13	徳島ヴォルティス	33	48	6	15	27	31	67	−36

2007 選手出場記録　■監督　三浦 俊也

背番号	ポジション	選手名	J2 試合	J2 得点	天皇杯 試合	天皇杯 得点
1	GK	富永　康博	0	0	0	0
1	GK	林　卓人	0	0	0	0
2	MF	岡田　佑樹	0	0	1	0
3	DF	西澤　淳二	38	0	0	0
4	DF	曽田　雄志	45	7	0	0
5	FW	池内　友彦	32	2	1	0
6	DF	西嶋　弘之	44	1	0	0
7	MF	和波　智広	2	0	0	0
8	MF	砂川　誠	42	2	1	0
9	FW	石井　謙伍	36	6	1	1
10	FW	ダヴィ	39	17	0	0
11	FW	相川　進也	9	1	0	0
13	FW	中山　元気	45	6	0	0
14	MF	鈴木　智樹	0	0	0	0
15	DF	ブルーノクアドロス	43	1	0	0
16	MF	大塚　真司	39	0	1	0
17	FW	カウエ	32	2	1	0
18	MF	芳賀　博信	47	1	0	0
19	MF	関　隆倫	0	0	1	0
20	MF	上里　一将	7	0	1	0
21	MF	金子　勇樹	7	0	1	0
22	MF	川崎健太郎	2	0	1	0
23	MF	岡本　賢明	9	2	1	0
24	MF	岩沼　俊介	0	0	0	0
25	MF	藤田　征也	39	7	0	0
26	GK	佐藤　優也	1	0	1	0
27	MF	西　大伍	5	1	0	0
28	GK	高木　貴弘	47	0	0	0
29	MF	西谷　正也	38	10	0	0
30	DF	吉瀬　広志	2	0	1	0
31	GK	高原　寿康	0	0	0	0
32	FW	イタカレ	3	0	1	0
33	MF	鄭　容臺	10	0	0	0

2014

2014 J2

節	開催日	対戦相手	スコア	会場	観客数
1	3/2（日）	磐田	1○0	ヤマハ	11,730
2	3/9（日）	山形	1△1	札幌ド	16,064
3	3/16（日）	湘南	0●2	BMWス	8,269
4	3/22（土）	北九州	3○0	札幌ド	9,251
5	3/30（日）	京都	1△1	西京極	4,703
6	4/5（土）	松本	1○0	札幌ド	9,723
7	4/13（日）	大分	0●1	大銀ド	6,072
8	4/20（日）	群馬	1○0	札幌ド	8,536
9	4/26（土）	岡山	0●2	カンスタ	6,381
10	4/29（火・祝）	東京V	0△0	札幌ド	10,163
11	5/3（土・祝）	栃木	1●2	栃木グ	5,775
12	5/6（火・祝）	熊本	2△2	札幌ド	12,302
13	5/12（月）	愛媛	0●1	札幌ド	6,646
14	5/18（日）	千葉	0●2	フクアリ	9,480
15	5/25（日）	水戸	4○0	札幌ド	6,966
16	5/31（土）	福岡	1△1	厚別	8,851
17	6/7（土）	讃岐	0●1	丸亀	2,626
18	6/14（土）	横浜FC	2△2	ニッパ球	6,097
19	6/21（土）	富山	2○1	厚別	6,844
20	6/28（土）	岐阜	3○2	厚別	7,293
21	7/5（土）	長崎	1○0	長崎県立	4,290
22	7/20（日）	大分	1△1	札幌ド	20,633
23	7/26（土）	愛媛	3○2	ニンスタ	5,017
24	7/30（水）	横浜FC	0●1	札幌ド	13,719
25	8/3（日）	北九州	0●2	本城	2,493
26	8/10（日）	京都	0●1	札幌ド	12,212
27	8/17（日）	山形	1●2	NDスタ	6,402
28	8/25（月）	栃木	1△1	札幌ド	8,797
29	8/31（日）	熊本	2○0	うまスタ	5,625
30	9/6（土）	長崎	2○1	札幌ド	9,123
31	9/14（日）	岐阜	1△1	長良川	10,580
32	9/20（土）	群馬	0●3	正田スタ	5,597
33	9/23（火・祝）	岡山	3○1	札幌ド	12,804
34	9/28（日）	松本	2○1	松本	13,825
35	10/4（土）	水戸	0△0	Ksスタ	5,297
36	10/11（土）	千葉	0●2	厚別	7,844
37	10/19（日）	富山	2○0	富山	4,108
38	10/26（日）	湘南	2○0	札幌ド	11,896
39	11/1（土）	東京V	0△0	味スタ	7,764
40	11/9（日）	讃岐	1△1	札幌ド	12,954
41	11/15（土）	福岡	2△2	レベスタ	3,444
42	11/23（日・祝）	磐田	1△1	札幌ド	19,634

ホーム総入場者数　232,255人（平均11,060人）

第94回天皇杯

回戦	開催日	対戦相手	スコア	会場	観客数
2	8/6（水）	tonan前橋サテライト	5○0	厚別	1,654
3	8/20（水）	清水	1●2	日本平	3,240

2014 J2順位表

順位	チーム	勝点	試合	勝	分	負	得点	失点	得失点差
1	湘南ベルマーレ	101	42	31	8	3	86	25	61
2	松本山雅FC	83	42	24	11	7	65	35	30
3	ジェフユナイテッド千葉	68	42	18	14	10	55	44	11
4	ジュビロ磐田	67	42	18	13	11	67	55	12
5	ギラヴァンツ北九州	65	42	18	11	13	50	50	0
6	モンテディオ山形	64	42	18	10	14	57	44	13
7	大分トリニータ	63	42	17	12	13	52	55	−3
8	ファジアーノ岡山	61	42	15	16	11	52	48	4
9	京都サンガF. C.	60	42	14	18	10	57	52	5
10	コンサドーレ札幌	59	42	15	14	13	48	44	4
11	横浜FC	55	42	14	13	15	49	47	2
12	栃木SC	55	42	15	10	17	52	58	−6
13	ロアッソ熊本	54	42	13	15	14	45	53	−8
14	V・ファーレン長崎	52	42	12	16	14	45	42	3
15	水戸ホーリーホック	50	42	12	14	16	46	46	0
16	アビスパ福岡	50	42	13	11	18	52	60	−8
17	FC岐阜	49	42	13	10	19	54	61	−7
18	ザスパクサツ群馬	49	42	14	7	21	45	54	−9
19	愛媛FC	48	42	12	12	18	54	58	−4
20	東京ヴェルディ	42	42	9	15	18	31	48	−17
21	カマタマーレ讃岐	33	42	7	12	23	34	71	−37
22	カターレ富山	23	42	5	8	29	28	74	−46

2014 選手出場記録 ■監督 財前 恵一→イヴィッツァ バルバリッチ

背番号	ポジション	選手名	J2		天皇杯	
			試合	得点	試合	得点
1	GK	金山 隼樹	28	0	1	0
2	DF	日高 拓磨	23	0	0	0
3	DF	パウロン	22	2	0	0
4	MF	河合 竜二	31	1	1	0
5	DF	薗田 淳	8	0	2	1
6	DF	前 貴之	3	0	1	0
7	FW	榊 翔太	9	0	0	0
8	MF	砂川 誠	29	4	1	0
10	MF	宮澤 裕樹	41	1	0	0
11	FW	前田 俊介	31	4	2	1
13	FW	内村 圭宏	29	5	0	0
14	DF	上原 慎也	27	3	0	0
15	MF	古田 寛幸	5	0	0	0
16	GK	李 昊乗	15	0	0	0
17	MF	ヘナン	5	1	0	0
18	MF	深井 一希	3	0	1	0
19	MF	石井 謙伍	36	3	0	0
20	MF	上里 一将	26	4	0	0
21	GK	阿波加俊太	0	0	1	0
23	DF	奈良 竜樹	39	0	1	0
24	MF	荒野 拓馬	24	3	1	0
25	DF	櫛引 一紀	24	1	1	0
26	DF	小山内貴哉	11	1	0	0
27	MF	松本 怜大	5	0	1	0
28	MF	菊岡 拓朗	22	0	2	0
29	DF	永坂 勇人	0	0	0	0
30	GK	杉山 哲	0	0	1	0
32	MF	中原 彰吾	16	0	2	0
33	DF	上原 拓郎	13	0	2	0
34	FW	工藤 光輝	7	0	1	1
35	GK	種村 優志	0	0	0	0
37	DF	内山 裕貴	0	0	1	0
38	MF	前 寛之	0	0	0	0
39	FW	都倉 賢	37	14	1	1
40	FW	丁 成勳	9	1	2	2
41	MF	ステファノ	0	0	1	0
44	MF	小野 伸二	7	0	0	0

2013

2013 J2

節	開催日	対戦相手	スコア	会場	観客数
1	3/3（日）	千葉	1○0	フクアリ	13,583
2	3/10（日）	栃木	0●1	札幌ド	13,248
3	3/17（日）	神戸	0●1	ノエスタ	6,776
4	3/20（水・祝）	松本	1●2	札幌ド	9,979
5	3/24（日）	福岡	1○0	レベスタ	5,188
6	3/31（日）	G大阪	1●3	札幌ド	17,020
7	4/7（日）	岡山	2●3	カンスタ	6,310
8	4/14（日）	徳島	2○1	札幌ド	8,173
9	4/17（水）	鳥取	2○0	とりスタ	1,711
10	4/21（日）	長崎	0△0	長崎県立	3,709
11	4/28（日）	熊本	1●3	厚別	6,003
12	5/3（金・祝）	京都	0●1	札幌ド	11,981
13	5/6（月・休）	北九州	2○1	本城	3,100
14	5/12（日）	山形	1○0	NDスタ	6,460
15	5/19（日）	東京V	1△1	厚別	7,171
16	5/26（日）	水戸	0●1	厚別	8,590
17	6/1（土）	横浜FC	2○0	ニッパ球	7,135
18	6/8（土）	愛媛	2●3	ニンスタ	5,544
19	6/15（土）	富山	1○0	厚別	4,837
20	6/22（土）	岐阜	4○0	厚別	5,464
21	6/29（土）	群馬	0●2	正田スタ	2,723
22	7/3（水）	徳島	0●1	鳴門大塚	1,875
23	7/7（日）	福岡	3○0	厚別	6,257
24	7/14（日）	東京V	1●2	味スタ	5,753
25	7/20（土）	松本	4○2	松本	11,019
26	7/27（土）	鳥取	3○0	札幌ド	12,696
27	8/4（日）	富山	1●3	富山	4,071
28	8/11（日）	横浜FC	2○0	厚別	8,756
29	8/18（日）	G大阪	0●3	万博	12,449
30	8/21（水）	愛媛	3○0	厚別	5,664
31	8/25（日）	水戸	3○1	Ksスタ	5,609
32	9/1（日）	岡山	2△2	厚別	6,792
33	9/15（日）	栃木	3●4	栃木グ	4,340
34	9/22（日）	長崎	1○0	厚別	7,618
35	9/29（日）	熊本	1●2	うまスタ	6,051
36	10/6（日）	群馬	1●3	厚別	6,396
37	10/20（日）	山形	3○1	札幌ド	9,304
38	10/27（日）	京都	0●2	西京極	8,590
39	11/3（日・祝）	千葉	1○0	札幌ド	12,718
40	11/10（日）	神戸	1○0	札幌ド	18,088
41	11/17（日）	岐阜	3○0	長良川	7,015
42	11/24（日）	北九州	0△0	札幌ド	24,813

ホーム総入場者数　211,568人（平均10,075人）

第93回天皇杯

回戦	開催日	対戦相手	スコア	会場	観客数
2	9/7（土）	道教大岩見沢	4○1	厚別	2,749
3	10/13（日）	磐田	1○0	ヤマハ	3,149
4	11/20（水）	甲府	0■1	うまスタ	523

2013 J2順位表

順位	チーム	勝点	試合	勝	分	負	得点	失点	得失点差
1	ガンバ大阪	87	42	25	12	5	99	46	53
2	ヴィッセル神戸	83	42	25	8	9	78	41	37
3	京都サンガF. C.	70	42	20	10	12	68	46	22
4	徳島ヴォルティス	67	42	20	7	15	56	51	5
5	ジェフユナイテッド千葉	66	42	18	12	12	68	49	19
6	V・ファーレン長崎	66	42	19	9	14	48	40	8
7	松本山雅FC	66	42	19	9	14	54	54	0
8	コンサドーレ札幌	64	42	20	4	18	60	49	11
9	栃木SC	63	42	17	12	13	61	55	6
10	モンテディオ山形	59	42	16	11	15	74	61	13
11	横浜FC	58	42	15	13	14	49	46	3
12	ファジアーノ岡山	56	42	13	17	12	52	48	4
13	東京ヴェルディ	56	42	14	14	14	52	58	−6
14	アビスパ福岡	56	42	15	11	16	47	54	−7
15	水戸ホーリーホック	55	42	14	13	15	50	58	−8
16	ギラヴァンツ北九州	49	42	13	10	19	50	60	−10
17	愛媛FC	47	42	12	11	19	43	52	−9
18	カターレ富山	44	42	11	11	20	45	59	−14
19	ロアッソ熊本	43	42	10	13	19	40	70	−30
20	ザスパクサツ群馬	40	42	9	13	20	43	61	−18
21	FC岐阜	37	42	9	10	23	37	80	−43
22	ガイナーレ鳥取	31	42	5	16	21	38	74	−36

2013 選手出場記録 ■監督 財前 恵一

背番号	ポジション	選手名	J2		天皇杯	
			試合	得点	試合	得点
1	GK	曵地 裕哉	4	0	2	0
2	DF	日高 拓磨	27	2	1	0
3	DF	パウロン	7	1	1	0
4	MF	河合 竜二	21	0	1	0
5	DF	チョ ソンジン	37	1	1	0
6	DF	前 貴之	2	0	1	0
7	FW	榊 翔太	12	0	1	0
8	MF	砂川 誠	36	3	3	1
9	FW	横野 純貴	8	3	2	1
10	MF	宮澤 裕樹	33	2	1	0
11	FW	前田 俊介	36	4	3	0
13	FW	内村 圭宏	32	17	0	0
14	DF	上原 慎也	40	5	2	0
15	MF	古田 寛幸	6	0	1	0
16	GK	李 昊乗	0	0	0	0
17	MF	岡本 賢明	30	6	0	0
18	MF	深井 一希	19	0	0	0
19	FW	テレ	5	0	0	0
19	FW	レ コン ビン	9	2	2	2
20	MF	上里 一将	30	1	0	0
21	GK	阿波加俊太	0	0	0	0
22	FW	三上 陽輔	13	4	1	0
23	DF	奈良 竜樹	35	0	2	0
24	MF	荒野 拓馬	30	4	1	0
25	DF	櫛引 一紀	17	0	1	0
26	DF	小山内貴哉	5	0	1	0
27	DF	松本 怜大	20	1	3	0
28	MF	神田 夢実	4	0	3	1
29	DF	永坂 勇人	0	0	0	0
30	GK	杉山 哲	38	0	0	0
31	MF	堀米 悠斗	9	0	3	0
32	MF	中原 彰吾	3	0	0	0
33	GK	種村 優志	0	0	0	0
34	FW	工藤 光輝	4	0	0	0
35	FW	フェホ	15	4	3	0
36	DF	内山 裕貴	−	−	0	0
37	MF	前 寛之	−	−	1	0

2012

2012 J1

節	開催日	対戦相手	スコア	会場	観客数
1	3/10（土）	磐田	0△0	札幌ド	25,353
2	3/17（土）	神戸	1●2	ホームズ	14,036
3	3/24（土）	浦和	1●2	札幌ド	20,192
4	3/31（土）	清水	0●1	アウスタ	14,216
5	4/7（土）	柏	0●2	札幌ド	14,023
6	4/14（土）	名古屋	1●3	豊田ス	12,896
7	4/21（土）	川崎F	2●3	札幌ド	11,119
8	4/28（土）	大宮	1●2	NACK	8,435
9	5/3（木・祝）	C大阪	1○0	厚別	9,596
10	5/6（日）	横浜FM	1●2	日産ス	24,183
11	5/12（土）	FC東京	0●1	札幌ド	10,816
12	5/19（土）	鹿島	0●7	カシマ	13,915
13	5/26（土）	広島	1●3	厚別	6,870
14	6/16（土）	仙台	1●4	ユアスタ	13,554
15	6/23（土）	G大阪	0●4	札幌ド	14,759
16	6/30（土）	鳥栖	0●1	ベアスタ	10,345
17	7/7（土）	新潟	0●1	厚別	7,673
18	7/14（土）	磐田	1●4	ヤマハ	11,367
19	7/28（土）	名古屋	2○1	厚別	8,360
20	8/4（土）	C大阪	0●4	金鳥スタ	8,226
21	8/11（土）	仙台	2○1	札幌ド	11,945
22	8/18（土）	神戸	2●4	厚別	8,117
23	8/25（土）	G大阪	2●7	万博	15,056
24	9/1（土）	清水	0●2	札幌ド	10,783
25	9/15（土）	柏	1●3	柏	10,445
26	9/22（土・祝）	大宮	0●5	厚別	7,474
27	9/29（土）	川崎F	0●1	等々力	20,909
28	10/6（土）	浦和	2○1	埼玉	30,692
29	10/20（土）	鹿島	0△0	厚別	7,208
30	10/27（土）	FC東京	0●5	味スタ	20,696
31	11/7（水）	広島	0●3	広島ビ	13,204
32	11/17（土）	鳥栖	2●3	札幌ド	10,266
33	11/24（土）	横浜FM	0●2	札幌ド	19,587
34	12/1（土）	新潟	1●4	東北電ス	28,055

ホーム総入場者数　204,141人（平均14,884人）

2012 Jリーグヤマザキナビスコカップ

節	開催日	対戦相手	スコア	会場	観客数
1	3/20（火・祝）	新潟	0●1	札幌ド	7,487
2	4/4（水）	横浜FM	2○1	ニッパ球	7,148
3	4/18（水）	鹿島	1●2	札幌ド	6,877
4	5/16（水）	大宮	1△1	NACK	4,359
5	6/6（水）	清水	0●4	厚別	3,687
6	6/9（土）	神戸	2△2	ホームズ	4,083

第92回天皇杯

回戦	開催日	対戦相手	スコア	会場	観客数
2	9/8（土）	AC長野パルセイロ	1★1	厚別	2,535

2012 J1順位表

順位	チーム	勝点	試合	勝	分	負	得点	失点	得失点差
1	サンフレッチェ広島	64	34	19	7	8	63	34	29
2	ベガルタ仙台	57	34	15	12	7	59	43	16
3	浦和レッズ	55	34	15	10	9	47	42	5
4	横浜F・マリノス	53	34	13	14	7	44	33	11
5	サガン鳥栖	53	34	15	8	11	48	39	9
6	柏レイソル	52	34	15	7	12	57	52	5
7	名古屋グランパス	52	34	15	7	12	46	47	−1
8	川崎フロンターレ	50	34	14	8	12	51	50	1
9	清水エスパルス	49	34	14	7	13	39	40	−1
10	FC東京	48	34	14	6	14	47	44	3
11	鹿島アントラーズ	46	34	12	10	12	50	43	7
12	ジュビロ磐田	46	34	13	7	14	57	53	4
13	大宮アルディージャ	44	34	11	11	12	38	45	−7
14	セレッソ大阪	42	34	11	9	14	47	53	−6
15	アルビレックス新潟	40	34	10	10	14	29	34	−5
16	ヴィッセル神戸	39	34	11	6	17	41	50	−9
17	ガンバ大阪	38	34	9	11	14	67	65	2
18	コンサドーレ札幌	14	34	4	2	28	25	88	−63

2012 選手出場記録 ■監督 石崎 信弘

背番号	ポジション	選手名	J1		カップ戦		天皇杯	
			試合	得点	試合	得点	試合	得点
1	GK	高木 貴弘	3	0	3	0	0	0
2	DF	日高 拓磨	19	3	6	0	0	0
3	DF	ジェイド ノース	21	0	2	0	0	0
4	MF	河合 竜二	25	0	1	0	1	0
5	MF	山本 真希	25	3	2	0	1	0
6	DF	岩沼 俊介	30	0	2	0	1	0
7	MF	高木 純平	17	2	1	0	1	0
8	MF	砂川 誠	17	0	2	0	1	0
9	FW	中山 雅史	1	0	0	0	0	0
10	MF	宮澤 裕樹	23	0	3	0	1	1
11	FW	前田 俊介	14	1	2	1	1	0
13	FW	内村 圭宏	27	2	2	0	1	0
14	MF	高柳 一誠	0	0	0	0	0	0
15	MF	古田 寛幸	28	4	1	0	1	0
16	GK	李 昊乗	10	0	0	0	0	0
17	MF	岡本 賢明	30	0	4	1	1	0
18	MF	芳賀 博信	9	0	2	0	0	0
19	FW	キリノ	7	0	4	0	0	0
21	GK	高原 寿康	10	0	0	0	1	0
22	FW	三上 陽輔	2	0	4	0	0	0
23	FW	大島 秀夫	20	0	5	1	0	0
24	FW	横野 純貴	1	0	0	0	0	0
25	DF	櫛引 一紀	11	0	6	0	0	0
26	FW	上原 慎也	11	3	2	0	1	1
27	MF	荒野 拓馬	3	0	4	0	0	0
28	GK	曵地 裕哉	0	0	0	0	0	0
29	DF	奈良 竜樹	22	1	3	0	1	0
30	GK	杉山 哲	11	0	2	0	0	0
31	DF	前 貴之	15	0	6	0	0	0
32	FW	近藤 祐介	21	1	6	1	0	0
33	FW	榊 翔太	12	2	5	3	0	0
34	DF	岡山 一成	5	0	2	0	0	0
35	DF	小山内貴哉	0	0	1	0	0	0
36	DF	ジュニーニョ	0	0	0	0	0	0
37	MF	ハモン	10	1	0	0	0	0
38	FW	テレ	5	0	0	0	0	0
39	DF	金 載桓	9	0	0	0	0	0

2011

2011 J2

節	開催日	対戦相手	スコア	会場	観客数
1	3/5（土）	愛媛	0●2	ニンスタ	6,230
8	4/23（土）	湘南	0●1	札幌ド	11,734
9	4/30（土）	FC東京	0△0	味スタ	17,572
10	5/4（水・祝）	草津	1○0	札幌ド	12,386
11	5/8（日）	熊本	0●1	熊本	5,709
12	5/15（日）	鳥取	2○0	札幌ド	9,326
13	5/21（土）	鳥栖	0●1	ベアスタ	4,248
14	5/29（日）	岡山	2○1	厚別	5,567
15	6/4（土）	大分	1○0	大銀ド	7,788
16	6/12（日）	横浜FC	0●2	室蘭	7,330
17	6/19（日）	岐阜	3○1	長良川	3,945
18	6/26（日）	富山	0△0	札幌ド	10,357
19	7/2（土）	栃木	1△1	栃木グ	4,736
2	7/6（水）	北九州	0△0	札幌ド	7,811
20	7/9（土）	愛媛	3○1	厚別	5,350
21	7/16（土）	水戸	2○1	厚別	4,609
22	7/23（土）	千葉	0●2	フクアリ	10,989
23	7/31（日）	岐阜	1○0	厚別	8,904
24	8/14（日）	富山	2○1	富山	3,939
3	8/17（水）	千葉	4○0	札幌ド	11,765
25	8/21（日）	京都	2○1	函館	6,310
26	8/26（金）	岡山	0●1	カンスタ	6,759
4	9/3（土）	水戸	2○1	Ksスタ	2,748
27	9/11（日）	栃木	1○0	厚別	10,110
28	9/17（土）	北九州	3○0	本城	4,693
5	9/21（水）	東京V	4○2	札幌ド	11,368
29	9/24（土）	徳島	0△0	厚別	10,215
30	10/2（日）	横浜FC	2○1	国立	16,813
31	10/16（日）	鳥栖	0●1	厚別	8,674
6	10/19（水）	京都	0●4	西京極	3,601
32	10/22（土）	鳥取	0●1	とりスタ	3,108
7	10/26（水）	徳島	2○0	鳴門大塚	3,571
33	10/30（日）	熊本	3○0	厚別	9,337
34	11/6（日）	東京V	1●2	味スタ	5,425
35	11/12（土）	大分	2○0	厚別	8,766
36	11/20（日）	草津	1●2	正田スタ	5,565
37	11/26（土）	湘南	2○0	平塚	7,828
38	12/3（土）	FC東京	2○1	札幌ド	39,243

※東日本大震災の影響により第2～7節の日程が変更
ホーム総入場者数　199,162人（平均10,482人）

第91回天皇杯

回戦	開催日	対戦相手	スコア	会場	観客数
2	10/8（土）	水戸	2■3	厚別	3,523

2011 J2順位表

順位	チーム	勝点	試合	勝	分	負	得点	失点	得失点差
1	FC東京	77	38	23	8	7	67	22	45
2	サガン鳥栖	69	38	19	12	7	68	34	34
3	コンサドーレ札幌	68	38	21	5	12	49	32	17
4	徳島ヴォルティス	65	38	19	8	11	51	38	13
5	東京ヴェルディ	59	38	16	11	11	69	45	24
6	ジェフユナイテッド千葉	58	38	16	10	12	46	39	7
7	京都サンガF. C.	58	38	17	7	14	50	45	5
8	ギラヴァンツ北九州	58	38	16	10	12	45	46	−1
9	ザスパ草津	57	38	16	9	13	51	51	0
10	栃木SC	56	38	15	11	12	44	39	5
11	ロアッソ熊本	51	38	13	12	13	33	44	−11
12	大分トリニータ	50	38	12	14	12	42	45	−3
13	ファジアーノ岡山	48	38	13	9	16	43	58	−15
14	湘南ベルマーレ	46	38	12	10	16	46	48	−2
15	愛媛FC	44	38	10	14	14	44	54	−10
16	カターレ富山	43	38	11	10	17	36	53	−17
17	水戸ホーリーホック	42	38	11	9	18	40	49	−9
18	横浜FC	41	38	11	8	19	40	54	−14
19	ガイナーレ鳥取	31	38	8	7	23	36	60	−24
20	FC岐阜	24	38	6	6	26	39	83	−44

2011 選手出場記録 ■監督 石崎 信弘

背番号	ポジション	選手名	J2		天皇杯	
			試合	得点	試合	得点
1	GK	高木 貴弘	2	0	1	0
2	DF	日高 拓磨	25	0	0	0
3	DF	チアゴ	7	0	0	0
4	MF	河合 竜二	37	1	0	0
5	MF	ブルーノ	6	0	0	0
6	DF	岩沼 俊介	35	0	0	0
7	MF	高木 純平	36	1	0	0
8	MF	砂川 誠	38	2	0	0
9	FW	中山 雅史	0	0	0	0
10	MF	宮澤 裕樹	34	4	0	0
11	FW	アンドレジーニョ	7	0	0	0
11	FW	ジオゴ	15	3	0	0
13	FW	内村 圭宏	27	12	0	0
15	MF	古田 寛幸	34	4	1	0
16	GK	李 昊乗	36	0	0	0
17	MF	岡本 賢明	25	4	1	0
18	MF	芳賀 博信	13	0	0	0
21	GK	高原 寿康	0	0	0	0
22	FW	三上 陽輔	12	2	1	0
23	DF	山下 達也	37	0	0	0
24	FW	横野 純貴	14	4	1	1
25	DF	櫛引 一紀	13	0	0	0
26	FW	上原 慎也	25	2	1	0
27	MF	荒野 拓馬	2	0	1	0
28	GK	曵地 裕哉	0	0	0	0
29	DF	西村 卓朗	1	0	1	0
30	GK	阿波加俊太	0	0	0	0
31	DF	前 貴之	1	0	1	0
32	FW	近藤 祐介	38	7	1	0
33	FW	榊 翔太	0	0	1	1
34	DF	岡山 一成	5	0	1	0
35	FW	レモス	0	0	0	0
36	DF	小山内貴哉	0	0	1	0
37	DF	奈良 竜樹	7	0	1	0

2018

2018 明治安田生命J1

節	開催日	対戦相手	スコア	会場	観客数
1	2/24（土）	広島	0●1	Eスタ	17,026
2	3/2（金）	C大阪	3△3	金鳥スタ	10,415
3	3/10（土）	清水	1●3	札幌ド	19,390
4	3/18（日）	長崎	2○1	札幌ド	13,568
5	3/31（土）	鹿島	0△0	カシマ	19,629
6	4/7（土）	名古屋	3○0	札幌ド	17,390
7	4/11（水）	湘南	1○0	札幌ド	11,183
8	4/14（土）	柏	2○1	三協F柏	9,533
9	4/21（土）	浦和	0△0	埼玉	39,091
10	4/25（水）	横浜FM	2○1	札幌厚別	6,729
11	4/28（土）	仙台	2△2	ユアスタ	13,812
12	5/2（水）	鳥栖	2○1	ベアスタ	7,377
13	5/5（土・祝）	G大阪	2○0	札幌厚別	12,382
14	5/13（日）	FC東京	0△0	味スタ	24,589
15	5/20（日）	神戸	0●4	ノエスタ	18,725
16	7/18（水）	川崎	1●2	札幌厚別	10,711
17	7/22（日）	磐田	0△0	札幌厚別	10,723
18	10/28（日）	名古屋	2○1	パロ瑞穂	17,400
19	8/1（水）	長崎	3○2	トラスタ	6,579
20	8/5（日）	柏	1●2	札幌ド	26,805
21	8/11（土・祝）	C大阪	1△1	札幌ド	21,614
22	8/15（水）	G大阪	1△1	吹田S	21,203
23	8/19（日）	FC東京	3○2	札幌ド	18,521
24	8/25（土）	清水	2○1	アイスタ	13,649
25	9/1（土）	神戸	3○1	札幌ド	32,475
26	9/15（土）	川崎	0●7	等々力	22,522
27	9/23（日・祝）	鹿島	0●2	札幌ド	21,074
28	9/29（土）	鳥栖	2○1	札幌ド	16,195
29	10/5（金）	横浜FM	1●2	日産ス	19,124
30	10/20（土）	湘南	2△2	BMWス	11,982
31	11/4（日）	仙台	1○0	札幌ド	24,065
32	11/10（土）	浦和	1●2	札幌ド	12,723
33	11/24（土）	磐田	2○0	ヤマハ	14,051
34	12/1（土）	広島	2△2	札幌ド	34,250

※第18節は台風のため日程変更
ホーム総入場者数　309,798人（平均18,223人）

2018 JリーグYBCルヴァンカップ

節	開催日	対戦相手	スコア	会場	観客数
1	3/7（水）	甲府	0●3	中銀スタ	3,436
2	3/14（水）	磐田	0●1	札幌ド	6,398
3	4/4（水）	清水	1●2	アイスタ	5,458
4	4/18（水）	磐田	3○2	ヤマハ	6,084
5	5/9（水）	甲府	0●3	札幌厚別	4,371
6	5/16（水）	清水	0●3	札幌厚別	4,427

第98回天皇杯

回戦	開催日	対戦相手	スコア	会場	観客数
2	6/6（水）	びわこ滋賀	2○1	札幌厚別	2,668
3	7/11（水）	福岡	4○0	レベスタ	1,736
4	9/26（水）	磐田	2●4	ヤマハ	2,855

2018 J1順位表

順位	チーム	勝点	試合	勝	分	負	得点	失点	得失点差
1	川崎フロンターレ	69	34	21	6	7	57	27	30
2	サンフレッチェ広島	57	34	17	6	11	47	35	12
3	鹿島アントラーズ	56	34	16	8	10	50	39	11
4	北海道コンサドーレ札幌	55	34	15	10	9	48	48	0
5	浦和レッズ	51	34	14	9	11	51	39	12
6	FC東京	50	34	14	8	12	39	34	5
7	セレッソ大阪	50	34	13	11	10	39	38	1
8	清水エスパルス	49	34	14	7	13	56	48	8
9	ガンバ大阪	48	34	14	6	14	41	46	−5
10	ヴィッセル神戸	45	34	12	9	13	45	52	−7
11	ベガルタ仙台	45	34	13	6	15	44	54	−10
12	横浜F・マリノス	41	34	12	5	17	56	56	0
13	湘南ベルマーレ	41	34	10	11	13	38	43	−5
14	サガン鳥栖	41	34	10	11	13	29	34	−5
15	名古屋グランパス	41	34	12	5	17	52	59	−7
16	ジュビロ磐田	41	34	10	11	13	35	48	−13
17	柏レイソル	39	34	12	3	19	47	54	−7
18	V・ファーレン長崎	30	34	8	6	20	39	59	−20

2018 選手出場記録 ■監督 ミハイロ ペトロヴィッチ

背番号	ポジション	選手名	J1 試合	J1 得点	カップ戦 試合	カップ戦 得点	天皇杯 試合	天皇杯 得点
1	GK	菅野　孝憲	0	0	6	0	1	0
2	MF	横山　知伸	0	0	4	0	0	0
3	DF	田中　雄大	0	0	4	0	1	0
4	DF	河合　竜二	0	0	0	0	0	0
5	DF	福森　晃斗	31	2	0	0	2	0
6	MF	兵藤　慎剛	15	0	4	0	2	1
7	MF	ジュリーニョ	2	2	4	1	0	0
8	MF	深井　一希	28	2	0	0	0	0
9	FW	都倉　賢	30	12	2	0	2	2
10	MF	宮澤　裕樹	28	1	0	0	2	0
11	FW	ヘイス	4	0	6	1	0	0
[illegible]	FW	内村　圭宏	1	0	5	1	2	0
[illegible]	MF	駒井　善成	29	0	1	0	2	0
[illegible]	MF	菊地　直哉	0	0	3	0	0	0
[illegible]	MF	稲本　潤一	2	0	5	0	1	0
[illegible]	MF	チャナティップ	30	8	0	0	1	1
[illegible]	FW	白井　康介	10	1	5	0	2	0
[illegible]	DF	キム ミンテ	27	0	0	0	3	0
[illegible]	GK	阿波加俊太	0	0	0	0	0	0
[illegible]	GK	ク ソンユン	34	0	0	0	0	0
[illegible]	MF	早坂　良太	23	0	6	0	3	1
[illegible]	MF	荒野　拓馬	26	0	6	0	2	0
[illegible]	FW	宮吉　拓実	11	1	6	1	2	0
[illegible]	DF	石川　直樹	21	0	4	0	2	0
[illegible]	DF	進藤　亮佑	34	4	0	0	2	0
[illegible]	DF	濱　大耀	0	0	3	0	0	0
[illegible]	FW	菅　大輝	33	1	1	0	2	0
[illegible]	FW	藤村　怜	0	0	3	0	0	0
[illegible]	MF	三好　康児	26	3	0	0	2	1
[illegible]	DF	中村　桐耶	0	0	3	0	0	0
[illegible]	DF	福田心之助	0	0	0	0	0	0
[illegible]	MF	小野　伸二	7	0	3	0	2	0
[illegible]	MF	本間　洋平	0	0	0	0	0	0
[illegible]	GK	前川　廉	0	0	0	0	0	0
48	FW	ジェイ	24	9	0	0	2	2

2017

2017 明治安田生命J1

節	開催日	対戦相手	スコア	会場	観客数
1	2/25（土）	仙台	0●1	ユアスタ	17,230
2	3/4（土）	横浜FM	0●3	ニッパツ	12,740
3	3/11（土）	C大阪	1△1	札幌ド	21,760
4	3/18（土）	広島	2○1	札幌ド	12,624
5	4/2（日）	甲府	0●2	中銀スタ	10,195
6	4/8（土）	FC東京	2○1	札幌ド	16,948
7	4/16（日）	川崎	1△1	札幌ド	18,155
8	4/22（土）	浦和	2●3	埼玉	36,880
9	4/30（日）	磐田	2△2	ヤマハ	14,495
10	5/6（土）	大宮	1○0	札幌ド	15,498
11	5/14（日）	G大阪	0●2	札幌ド	21,174
12	5/20（土）	新潟	0●1	デンカS	19,253
13	5/27（土）	鳥栖	0●1	ベアスタ	14,416
14	6/4（日）	神戸	1●2	札幌ド	12,644
15	6/17（土）	鹿島	0●3	カシマ	20,826
16	6/25（日）	柏	1●2	柏	9,769
17	7/1（土）	清水	1○0	札幌ド	12,890
18	7/8（土）	大宮	2△2	NACK	11,863
19	7/29（土）	浦和	2○0	札幌ド	33,353
20	8/5（土）	C大阪	1●3	金鳥スタ	14,208
21	8/9（水）	横浜FM	0●2	札幌ド	17,350
22	8/13（日）	甲府	1△1	札幌ド	19,561
23	8/19（土）	川崎	1●2	等々力	18,342
24	8/26（土）	仙台	1○0	札幌厚別	9,535
25	9/9（土）	磐田	2○1	札幌ド	19,063
26	9/16（土）	神戸	0●2	神戸ユ	7,911
27	9/23（土・祝）	新潟	2△2	札幌ド	17,621
28	9/30（土）	広島	1△1	Eスタ	18,065
29	10/14（土）	柏	3○0	札幌厚別	9,614
30	10/21（土）	FC東京	2○1	味スタ	16,817
31	10/29（日）	鹿島	1●2	札幌ド	27,514
32	11/18（土）	清水	2○0	アイスタ	13,723
33	11/26（日）	G大阪	1○0	吹田S	25,626
34	12/2（土）	鳥栖	3○2	札幌ド	27,796

ホーム総入場者数　313,100人（平均18,418人）

2017 JリーグYBCルヴァンカップ

節	開催日	対戦相手	スコア	会場	観客数
1	3/15（水）	磐田	2○0	ヤマハ	6,454
2	4/12（水）	清水	1○0	アイスタ	5,658
3	4/26（水）	大宮	1△1	札幌ド	6,611
4	5/3（水・祝）	FC東京	0●1	味スタ	19,123
6	5/24（水）	仙台	1●2	札幌ド	5,865
7	5/31（水）	柏	2○1	札幌厚別	3,604
PO1戦	6/28（水）	C大阪	0●2	札幌ド	5,192
PO2戦	7/26（水）	C大阪	0●1	金鳥スタ	5,300

第97回天皇杯

回戦	開催日	対戦相手	スコア	会場	観客数
2	6/21（水）	いわきFC	2●5	札幌厚別	1,674

2017 J1順位表

順位	チーム	勝点	試合	勝	分	負	得点	失点	得失点差
1	川崎フロンターレ	72	34	21	9	4	71	32	39
2	鹿島アントラーズ	72	34	23	3	8	53	31	22
3	セレッソ大阪	63	34	19	6	9	65	43	22
4	柏レイソル	62	34	18	8	8	49	33	16
5	横浜F・マリノス	59	34	17	8	9	45	36	9
6	ジュビロ磐田	58	34	16	10	8	50	30	20
7	浦和レッズ	49	34	14	7	13	64	54	10
8	サガン鳥栖	47	34	13	8	13	41	44	−3
9	ヴィッセル神戸	44	34	13	5	16	40	45	−5
10	ガンバ大阪	43	34	11	10	13	48	41	7
11	北海道コンサドーレ札幌	43	34	12	7	15	39	47	−8
12	ベガルタ仙台	41	34	11	8	15	44	53	−9
13	FC東京	40	34	10	10	14	37	42	−5
14	清水エスパルス	34	34	8	10	16	36	54	−18
15	サンフレッチェ広島	33	34	8	9	17	32	49	−17
16	ヴァンフォーレ甲府	32	34	7	11	16	23	39	−16
17	アルビレックス新潟	28	34	7	7	20	28	60	−32
18	大宮アルディージャ	25	34	5	10	19	28	60	−32

2017 選手出場記録 ■監督 四方田 修平

背番号	ポジション	選手名	J1 試合	J1 得点	カップ戦 試合	カップ戦 得点	天皇杯 試合	天皇杯 得点
1	GK	金山　隼樹	2	0	5	0	1	0
2	MF	横山　知伸	26	2	4	0	0	0
[illegible]	DF	田中　雄大	0	0	6	0	3	0
[illegible]	MF	河合　竜二	20	0	5	0	0	0
[illegible]	DF	増川　隆洋	1	0	0	0	0	0
[illegible]	MF	兵藤　慎剛	32	2	1	0	0	0
[illegible]	MF	ジュリーニョ	10	2	1	0	0	0
[illegible]	MF	深井　一希	5	0	0	0	0	0
[illegible]	FW	都倉　賢	30	9	5	1	0	0
[illegible]	MF	宮澤　裕樹	30	2	3	0	0	0
[illegible]	FW	ヘイス	12	6	1	0	1	2
[illegible]	FW	内村　圭宏	15	0	4	0	1	0
[illegible]	DF	上原　慎也	4	0	7	2	1	0
[illegible]	MF	菊地　直哉	16	0	4	0	1	0
[illegible]	MF	前　寛之	4	0	7	0	1	0
[illegible]	MF	稲本　潤一	6	0	0	0	0	0
[illegible]	MF	チャナティップ	16	0	1	0	0	0
[illegible]	MF	石井　謙伍	4	0	7	0	1	0
[illegible]	MF	キム ミンテ	16	0	4	0	0	0
[illegible]	GK	阿波加俊太	0	0	0	0	0	0
[illegible]	FW	金園　英学	15	0	4	0	1	0
[illegible]	MF	マセード	15	0	3	1	0	0
[illegible]	DF	福森　晃斗	33	3	3	1	0	0
[illegible]	GK	ク ソンユン	33	0	3	0	0	0
[illegible]	MF	早坂　良太	24	1	5	0	0	0
[illegible]	MF	荒野　拓馬	27	0	6	0	0	0
[illegible]	DF	永坂　勇人	0	0	4	0	1	0
[illegible]	GK	杉山　哲	0	0	0	0	0	0
[illegible]	DF	石川　直樹	12	0	0	0	0	0
[illegible]	DF	進藤　亮佑	8	0	8	1	1	0
[illegible]	DF	濱　大耀	0	0	0	0	0	0
[illegible]	FW	菅　大輝	23	1	6	0	1	1
[illegible]	GK	櫻庭　立樹	0	0	0	0	0	0
[illegible]	FW	藤村　怜	0	0	1	0	0	0
[illegible]	MF	井川　空	0	0	0	0	0	0
[illegible]	MF	佐藤　大樹	0	0	0	0	0	0
[illegible]	MF	小野　伸二	16	0	7	1	1	0
48	DF	ジェイ	14	10	0	0	0	0

2016

2016 明治安田生命J2

節	開催日	対戦相手	スコア	会場	観客数
1	2/28（日）	東京V	0●1	味スタ	9,272
2	3/6（日）	岐阜	4○0	長良川	4,898
3	3/13（日）	愛媛	1△1	札幌ド	20,012
4	3/20（日・祝）	清水	2○0	アイスタ	12,624
5	3/26（土）	京都	3○1	札幌ド	9,341
6	4/3（日）	町田	0●2	町田	7,146
7	4/9（土）	岡山	1○0	札幌ド	9,467
8	4/17（日）	山形	1△1	NDスタ	4,871
9	4/23（土）	C大阪	1○0	札幌ド	21,640
10	4/29（金・祝）	徳島	1○0	札幌ド	14,186
11	5/3（火・祝）	金沢	1○0	石川西部	4,623
12	8/25（木）	熊本	1○0	札幌ド	9,834
13	5/15（日）	水戸	1○0	Ksスタ	6,028
14	5/22（日）	讃岐	1○0	ピカスタ	3,208
15	5/28（土）	山口	3○1	札幌ド	10,920
16	6/4（土）	千葉	2△2	札幌ド	11,937
17	6/8（水）	松本	2●3	松本	10,796
18	6/13（月）	長崎	2○1	札幌ド	10,607
19	6/19（日）	北九州	1○0	札幌ド	11,957
20	6/26（日）	群馬	1○0	正田スタ	3,184
21	7/3（日）	横浜FC	5○2	函館	10,442
22	7/9（土）	C大阪	0△0	金鳥スタ	13,443
23	7/16（土）	岡山	0△0	Cスタ	13,304
24	7/20（水）	松本	1○0	札幌ド	12,901
25	7/25（月）	岐阜	5○0	札幌ド	11,301
26	7/31（日）	山口	2○1	維新公園	7,510
27	8/7（日）	清水	3○2	札幌ド	17,576
28	8/11（木・祝）	横浜	0●1	ニッパツ	6,843
29	8/14（日）	山形	3○1	札幌ド	20,225
30	8/21（日）	京都	0△0	西京極	7,464
31	9/11（日）	群馬	3○1	厚別	9,056
32	9/18（日）	長崎	0△0	トラスタ	7,298
33	9/26（月）	町田	3○2	札幌ド	11,914
34	10/2（日）	北九州	0△0	本城	3,095
35	10/8（土）	水戸	1○0	厚別	8,269
36	10/16（日）	愛媛	2△2	ニンスタ	2,916
37	10/22（土）	東京V	1●2	札幌ド	18,868
38	10/30（日）	熊本	0●2	うまスタ	7,880
39	11/3（木・祝）	讃岐	4○1	札幌ド	21,582
40	11/6（日）	徳島	1●2	鳴門大塚	4,402
41	11/12（土）	千葉	2○1	フクアリ	12,726
42	11/20（日）	金沢	0△0	札幌ド	33,697

ホーム総入場者数　305,732人（平均14,559人）

第96回天皇杯

回戦	開催日	対戦相手	スコア	会場	観客数
1	8/27（土）	筑波大	3○0	厚別	2,436
2	9/3（土）	岡山	1●2	厚別	2,698

2016 J2順位表

順位	チーム	勝点	試合	勝	分	負	得点	失点	得失点差
1	北海道コンサドーレ札幌	85	42	25	10	7	65	33	32
2	清水エスパルス	84	42	25	9	8	85	37	48
3	松本山雅FC	84	42	24	12	6	62	32	30
4	セレッソ大阪	78	42	23	9	10	62	46	16
5	京都サンガF.C.	69	42	18	15	9	50	37	13
6	ファジアーノ岡山	65	42	17	14	11	58	44	14
7	FC町田ゼルビア	65	42	18	11	13	53	44	9
8	横浜FC	59	42	16	11	15	50	51	−1
9	徳島ヴォルティス	57	42	16	9	17	46	42	4
10	愛媛FC	56	42	12	20	10	41	40	1
11	ジェフユナイテッド千葉	53	42	13	14	15	52	53	−1
12	レノファ山口FC	53	42	14	11	17	55	63	−8
13	水戸ホーリーホック	48	42	10	18	14	45	49	−4
14	モンテディオ山形	47	42	11	14	17	43	49	−6
15	V・ファーレン長崎	47	42	10	17	15	39	51	−12
16	ロアッソ熊本	46	42	12	10	20	38	53	−15
17	ザスパクサツ群馬	45	42	11	12	19	52	66	−14
18	東京ヴェルディ	43	42	10	13	19	43	61	−18
19	カマタマーレ讃岐	43	42	10	13	19	43	62	−19
20	FC岐阜	43	42	12	7	23	47	71	−24
21	ツエーゲン金沢	39	42	8	15	19	36	60	−24
22	ギラヴァンツ北九州	38	42	8	14	20	43	64	−21

2016 選手出場記録 ■監督 四方田 修平

背番号	ポジション	選手名	J2 試合	J2 得点	天皇杯 試合	天皇杯 得点
1	GK	金山　隼樹	9	0	0	0
4	MF	河合　竜二	15	0	2	0
[illegible]	DF	櫛引　一紀	17	0	1	0
[illegible]	DF	前　貴之	2	0	0	0
[illegible]	MF	ジュリーニョ	34	12	0	0
[illegible]	MF	深井　一希	25	0	0	0
[illegible]	FW	都倉　賢	40	19	1	1
[illegible]	MF	宮澤　裕樹	31	1	1	0
[illegible]	FW	ヘイス	24	7	0	0
[illegible]	FW	内村　圭宏	42	11	1	0
[illegible]	DF	上原　慎也	22	1	1	0
[illegible]	MF	菊地　直哉	17	0	1	0
[illegible]	MF	前　寛之	18	0	2	0
[illegible]	MF	稲本　潤一	8	1	0	0
[illegible]	DF	増川　隆洋	33	1	0	0
[illegible]	MF	石井　謙伍	27	1	1	0
[illegible]	MF	上里　一将	18	0	1	0
[illegible]	GK	阿波加俊太	1	0	2	0
[illegible]	MF	イルファン	1	0	1	0
[illegible]	MF	マセード	23	0	1	0
[illegible]	DF	福森　晃斗	39	3	1	0
[illegible]	GK	ク ソンユン	33	0	0	0
[illegible]	MF	荒野　拓馬	18	2	1	0
[illegible]	MF	神田　夢実	6	0	2	1
[illegible]	DF	永坂　勇人	3	0	2	0
[illegible]	GK	杉山　哲	0	0	0	0
[illegible]	MF	堀米　悠斗	33	0	2	0
[illegible]	MF	中原　彰吾	4	1	1	1
[illegible]	DF	進藤　亮佑	23	0	0	0
[illegible]	DF	内山　裕貴	0	0	1	0
[illegible]	FW	菅　大輝	5	0	2	0
[illegible]	GK	櫻庭　立樹	0	0	0	0
[illegible]	DF	按田　頼	0	0	0	0
[illegible]	GK	前川　廉	0	0	0	0
[illegible]	MF	小野　伸二	15	0	2	0

2015

2015 明治安田生命J2

節	開催日	対戦相手	スコア	会場	観客数
1	3/8（日）	栃木	2○1	栃木グ	7,146
2	3/15（日）	長崎	0●1	札幌ド	18,086
3	3/21（土・祝）	福岡	2○1	札幌ド	10,889
4	3/29（日）	大宮	1△1	NACK	10,491
5	4/1（水）	京都	1●2	札幌ド	8,193
6	4/5（日）	東京V	1△1	札幌ド	9,485
7	4/11（土）	讃岐	0△0	丸亀	2,779
8	4/19（日）	水戸	1○0	札幌ド	9,138
9	4/26（日）	岡山	1○0	Cスタ	10,107
10	4/29（水・祝）	金沢	1△1	石川西部	6,657
11	5/3（日・祝）	磐田	3○0	札幌ド	16,902
12	5/6（水・休）	愛媛	0△0	ニンスタ	3,124
13	5/9（土）	熊本	2●3	札幌ド	10,405
14	5/17（日）	群馬	2○0	正田スタ	4,701
15	5/24（日）	徳島	2○1	鳴門大塚	4,595
16	6/1（月）	C大阪	1△1	札幌ド	18,044
17	6/6（土）	千葉	1△1	フクアリ	14,481
18	6/14（日）	岐阜	1○0	長良川	7,065
19	6/21（日）	北九州	1△1	札幌ド	12,691
20	6/29（月）	大分	1△1	札幌ド	8,974
21	7/4（土）	横浜FC	0△0	ニッパツ	6,422
22	7/8（水）	大宮	2●3	札幌ド	9,140
23	7/12（日）	C大阪	3●1	金鳥スタ	9,602
24	7/18（土）	讃岐	0●1	札幌ド	8,120
25	7/22（水）	北九州	1△1	本城	2,419
26	7/26（日）	愛媛	0●1	札幌ド	17,767
27	8/1（土）	京都	2●0	西京極	7,096
28	8/8（土）	長崎	0△0	長崎県立	10,184
29	8/15（土）	岡山	0△0	札幌ド	10,902
30	8/23（日）	熊本	1△1	うまスタ	6,532
31	9/12（土）	横浜FC	2○0	札幌ド	10,840
32	9/20（日）	福岡	2●1	レベスタ	13,873
33	9/23（水・祝）	岐阜	1●2	厚別	8,761
34	9/27（日）	群馬	0△0	札幌ド	11,570
35	10/4（日）	東京V	2○0	味スタ	7,712
36	10/10（土）	金沢	2○1	厚別	6,981
37	10/18（日）	磐田	3●0	ヤマハ	11,179
38	10/25（日）	大分	2●0	大銀ド	9,062
39	11/1（日）	千葉	3○2	札幌ド	9,611
40	11/7（土）	徳島	2○0	札幌ド	14,428
41	11/14（土）	水戸	2●1	Ksスタ	6,555
42	11/23（月・祝）	栃木	4○1	札幌ド	20,234

ホーム総入場者数　251,161人（平均11,960人）

第95回天皇杯

回戦	開催日	対戦相手	スコア	会場	観客数
1	8/29（土）	札幌大学	5○1	厚別	2,489
2	9/5（土）	横浜FC	1○0	厚別	2,970
3	10/14（水）	鳥栖	0★0	ベストアメニティ	2,895

2015 J2順位表

順位	チーム	勝点	試合	勝	分	負	得点	失点	得失点差
1	大宮アルディージャ	86	42	26	8	8	72	37	35
2	ジュビロ磐田	82	42	24	10	8	72	43	29
3	アビスパ福岡	82	42	24	10	8	63	37	26
4	セレッソ大阪	67	42	18	13	11	57	40	17
5	愛媛FC	65	42	19	8	15	47	39	8
6	V・ファーレン長崎	60	42	15	15	12	42	33	9
7	ギラヴァンツ北九州	59	42	18	5	19	59	58	1
8	東京ヴェルディ	58	42	16	10	16	43	41	2
9	ジェフユナイテッド千葉	57	42	15	12	15	50	45	5
10	コンサドーレ札幌	57	42	14	15	13	47	43	4
11	ファジアーノ岡山	54	42	12	18	12	40	35	5
12	ツエーゲン金沢	54	42	12	18	12	46	43	3
13	ロアッソ熊本	53	42	13	14	15	42	45	−3
14	徳島ヴォルティス	53	42	13	14	15	35	44	−9
15	横浜FC	52	42	13	13	16	33	58	−25
16	カマタマーレ讃岐	51	42	12	15	15	30	33	−3
17	京都サンガF.C.	50	42	12	14	16	45	51	−6
18	ザスパクサツ群馬	48	42	13	9	20	34	56	−22
19	水戸ホーリーホック	46	42	10	16	16	40	47	−7
20	FC岐阜	43	42	12	7	23	37	71	−34
21	大分トリニータ	38	42	8	14	20	41	51	−10
22	栃木SC	35	42	7	14	21	39	64	−25

2015 選手出場記録 ■監督 イヴィッツァ バルバリッチ→四方田 修平

背番号	ポジション	選手名	J2 試合	J2 得点	天皇杯 試合	天皇杯 得点
1	GK	金山　隼樹	9	0	1	0
2	DF	小山内貴哉	0	0	0	0
[illegible]	DF	パウロン	15	0	1	0
[illegible]	MF	河合　竜二	30	0	1	0
[illegible]	DF	櫛引　一紀	37	0	1	0
[illegible]	DF	前　貴之	17	1	1	0
[illegible]	FW	榊　翔太	0	0	0	0
[illegible]	MF	砂川　誠	0	0	0	0
[illegible]	FW	都倉　賢	34	13	0	0
[illegible]	MF	宮澤　裕樹	39	5	1	0
[illegible]	FW	前田　俊介	8	0	2	1
[illegible]	FW	内村　圭宏	35	7	0	0
[illegible]	DF	上原　慎也	13	2	3	1
[illegible]	MF	古田　寛幸	22	1	1	0
[illegible]	MF	稲本　潤一	31	0	1	0
[illegible]	MF	深井　一希	15	0	1	0
[illegible]	MF	石井　謙伍	14	1	0	0
[illegible]	MF	上里　一将	27	1	1	0
[illegible]	GK	阿波加俊太	0	0	0	0
[illegible]	MF	神田　夢実	7	0	2	0
[illegible]	DF	福森　晃斗	39	4	2	0
[illegible]	GK	ク　ソンユン	33	0	1	0
[illegible]	MF	イルファン	6	0	2	0
[illegible]	MF	荒野　拓馬	31	2	1	0
[illegible]	MF	菊岡　拓朗	8	0	0	0
[illegible]	DF	永坂　勇人	2	0	2	0
[illegible]	GK	杉山　哲	0	0	0	0
[illegible]	MF	堀米　悠斗	36	1	1	0
[illegible]	MF	中原　彰吾	11	0	2	0
[illegible]	DF	薗田　淳	0	0	0	0
[illegible]	DF	進藤　亮佑	0	0	2	1
[illegible]	MF	前　寛之	13	2	3	0
[illegible]	MF	ニウド	13	0	3	1
[illegible]	MF	小野　伸二	17	2	2	0
50	FW	ナザリト	24	5	2	1

2022

2022 明治安田生命J1

節	開催	対戦相手	スコア	会場	観客数
1	2/19(土)	清水	1△1	アイスタ	9,357
2	2/26(土)	広島	1△1	札幌ド	9,519
3	3/6(日)	福岡	0△0	ベススタ	5,006
4	3/12(土)	横浜FM	1△1	札幌ド	9,115
5	3/19(土)	C大阪	2△2	ヨドコウ	6,798
6	4/2(土)	浦和	1△1	札幌ド	11,345
7	4/6(水)	鳥栖	0●5	駅スタ	4,630
8	4/10(日)	名古屋	2○0	豊田ス	13,106
9	4/16(土)	FC東京	0△0	札幌ド	9,667
10	4/29(金・祝)	湘南	1○0	札幌ド	11,047
11	5/4(水・祝)	G大阪	0△0	パナスタ	16,082
12	5/7(土)	京都	1○0	札幌ド	9,527
13	5/14(土)	鹿島	1●4	カシマ	11,438
14	5/22(日)	磐田	2○1	ヤマハ	8,279
15	5/25(水)	柏	1●6	札幌ド	5,791
16	5/29(日)	神戸	1●4	ノエスタ	18,714
17	6/18(土)	川崎F	2●5	等々力	18,960
18	6/26(日)	G大阪	1○0	札幌ド	21,599
19	7/2(土)	京都	1●2	サンガS	8,794
20	7/6(水)	FC東京	0●3	味スタ	11,516
21	7/10(日)	鹿島	0△0	札幌ド	10,724
22	7/16(土)	柏	0●1	三協F柏	6,716
23	7/30(土)	名古屋	2△2	札幌厚別	6,306
24	8/7(日)	湘南	5○1	レモンS	9,568
25	8/13(土)	神戸	0●2	札幌ド	21,206
26	8/20(土)	鳥栖	1●2	札幌ド	9,607
28	9/2(金)	C大阪	2○1	札幌ド	10,778
29	9/11(日)	磐田	4○0	札幌ド	14,117
30	9/18(日)	横浜FM	0△0	日産ス	20,341
31	10/1(土)	川崎F	4○3	札幌厚別	9,774
32	10/8(土)	福岡	1●2	札幌ド	14,202
27	10/12(水)	浦和	1△1	埼玉	18,510
33	10/29(土)	広島	2○1	Eスタ	18,106
34	11/5(土)	清水	4○3	札幌ド	23,330

ホーム総入場者数　207,654人(平均12,215人)
※AFCチャンピオンズリーグ(ACL)との兼ね合いで、第27節は変則日程

2022 JリーグYBCルヴァンカップ

節	開催	対戦相手	スコア	会場	観客数
1	2/23(水・祝)	鳥栖	2△2	駅スタ	4,544
2	3/2(水)	柏	3○2	三協F柏	3,177
4	4/13(水)	京都	2●3	サンガS	2,894
3	4/20(水)	京都	4○1	札幌ド	3,627
5	4/23(土)	柏	1●2	札幌厚別	4,450
6	5/18(水)	鳥栖	1△1	札幌ド	4,417
PO1戦	6/4(土)	広島	0●3	札幌ド	5,716
PO2戦	6/11(土)	広島	1△1	Eスタ	4,669

※第3節は新型コロナウイルス感染症の影響により代替開催

第102回天皇杯

回戦	開催日	対戦相手	スコア	会場	観客数
2	6/8(水)	桐蔭横浜大学	4○3	札幌厚別	1,642
3	6/22(水)	甲府	1●2	JITス	1,622

2022 J1順位表

順位	チーム	勝点	試合	勝	分	負	得点	失点	得失点差
1	横浜F・マリノス	68	34	20	8	6	70	35	35
2	川崎フロンターレ	66	34	20	6	8	65	42	23
3	サンフレッチェ広島	55	34	15	10	9	52	41	11
4	鹿島アントラーズ	52	34	13	13	8	47	42	5
5	セレッソ大阪	51	34	13	12	9	46	40	6
6	FC東京	49	34	14	7	13	46	43	3
7	柏レイソル	48	34	13	8	13	43	44	−1
8	名古屋グランパス	46	34	11	13	10	30	35	−5
9	浦和レッズ	45	34	10	15	9	48	39	9
10	北海道コンサドーレ札幌	45	34	11	12	11	45	55	−10
11	サガン鳥栖	42	34	9	15	10	45	44	1
12	湘南ベルマーレ	41	34	10	11	13	31	39	−8
13	ヴィッセル神戸	40	34	11	7	16	35	41	−6
14	アビスパ福岡	38	34	9	11	14	29	38	−9
15	ガンバ大阪	37	34	9	10	15	33	44	−11
16	京都サンガF.C.	36	34	8	12	14	30	38	-8
17	清水エスパルス	33	34	7	12	15	44	54	−10
18	ジュビロ磐田	30	34	6	12	16	32	57	−25

2022 選手出場記録　■監督 ミハイロ ペトロヴィッチ

背番号	ポジション	選手名	J1 試合	J1 得点	カップ戦 試合	カップ戦 得点	天皇杯 試合	天皇杯 得点
1	GK	菅野　孝憲	27	0	1	0	0	0
2	DF	田中　駿汰	32	1	4	1	0	0
3	DF	柳　貴博	3	0	2	0	0	0
4	FW	菅　大輝	31	4	7	0	1	0
5	DF	福森　晃斗	29	1	2	0	1	0
6	MF	高嶺　朋樹	26	2	3	0	0	0
7	MF	ルーカスフェルナンデス	28	3	4	1	0	0
8	MF	深井　一希	23	2	4	1	1	0
9	MF	金子　拓郎	27	1	4	1	2	2
10	MF	宮澤　裕樹	25	3	3	0	1	0
11	MF	青木　亮太	31	8	8	1	1	1
14	MF	駒井　善成	31	3	5	0	0	0
16	MF	藤村　怜	0	0	1	0	2	0
17	MF	檀崎　竜孔	0	0	5	0	2	0
18	FW	ガブリエルシャビエル	26	3	6	2	2	0
19	FW	小柏　剛	13	2	0	0	0	0
20	DF	西　大伍	13	0	7	0	1	0
21	GK	阿波加　俊太	0	0	0	0	0	0
22	GK	松原　修平	0	0	0	0	0	0
23	GK	大谷　幸輝	4	0	2	0	1	0
24	FW	興梠　慎三	21	5	0	0	1	0
26	DF	中村　桐耶	12	0	6	1	2	0
27	DF	荒野　拓馬	29	1	5	0	0	0
28	MF	井川　空	1	0	3	0	2	0
30	MF	田中　宏武	1	0	7	0	2	0
32	FW	ミラントゥチッチ	14	0	5	1	0	0
33	FW	ドウグラスオリヴェイラ	7	1	5	0	2	0
34	GK	中野　小次郎	6	0	5	0	0	0
37	FW	キム ゴンヒ	8	2	0	0	0	0
40	MF	佐々木　奏太	0	0	0	0	0	0
41	FW	漆舘　拳大	0	0	0	0	1	0
42	GK	ベンマムン アミン	0	0	0	0	0	0
44	MF	小野　伸二	1	0	0	0	1	0
45	FW	中島　大嘉	15	2	5	4	1	0
47	DF	西野　奨太	1	0	1	0	1	0
49	MF	スパチョーク	7	0	0	0	0	0
50	DF	岡村　大八	26	1	7	1	2	1

2021

2021 明治安田生命J1

節	開催	対戦相手	スコア	会場	観客数
1	2/27(土)	横浜FC	5○1	札幌ド	11,897
2	3/6(土)	名古屋	0●1	豊田ス	9,846
3	3/10(水)	広島	1●2	Eスタ	3,821
4	3/17(水)	浦和	0△0	埼玉	4,571
6	3/20(土・祝)	神戸	3●4	札幌ド	9,512
7	4/3(土)	福岡	2○1	ベススタ	4,432
8	4/7(水)	FC東京	1●2	味スタ	6,236
9	4/11(日)	鹿島	2△2	札幌ド	10,342
10	4/16(金)	横浜FM	1●3	札幌ド	9,222
11	4/24(土)	仙台	2○1	札幌厚別	4,336
12	5/2(日)	湘南	0△0	レモンS	4,956
13	5/9(日)	徳島	2○1	鳴門大塚	4,954
14	5/16(日)	川崎F	0●2	等々力	4,932
15	5/22(土)	清水	2○0	札幌ド	3,334
16	5/26(水)	鳥栖	0△0	札幌ド	3,362
17	5/29(土)	柏	2○1	三協F柏	4,270
18	6/19(土)	大分	2○0	札幌厚別	3,736
20	6/27(日)	鹿島	0●4	カシマ	7,953
21	7/4(日)	徳島	1○0	札幌厚別	4,444
22	7/10(土)	仙台	1△1	ユアスタ	7,885
5	7/30(金)	G大阪	0●2	札幌厚別	3,845
23	8/9(月・休)	湘南	2○1	札幌ド	8,330
24	8/14(土)	FC東京	3○2	札幌ド	7,437
25	8/21(土)	大分	1△1	昭和電ド	5,188
26	8/25(水)	名古屋	0●2	札幌厚別	3,106
27	8/28(土)	川崎F	0●2	札幌ド	5,610
19	9/8(水)	C大阪	0●3	札幌厚別	3,201
28	9/11(土)	C大阪	2○0	ヨドコウ	4,927
29	9/18(土)	神戸	0●1	神戸ユ	4,724
30	9/26(日)	広島	0●2	札幌ド	4,999
31	10/2(土)	G大阪	5○1	パナスタ	9,987
32	10/16(土)	横浜FM	1●2	日産ス	11,502
33	10/24(日)	福岡	0△0	札幌ド	9,392
34	11/3(水・祝)	湘南	1△1	札幌ド	9,642
35	11/6(土)	清水	2△2	アイスタ	8,373
36	11/20(土)	鳥栖	0●1	駅スタ	7,275
37	11/27(土)	柏	3○1	札幌ド	13,768
38	12/4(土)	横浜FC	1○0	ニッパツ	6,762

ホーム総入場者数　129,515人(平均6,817人)
※第4節は新型コロナウイルス感染症の影響により代替開催
※AFCチャンピオンズリーグ(ACL)の試合日程変更に伴い、第19節の日程が変更

2021 JリーグYBCルヴァンカップ

節	開催	対戦相手	スコア	会場	観客数
1	3/3(水)	福岡	3○2	ベススタ	1,564
2	3/27(土)	鳥栖	5○1	駅スタ	4,399
3	4/20(火)	鹿島	0●3	カシマ	4,477
4	4/28(水)	福岡	1△1	札幌ド	4,446
5	5/5(水・祝)	鳥栖	2○1	札幌ド	7,507
6	5/19(水)	鹿島	0△0	札幌ド	2,829
PO1戦	6/6(日)	横浜FM	1△1	札幌厚別	3,814
PO2戦	6/13(日)	横浜FM	3○1	ニッパツ	4,909
準々決勝1戦	9/1(水)	FC東京	2○1	札幌厚別	3,204
準々決勝2戦	9/5(日)	FC東京	0●2	レモンS	3,272

第101回天皇杯

回戦	開催日	対戦相手	スコア	会場	観客数
2	6/9(水)	ソニー仙台	5○3	札幌厚別	1,637
3	7/7(水)	長崎	1●2	トラスタ	2,565

2021 J1順位表

順位	チーム	勝点	試合	勝	分	負	得点	失点	得失点差
1	川崎フロンターレ	92	38	28	8	2	81	28	53
2	横浜F・マリノス	79	38	24	7	7	82	35	47
3	ヴィッセル神戸	73	38	21	10	7	62	36	26
4	鹿島アントラーズ	69	38	21	6	11	62	36	26
5	名古屋グランパス	66	38	19	9	10	44	30	14
6	浦和レッズ	63	38	18	9	11	45	38	7
7	サガン鳥栖	59	38	16	11	11	43	35	8
8	アビスパ福岡	54	38	14	12	12	42	37	5
9	FC東京	53	38	15	8	15	49	53	−4
10	北海道コンサドーレ札幌	51	38	14	9	15	48	50	−2
11	サンフレッチェ広島	49	38	12	13	13	44	42	2
12	セレッソ大阪	48	38	13	9	16	47	51	−4
13	ガンバ大阪	44	38	12	8	18	33	49	−16
14	清水エスパルス	42	38	10	12	16	37	54	−17
15	柏レイソル	41	38	12	5	21	37	56	−19
16	湘南ベルマーレ	37	38	7	16	15	36	41	−5
17	徳島ヴォルティス	36	38	10	6	22	34	55	−21
18	大分トリニータ	35	38	9	8	21	31	55	−24
19	ベガルタ仙台	28	38	5	13	20	31	62	−31
20	横浜FC	27	38	6	9	23	32	77	−45

2021 選手出場記録　■監督 ミハイロ ペトロヴィッチ

背番号	ポジション	選手名	J1 試合	J1 得点	カップ戦 試合	カップ戦 得点	天皇杯 試合	天皇杯 得点
1	GK	菅野　孝憲	36	0	5	0	0	0
2	DF	田中　駿汰	37	1	8	1	1	0
3	DF	柳　貴博	25	0	9	1	2	0
4	FW	菅　大輝	36	1	9	1	2	0
5	DF	福森　晃斗	32	1	6	0	1	0
6	MF	高嶺　朋樹	38	1	9	0	2	0
7	MF	ルーカスフェルナンデス	27	2	8	1	1	1
8	MF	深井　一希	21	2	4	1	0	0
9	MF	金子　拓郎	38	7	8	0	1	0
10	MF	宮澤　裕樹	29	0	5	0	0	0
11	FW	アンデルソン ロペス	14	12	2	2	0	0
14	MF	駒井　善成	37	2	7	0	0	0
17	MF	檀崎　竜孔	0	0	0	0	0	0
18	MF	チャナティップ	23	1	2	0	0	0
20	DF	キム ミンテ	9	0	4	0	2	0
21	GK	阿波加　俊太	0	0	0	0	0	0
22	GK	大谷　幸輝	0	0	4	0	0	0
23	MF	中野　嘉大	0	0	0	0	0	0
24	DF	中村　桐耶	0	0	3	0	2	0
26	FW	ガブリエル	0	0	1	0	2	0
27	MF	荒野　拓馬	28	0	8	1	2	0
28	MF	青木　亮太	31	4	7	2	1	1
30	MF	田中　宏武	0	0	3	0	0	0
32	FW	ミラントゥチッチ	11	2	1	0	0	0
33	FW	ドウグラスオリヴェイラ	21	2	9	3	2	0
34	GK	中野　小次郎	2	0	1	0	2	0
35	FW	小柏　剛	30	7	4	0	0	0
44	MF	小野　伸二	4	0	5	0	2	1
45	FW	中島　大嘉	3	0	4	1	2	3
46	FW	佐藤　陽成	0	0	0	0	1	0
47	DF	西野　奨太	1	0	0	0	1	0
48	FW	ジェイ	24	1	5	0	0	0
50	DF	岡村　大八	21	1	7	0	2	0

2020

2020 明治安田生命J1

節	開催日	対戦相手	スコア	会場	観客数
1	2/22(土)	柏	2●4	三協F柏	12,468
2	7/4(土)	横浜FC	2○1	ニッパツ	0
3	7/8(水)	鹿島	2○0	カシマ	0
4	7/12(日)	湘南	0△0	BMWス	3,327
5	7/18(土)	仙台	2△2	ユアスタ	2,597
6	7/22(水)	FC東京	1△1	札幌ド	3,151
7	7/26(日)	横浜FM	3○1	札幌ド	3,305
8	8/2(日)	神戸	2●3	札幌ド	4,675
9	8/8(土)	清水	1●3	アイスタ	3,981
10	8/15(土)	川崎F	1●6	札幌ド	4,601
11	8/19(水)	大分	1△1	札幌厚別	2,039
29	8/26(水)	横浜FM	1●4	日産ス	4,181
13	8/29(土)	名古屋	0△0	札幌ド	3,479
14	9/5(土)	広島	0●2	札幌厚別	2,104
15	9/9(水)	C大阪	0●2	ヤンマー	3,140
16	9/13(日)	浦和	3●4	札幌ド	4,449
12	9/16(水)	鳥栖	2○0	駅スタ	2,592
17	9/19(土)	G大阪	0●1	札幌厚別	2,749
18	9/23(水)	柏	0●1	札幌ド	3,002
19	9/26(土)	神戸	0●4	ノエスタ	5,335
20	10/3(土)	仙台	3△3	札幌ド	5,339
21	10/10(土)	湘南	2○1	札幌厚別	2,859
22	10/14(水)	名古屋	0●3	パロ瑞穂	8,895
23	10/18(日)	鹿島	1○0	札幌ド	5,359
24	10/24(土)	横浜FC	3○0	札幌ド	6,256
25	10/31(土)	G大阪	1●2	パナスタ	16,183
26	11/3(火・祝)	川崎F	2○0	等々力	11,165
33	11/11(水)	FC東京	0●1	味スタ	6,357
27	11/14(土)	鳥栖	1△1	札幌ド	5,663
28	11/21(土)	清水	5○1	札幌ド	5,220
30	11/28(土)	広島	2△2	Eスタ	6,346
31	12/5(土)	C大阪	1●3	札幌ド	8,905
32	12/12(土)	大分	1△1	昭和電ド	6,120
34	12/19(土)	浦和	2○0	埼玉	19,319

ホーム総入場者数　73,155人(平均4,303人)
※第2節、第3節は新型コロナウイルス感染予防対策のため、無観客での試合開催(リモートマッチ)
※第12節は新型コロナウイルス感染症の影響により代替開催
※AFCチャンピオンズリーグ(ACL)の試合日程に伴い第29節、第33節の日程が変更

2020 JリーグYBCルヴァンカップ

節	開催日	対戦相手	スコア	会場	観客数
1	2/16(日)	鳥栖	3○0	駅スタ	8,063
2	8/5(水)	広島	2○1	札幌厚別	1,572
3	8/12(水)	横浜FC	1△1	札幌ド	3,787
準々決勝	9/2(水)	横浜FM	1△1(4PK5)	札幌厚別	2,515

2020 J1順位表

順位	チーム	勝点	試合	勝	分	負	得点	失点	得失点差
1	川崎フロンターレ	83	34	26	5	3	88	31	57
2	ガンバ大阪	65	34	20	5	9	46	42	4
3	名古屋グランパス	63	34	19	6	9	45	28	17
4	セレッソ大阪	60	34	18	6	10	46	37	9
5	鹿島アントラーズ	59	34	18	5	11	55	44	11
6	FC東京	57	34	17	6	11	47	42	5
7	柏レイソル	52	34	15	7	12	60	46	14
8	サンフレッチェ広島	48	34	13	9	12	46	37	9
9	横浜F・マリノス	47	34	14	5	15	69	59	10
10	浦和レッズ	46	34	13	7	14	43	56	−13
11	大分トリニータ	43	34	11	10	13	36	45	−9
12	北海道コンサドーレ札幌	39	34	10	9	15	47	58	−11
13	サガン鳥栖	36	34	7	15	12	37	43	−6
14	ヴィッセル神戸	36	34	9	9	16	50	59	−9
15	横浜FC	33	34	9	6	19	38	60	−22
16	清水エスパルス	28	34	7	7	20	48	70	−22
17	ベガルタ仙台	28	34	6	10	18	36	61	−25
18	湘南ベルマーレ	27	34	6	9	19	29	48	−19

2020 選手出場記録　■監督 ミハイロ ペトロヴィッチ

背番号	ポジション	選手名	J1 試合	J1 得点	カップ戦 試合	カップ戦 得点
1	GK	菅野　孝憲	28	0	1	0
2	DF	石川　直樹	3	0	0	0
3	DF	進藤　亮佑	21	0	4	0
4	FW	菅　大輝	29	2	3	0
5	DF	福森　晃斗	30	2	2	1
7	MF	ルーカス フェルナンデス	31	2	3	0
8	MF	深井　一希	20	0	1	0
9	FW	鈴木　武蔵	4	5	1	1
9	FW	ウーゴ ヴィエイラ	3	0	0	0
10	MF	宮澤　裕樹	32	1	2	0
11	FW	アンデルソン ロペス	24	9	3	1
14	MF	駒井　善成	33	4	2	1
15	DF	濱　大耀	0	0	0	0
16	FW	藤村　怜	0	0	2	0
17	MF	檀崎　竜孔	1	0	2	0
18	MF	チャナティップ	18	1	2	0
19	MF	白井　康介	27	0	3	0
20	DF	キム ミンテ	27	1	3	0
21	GK	阿波加俊太	0	0	0	0
23	MF	中野　嘉大	6	0	3	0
25	GK	ク ソンユン	1	0	1	0
26	MF	早坂　良太	12	0	2	0
27	MF	荒野　拓馬	28	5	2	0
29	GK	カウィン	0	0	2	0
30	MF	金子　拓郎	31	4	4	1
31	MF	高嶺　朋樹	30	0	4	0
32	DF	田中　駿汰	31	2	3	0
33	FW	ドウグラス オリヴェイラ	26	2	3	1
34	GK	中野小次郎	5	0	0	0
35	FW	小柏　剛	4	0	1	0
37	DF	菅野　紘希	0	0	0	0
38	MF	木戸　柊摩	0	0	0	0
39	FW	大和　蓮	0	0	0	0
40	FW	佐藤　陽成	0	0	0	0
45	FW	中島　大嘉	0	0	0	0
47	GK	川上　隼	0	0	0	0
48	FW	ジェイ	22	6	2	1

2019

2019 明治安田生命J1

節	開催日	対戦相手	スコア	会場	観客数
1	2/23(土)	湘南	0●2	BMWス	13,249
2	3/2(土)	浦和	2○0	埼玉	41,109
3	3/9(土)	清水	5○2	札幌ド	22,692
4	3/17(日)	鹿島	1●3	札幌ド	23,002
5	3/30(土)	名古屋	0●4	豊田ス	31,083
6	4/6(土)	大分	1●2	札幌ド	13,852
7	4/13(土)	C大阪	1○0	ヤンマー	15,125
8	4/20(土)	横浜FM	3○0	札幌ド	15,674
9	4/28(日)	磐田	2○1	ヤマハ	13,904
10	5/4(土・祝)	神戸	2○1	札幌ド	34,591
11	5/12(日)	松本	0△0	サンアル	16,646
12	5/18(土)	FC東京	0●2	味スタ	24,772
13	5/25(土)	G大阪	0△0	札幌ド	15,690
14	6/1(土)	広島	1○0	札幌ド	14,189
15	6/14(金)	川崎F	1△1	等々力	22,609
16	6/22(土)	鳥栖	3○1	札幌厚別	6,836
17	6/30(日)	仙台	1●2	ユアスタ	12,125
18	7/7(日)	松本	1△1	札幌ド	18,663
19	7/13(土)	大分	1●2	昭和電ド	12,384
20	7/20(土)	湘南	5○2	札幌厚別	9,055
21	8/3(土)	広島	0●1	Eスタ	12,672
22	8/10(土)	浦和	1△1	札幌ド	35,531
23	8/17(土)	清水	8○0	アイスタ	14,340
24	8/24(土)	FC東京	1△1	札幌ド	19,454
25	8/31(土)	神戸	3○2	ノエスタ	20,825
26	9/14(土)	仙台	1●3	札幌厚別	11,254
27	9/28(土)	鹿島	1△1	カシマ	19,314
28	10/4(金)	G大阪	0●5	パナスタ	20,554
29	10/18(金)	C大阪	0●1	札幌ド	12,443
30	11/2(土)	名古屋	3○0	札幌ド	19,943
31	11/9(土)	横浜FM	2●4	ニッパツ	13,617
32	11/23(土・祝)	磐田	1●2	札幌ド	19,785
33	11/30(土)	鳥栖	2○0	駅スタ	17,512
34	12/7(土)	川崎F	1●2	札幌ド	26,399

ホーム総入場者数　319,053人(平均18,768人)

2019 JリーグYBCルヴァンカップ

節	開催日	対戦相手	スコア	会場	観客数
1	3/6(水)	横浜FM	1△1	ニッパツ	6,531
2	3/13(水)	長崎	0△0	札幌ド	7,023
3	4/10(水)	湘南	4○1	札幌ド	5,698
4	4/24(水)	長崎	6○3	トラスタ	3,552
5	5/8(水)	横浜FM	0●4	札幌厚別	5,311
6	5/22(水)	湘南	2△2	BMWス	7,366
PO1戦	6/19(水)	磐田	2○1	ヤマハ	4,422
PO2戦	6/26(水)	磐田	2○1	札幌厚別	5,415
準々決勝1戦	9/4(水)	広島	3○2	札幌厚別	6,906
準々決勝2戦	9/8(日)	広島	1△1	Eスタ	5,607
準決勝1戦	10/9(水)	G大阪	1●2	パナスタ	8,138
準決勝2戦	10/13(日)	G大阪	1○0	札幌ド	15,996
決勝	10/26(土)	川崎F	3△3(4PK5)	埼玉	48,119

第99回天皇杯

回戦	開催日	対戦相手	スコア	会場	観客数
2	7/9(土)	Honda FC	2●4	札幌厚別	2,753

2019 J1順位表

順位	チーム	勝点	試合	勝	分	負	得点	失点	得失点差
1	横浜F・マリノス	70	34	22	4	8	68	38	30
2	FC東京	64	34	19	7	8	46	29	17
3	鹿島アントラーズ	63	34	18	9	7	54	30	24
4	川崎フロンターレ	60	34	16	12	6	57	34	23
5	セレッソ大阪	59	34	18	5	11	39	25	14
6	サンフレッチェ広島	55	34	15	10	9	45	29	16
7	ガンバ大阪	47	34	12	11	11	54	48	6
8	ヴィッセル神戸	47	34	14	5	15	61	59	2
9	大分トリニータ	47	34	12	11	11	35	35	0
10	北海道コンサドーレ札幌	46	34	13	7	14	54	49	5
11	ベガルタ仙台	41	34	12	5	17	38	45	−7
12	清水エスパルス	39	34	11	6	17	45	69	−24
13	名古屋グランパス	37	34	9	10	15	45	50	−5
14	浦和レッズ	37	34	9	10	15	34	50	−16
15	サガン鳥栖	36	34	10	6	18	32	53	−21
16	湘南ベルマーレ	36	34	10	6	18	40	63	−23
17	松本山雅FC	31	34	6	13	15	21	40	−19
18	ジュビロ磐田	31	34	8	7	19	29	51	−22

2019 選手出場記録　■監督 ミハイロ ペトロヴィッチ

背番号	ポジション	選手名	J1 試合	J1 得点	カップ戦 試合	カップ戦 得点	天皇杯 試合	天皇杯 得点
1	GK	菅野　孝憲	1	0	12	0	1	0
2	DF	石川　直樹	5	1	6	0	0	0
3	DF	進藤　亮佑	33	6	7	0	0	0
4	FW	菅　大輝	31	0	7	1	1	0
5	DF	福森　晃斗	33	2	10	3	0	0
6	MF	中原　彰吾	1	0	5	0	1	0
7	MF	ルーカスフェルナンデス	31	2	8	1	1	0
8	MF	深井　一希	33	2	5	1	0	0
9	FW	鈴木　武蔵	33	13	6	7	0	0
10	MF	宮澤　裕樹	30	1	7	0	1	0
11	FW	アンデルソン ロペス	25	9	6	6	1	0
13	FW	岩崎　悠人	8	0	10	0	1	0
14	MF	駒井　善成	3	0	0	0	1	0
15	DF	濱　大耀	0	0	4	0	1	0
16	FW	藤村　怜	1	0	7	0	1	1
17	MF	檀崎　竜孔	2	0	8	1	1	0
18	MF	チャナティップ	28	4	2	0	0	0
19	MF	白井　康介	23	1	12	0	1	0
20	DF	キム ミンテ	29	0	12	2	1	0
21	GK	阿波加俊太	0	0	0	0	0	0
23	MF	中野　嘉大	19	0	10	0	0	0
24	DF	中村　桐耶	0	0	7	0	1	1
25	GK	ク ソンユン	33	0	1	0	0	0
26	MF	早坂　良太	13	1	9	1	0	0
27	MF	荒野　拓馬	30	1	7	0	0	0
30	MF	金子　拓郎	6	0	8	1	0	0
31	MF	高嶺　朋樹	0	0	2	0	0	0
32	DF	田中　駿汰	0	0	0	0	0	0
40	MF	本間　洋平	0	0	0	0	0	0
41	GK	山本　透衣	0	0	0	0	0	0
42	FW	大和　蓮	0	0	0	0	0	0
44	MF	小野　伸二	4	0	2	0	0	0
48	FW	ジェイ	23	9	9	2	0	0

小野伸二さん
北海道コンサドーレ札幌アンバサダー就任

2023シーズン限りでプロサッカー選手としての歩みを止めた小野伸二さんが、北海道コンサドーレ札幌アンバサダーとして、下記の役職にて就任することが決まりました。

■役職名：One Hokkaido Nexus Organizer
（ワンホッカイドウ ネクサス オーガナイザー）
■略称：O.N.O
■Nexus：つながり、結びつき、関係、など

小野伸二O.N.Oは、北海道がより楽しく、一つになるよう、ファン・サポーターとパートナー企業、クラブの絆を深める活動を行っていく予定です。

小野伸二O.N.Oからのメッセージ
「コンサドーレサポーターの皆さん、お久しぶりです。小野伸二です。
この度、北海道コンサドーレ札幌のOne Hokkaido Nexus Organizerに就任することとなりました。 Nexusはつながり、結びつき、を意味します。北海道がより楽しく、一つになるような、皆さんとの絆を強めていけるように活動していきます。よろしくお願いいたします。また会いましょう」

■編集　大越崇弘（北海道新聞HotMedia）
■記事　小松元明（北海道新聞HotMedia）、斉藤宏則（スポーツライター）、森浩義（エディアワークス）、吉田弥生（D,2-Liberty）
■写真　江本秀幸（北海道コンサドーレ札幌オフィシャルカメラマン）、久保ヒデキ（フォトリーナ）、榊山元（STUDIO PHOTO-TREASURE）、高橋龍次（カメレオン）、湯山繁（Bee Photo Office）
■表紙デザイン　相澤陽介（北海道コンサドーレ札幌クリエイティブディレクター）
■デザイン　佐々木正男（佐々木デザイン事務所）
■イラスト　前橋康博（イラストレーター）
■編集協力　田子大地（コンサドーレ）、井藤拓矢（コンサドーレ）、石崎拓也（コンサドーレ）、谷保智也（コンサドーレ）、塩木康平（コンサドーレ）、浜田亜紀子（コンサドーレ）

北海道コンサドーレ札幌 オフィシャルガイドブック 2024
HOKKAIDO CONSADOLE SAPPORO OFFICIAL GUIDE BOOK 2024
2024年3月14日　第1版第1刷　発行
編　者　北海道新聞社
監　修　株式会社コンサドーレ
発行者　近藤浩
発行所　北海道新聞社　〒060-8711 札幌市中央区大通西3丁目6
出版センター（編集）☎011-210-5742
（営業）☎011-210-5744
印刷・製本所　株式会社須田製版
ISBN　978-4-86721-124-3

2023

2023 明治安田生命J1

節	開催	対戦相手	スコア	会場	観客数
1	2/18（土）	広島	0△0	Eスタ	13,121
2	2/25（土）	神戸	1●3	札幌ド	17,078
3	3/4（土）	新潟	2△2	デンカS	25,468
4	3/12（日）	横浜FM	2○0	札幌ド	17,509
5	3/18（土）	G大阪	2△2	パナスタ	18,550
6	4/1（土）	川崎F	3●4	札幌ド	14,654
7	4/9（日）	C大阪	3○2	ヨドコウ	11,952
8	4/15（土）	浦和	1●4	埼玉	38,574
9	4/23（日）	福岡	2△2	札幌ド	12,495
10	4/29（土・祝）	横浜FC	4○1	ニッパツ	7,634
11	5/3（水・祝）	鹿島	0●1	札幌ド	19,038
12	5/6（土）	FC東京	5○1	札幌ド	19,080
13	5/13（土）	湘南	4○2	レモンS	7,694
14	5/19（金）	京都	2○1	札幌ド	10,289
15	5/27（土）	名古屋	1●2	札幌ド	11,711
16	6/3（土）	柏	5○4	三協F柏	9,769
17	6/10（土）	鳥栖	1△1	駅スタ	7,774
18	6/24（土）	C大阪	1●4	札幌ド	24,509
19	7/1（土）	神戸	1△1	ノエスタ	27,630
20	7/8（土）	福岡	1●2	ベススタ	7,170
21	7/15（土）	新潟	0●1	札幌厚別	7,591
22	8/6（日）	鹿島	0●3	カシマ	17,503
23	8/12（土）	鳥栖	1△1	札幌ド	21,895
24	8/19（土）	京都	0●3	サンガS	9,379
25	8/26（土）	川崎F	2△2	等々力	19,257
26	9/2（土）	G大阪	4○0	札幌ド	13,219
27	9/16（土）	湘南	0●1	札幌ド	14,090
28	9/23（土・祝）	名古屋	1△1	豊田ス	36,950
29	9/30（土）	柏	1●2	札幌ド	12,827
30	10/21（土）	横浜FM	1●4	日産ス	23,286
31	10/28（土）	横浜FC	2○1	札幌ド	13,422
32	11/11（土）	広島	0△0	札幌ド	12,906
33	11/25（土）	FC東京	3○1	味スタ	26,945
34	12/3（日）	浦和	0●2	札幌ド	31,143

ホーム総入場者数　273,456人（平均16,086人）

2023 JリーグYBCルヴァンカップ

節	開催	対戦相手	スコア	会場	観客数
1	3/8（水）	鳥栖	0△0	駅スタ	4,002
2	3/25（土）	磐田	3○2	ヤマハ	4,658
3	4/5（水）	横浜FM	1●2	ニッパツ	6,269
4	4/19（水）	鳥栖	4○1	札幌ド	4,439
5	5/24（水）	横浜FM	3○2	札幌ド	5,923
6	6/18（日）	磐田	2●3	札幌ド	10,146
準々決勝第1戦	9/6（水）	横浜FM	3○2	札幌ド	7,566
準々決勝第2戦	9/10（日）	横浜FM	0●3	ニッパツ	10,423

第103回天皇杯

回戦	開催日	対戦相手	スコア	会場	観客数
2	6/7（水）	SC相模原	3○0	札幌厚別	2,647
3	7/12（水）	ヴェルスパ大分	5○2	レゾド	1,418
ラウンド16	8/2（水）	柏	0●1	三協F柏	4,676

2023 J1順位表

順位	チーム	勝点	試合	勝	分	負	得点	失点	得失点差
1	ヴィッセル神戸	71	34	21	8	5	60	29	31
2	横浜F・マリノス	64	34	19	7	8	63	40	23
3	サンフレッチェ広島	58	34	17	7	10	42	28	14
4	浦和レッズ	57	34	15	12	7	42	27	15
5	鹿島アントラーズ	52	34	14	10	10	43	34	9
6	名古屋グランパス	52	34	14	10	10	41	36	5
7	アビスパ福岡	51	34	15	6	13	37	43	−6
8	川崎フロンターレ	50	34	14	8	12	51	45	6
9	セレッソ大阪	49	34	15	4	15	39	34	5
10	アルビレックス新潟	45	34	11	12	11	36	40	−4
11	FC東京	43	34	12	7	15	42	46	−4
12	北海道コンサドーレ札幌	40	34	10	10	14	56	61	−5
13	京都サンガF.C.	40	34	12	4	18	40	45	−5
14	サガン鳥栖	38	34	9	11	14	43	47	−4
15	湘南ベルマーレ	34	34	8	10	16	40	56	−16
16	ガンバ大阪	34	34	9	7	18	38	61	−23
17	柏レイソル	33	34	6	15	13	33	47	−14
18	横浜FC	29	34	7	8	19	31	58	−27

2023 選手出場記録 ■監督 ミハイロ ペトロヴィッチ

背番号	ポジション	選手名	J1		カップ戦		天皇杯	
			試合	得点	試合	得点	試合	得点
1	GK	菅野　孝憲	14	0	1	0	0	0
2	DF	田中　駿汰	34	4	7	1	2	0
3	DF	馬場　晴也	21	0	7	0	2	0
4	FW	菅　大輝	33	3	6	1	3	0
5	DF	福森　晃斗	29	0	6	0	3	1
6	DF	中村　桐耶	31	1	7	0	3	0
7	MF	ルーカス フェルナンデス	22	0	4	2	2	0
8	MF	深井　一希	8	0	4	1	1	1
9	MF	金子　拓郎	21	8	3	1	0	0
10	MF	宮澤　裕樹	27	0	3	0	2	0
11	MF	青木　亮太	18	1	3	1	1	0
13	FW	キム ゴンヒ	20	2	3	0	3	3
14	MF	駒井　善成	26	4	4	0	1	0
18	MF	浅野　雄也	34	12	7	0	1	0
19	FW	小柏　剛	22	6	3	2	1	0
21	GK	松原　修平	0	0	0	0	0	0
22	DF	西　大伍	2	0	5	0	2	0
23	FW	大森　真吾	4	1	1	0	0	0
25	GK	ク ソンユン	8	0	3	0	1	0
27	MF	荒野　拓馬	29	3	5	0	2	0
28	DF	岡田　大和	0	0	3	0	0	0
30	MF	田中　宏武	0	0	4	0	2	0
31	MF	木戸　柊摩	0	0	3	0	0	0
32	FW	ミラン トゥチッチ	12	0	6	3	2	0
40	FW	出間　思努	0	0	2	0	1	2
41	MF	菅谷　脩人	0	0	0	0	1	0
42	GK	竹内　琉真	0	0	0	0	0	0
44	MF	小野　伸二	1	0	0	0	2	0
45	FW	中島　大嘉	8	0	5	1	1	1
47	DF	西野　奨太	2	0	5	0	1	0
48	GK	大谷　幸輝	3	0	3	0	2	0
49	MF	スパチョーク	24	7	4	2	2	0
50	DF	岡村　大八	31	1	5	1	2	0
51	GK	高木　駿	9	0	1	0	0	0
99	MF	小林　祐希	21	3	3	0	2	0